本书为国家社科基金项目：政府补贴视角下企业技术创新逆向选择行为治理研究（项目编号：22BJL107）的阶段性成果之一。

研发投入对企业追赶绩效的影响研究

基于智能手机企业技术创新动态能力的实证分析

陈 雁 著

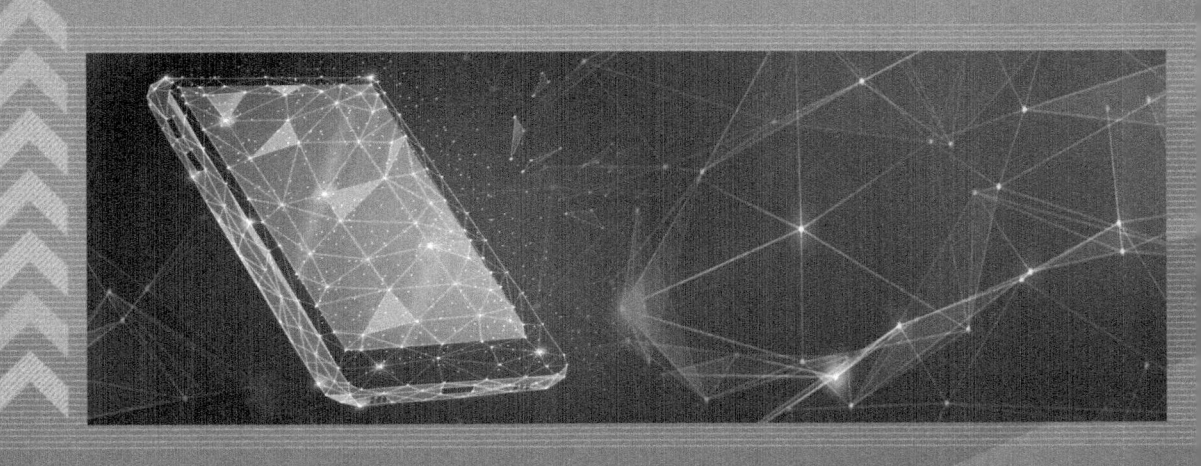

企业管理出版社
ENTERPRISE MANAGEMENT PUBLISHING HOUSE

图书在版编目（CIP）数据

研发投入对企业追赶绩效的影响研究：基于智能手机企业技术创新动态能力的实证分析 / 陈雁著 . —北京：企业管理出版社，2024.5

ISBN 978-7-5164-3070-5

Ⅰ.①研… Ⅱ.①陈… Ⅲ.①科研开发－资金投入－影响－移动电话机－电子工业－工业企业－企业绩效－研究－中国 Ⅳ.① F426.63

中国国家版本馆 CIP 数据核字（2024）第 098595 号

书　　名：	研发投入对企业追赶绩效的影响研究：基于智能手机企业技术创新动态能力的实证分析
书　　号：	ISBN 978-7-5164-3070-5
作　　者：	陈　雁
策　　划：	杨慧芳
责任编辑：	杨慧芳
出版发行：	企业管理出版社
经　　销：	新华书店
地　　址：	北京市海淀区紫竹院南路 17 号　　邮编：100048
网　　址：	http://www.emph.cn　　电子信箱：314819720@qq.com
电　　话：	编辑部（010）68420309　　发行部（010）68701816
印　　刷：	北京亿友数字印刷有限公司
版　　次：	2024 年 5 月第 1 版
印　　次：	2024 年 5 月第 1 次印刷
开　　本：	710mm×1000mm　　1/16
印　　张：	13.5 印张
字　　数：	228 千字
定　　价：	78.00 元

版权所有　翻印必究·印装有误　负责调换

序言

高质量发展是全面建设社会主义现代化国家的首要任务。企业是国家创新体系建设的关键一环,发挥好企业的创新主体作用是我国经济实现高质量发展的重要途径。我国作为后发赶超型经济体,后发企业的技术追赶在我国经济整体赶超进程中发挥着至关重要的作用。党的二十大报告提出,要强化企业科技创新主体地位,发挥科技型骨干企业引领支撑作用。科技部则强调,加强企业在科技创新方面的主体地位和作用,是科技工作一项非常重要的任务。企业作为技术创新主体,在科技重大顶层设计、决策方面扮演着关键角色。同时,企业是研发投入的主要承担者,也是科技项目攻关和科技成果转化的核心力量。

在当今以数字技术作为通用技术的新一轮科技革命背景下,新技术不断涌现,商业模式加速演进,企业必须不断进行技术创新才能保持竞争优势。研发投入是企业技术创新的重要驱动力之一,它深刻影响着后发企业的技术追赶绩效。然而,后发企业如何有效地利用研发投入所形成的技术资源来提升其技术追赶绩效仍然是一个需要厘清的问题。我国智能手机行业虽从模仿阶段起步,但经过一段时间的技术积累后,无论是在产量上还是在市场份额上,都已取得较大的进步。华为等中国企业在人工智能、半导体等领域的研发投入不断增加,取得了显著的成效。有数据表明,中国企业的研发投入在近几年实现快速增长,但相比发达国家的领先企业而言还有很大的提升空间。

信息通信技术作为一种典型的短周期技术,技术范式和技术轨道的快速变迁是它的基本特征。这种快速更新迭代的技术不仅对企业的技术追赶提出了挑战,同时也为企业带来了新的机会窗口。相关研究表明，技术范式的转变对于后发国家来说是技术追赶的机会窗口。但在智能手机的技术范式既定条件下，我国智能手机行业抓住"主导设计"变换的小窗口，如智能手机的摄像功能、存储功能、手机外观等，也同样能够实现技术的追赶和跨越。因此，本书旨在深入研究我国智能手机企业在既定技术范式轨道下，通过加大研发投入实现企业技术追赶绩效提升的作用机理。

在科技不断进步和市场不断变化的环境中，企业必须不断进行技术创新以保持竞争力。企业得以高速发展，与其长期研发投入打下的基础密不可分。研发投入的不断增加是后发企业加速追赶道路上的润滑剂。在后发企业不断加大研发投入的情况下，其努力缩短与先发企业之间的差距，以提升自身的追赶绩效。在我国后发企业追赶的进程里，后发企业没有盲目开辟自己的追赶道路，而是在大力增加研发投入的过程中，很好地运用动态能力的调节作用，实现自身的追赶和跨越。由此可见，在后发企业加速追赶的进程里，如何充分利用动态能力实现自身的追赶和跨越，是一个值得深入思考的问题。

动态能力指的是组织在面对变化和不确定性时，快速适应、调整和创新的能力，这种能力对于组织的生存和发展至关重要。近年来，理论界从动态能力视角出发，提出了技术创新动态能力和动态创新能力这两个类似的概念。在企业不断调整自身战略以适应变化的外界环境时，企业技术创新动态能力作为推进企业技术创新的中坚力量，在追赶道路上发挥着不可忽视的重要作用。因此，本书引入技术创新动态能力这一理论视角，分析我国智能手机企业研发投入到企业技术追赶绩效显现的作用机理。在不断变化的市场环境中，企业需要具备快速响应和适应的能力，以便及时调整战略和配置资源，抓住市场机遇。企业技术创新动态能力使企业能够在面临挑战时迅速做出反应，从而降低风险并提高成功率。技术创新动态能力对于企业的生存和发展具有重要意义，企业需要通过培养创新能力、优化决策过程、提高资源利用效率等方式来提升自身的动态能力，以应对不断变化的市场环境和较大的竞争压力。同时，这也意味着后发企业充分结合企业技术创新动态能力，紧紧抓住由"主导设计"变换打开的小窗口是实现赶超的关键。

在不断变化的市场环境中，如何促使我国后发企业在追赶和超越的道路上实现跨越式发展，需要深入分析从研发投入到企业技术追赶绩效显现的内在机制。

本书在对后发企业、技术追赶、机会窗口、动态能力等与研究主题相关的文献进行梳理的基础上，探究了我国智能手机产业从跟随到追赶的实现路径。首先，本书采用扎根理论，并结合质性分析软件Nvivo12对华为和小米进行了案例分析。通过收集这两个企业在不同发展阶段中的关键资料，按照时间顺序汇总构建了案例分析的数据库。其次，运用开放性编码、主轴性编码、选择性编码，从技术创新动态能力的角度出发，对研发投入对于技术追赶绩效的影响进行了剖析。通过案例分析发现，研发投入是企业技术追赶绩效显现的基础资源，而企业技术创新动态能力则在企业研发投入到企业赶超的路径中起中介作用。

为了进一步探究后发企业从不断增加研发投入到企业追赶绩效显现的作用机理，本书还收集了我国智能手机产业的研发投入数据，并引入了追赶绩效、知识基础、价值网络位置、企业规模、企业年龄等变量。基于这些数据，本书建立了实证分析模型。对上述变量之间的关系进行了深入的分析，以验证本书的假设和结果。本书发现在企业价值网络位置的调节作用下，知识基础能有效促进企业技术追赶绩效的提升。实证结果表明，研发投入与企业的追赶绩效呈正相关关系。研发投入通过影响企业的技术创新动态能力以及知识基础，进而影响企业追赶绩效的提升。

本书通过对相关文献的梳理，采用案例研究与实证分析相结合的方法，深入探究了我国智能手机产业从模仿到追赶的作用路径。研究结果表明了研发投入对于企业技术追赶绩效的重要性，同时也强调了企业技术创新动态能力的作用以及后发企业在其中的地位。这些发现对明晰我国智能手机产业的发展趋势和优化其竞争策略具有重要的指导意义。首先，企业在追求高技术追赶绩效时，应加大研发投入。通过增加研发资金和资源投入，企业能够提升自身的技术能力和创新能力，从而更好地应对市场竞争和技术变革的挑战。其次，企业应注重提升自身的技术创新动态能力，以更有效地转化研发投入为技术追赶绩效。采取的主要措施包括培养和吸引优秀的科技人才、加强技术合作与交流、建立创新文化等，以推动技术研发成果的应用和商业化。最后，政府和相关机构也应该加强对技术追赶型企业的支持和引导，为其提供更多的研发资源和政策扶持。这可以通过制定有利于科技创新的政策、提供财政支持和税收优惠、建立创新平台和孵化器等方式来实现。因此，加大研发投入、提升技术创新动态能力和获得政府支持是实现企业技术追赶绩效的重要途径。在未来发展的道路上，我国后发企业应充分利用研发投入带来的创新资源，并利用企业技术创新动态能力和知识基础对创新资源加以利用和整合，促进企业技术追赶绩效的提升。

目录

第一章 导 论 ... 1

第一节 研究背景、研究问题与研究意义 ... 2
一、研究背景 ... 2
二、研究问题的提出与研究对象的界定 ... 7
三、研究意义 ... 8

第二节 研究目的、研究方法与研究框架 ... 10
一、研究目的 ... 10
二、研究方法 ... 10
三、研究架构 ... 11

第三节 本书的创新点 ... 13

第二章 理论基础与文献综述 ... 15

第一节 理论基础 ... 15
一、后发企业与技术追赶 ... 15
二、技术追赶的机会窗口理论 ... 20
三、技术创新动态能力理论 ... 26
四、技术范式与主导设计理论 ... 31

第二节 文献综述 ... 37
一、企业技术追赶绩效相关研究 ... 37

二、企业研发投入与技术创新相关研究 …………………………… 43
　　三、企业知识基础与技术创新动态能力相关研究 …………………… 45
　第三节　文献评述 …………………………………………………………… 48
　　一、现有文献的贡献 ……………………………………………………… 48
　　二、需要进一步研究的问题 ……………………………………………… 51

第三章　手机技术范式变迁、产业动态与我国手机产业发展概况… 53

　第一节　手机技术范式变迁 ………………………………………………… 53
　　一、两次手机技术范式变迁与智能手机主导设计变换 ……………… 54
　　二、手机技术范式变迁下的机会窗口与企业的动态能力 …………… 61
　第二节　全球手机产业动态 ………………………………………………… 66
　　一、具有典型特征的手机产业史 ………………………………………… 66
　　二、全球手机产业动态演化 ……………………………………………… 68
　　三、全球智能手机产业动态变迁的内在逻辑 ………………………… 72
　第三节　我国智能手机产业发展规模与机会窗口 ………………………… 74
　　一、我国智能手机产业发展规模 ………………………………………… 74
　　二、我国智能手机产业动态演化中涉及的机会窗口 ………………… 76

第四章　研发投入对企业技术追赶绩效影响的案例研究 ………… 91

　第一节　研究设计 …………………………………………………………… 91
　　一、研究方法 ……………………………………………………………… 91
　　二、案例选择 ……………………………………………………………… 92
　　三、数据来源 ……………………………………………………………… 93
　　四、分析策略 ……………………………………………………………… 93
　第二节　华为案例分析 ……………………………………………………… 94
　　一、华为案例描述 ………………………………………………………… 94
　　二、分析过程 ……………………………………………………………… 96

三、案例分析及发现 …………………………………… 102
　　四、小结 ………………………………………………… 120
第三节　小米案例分析 ……………………………………… 121
　　一、小米案例描述 ……………………………………… 121
　　二、分析过程 …………………………………………… 124
　　三、小结 ………………………………………………… 131
第四节　研发投入影响企业追赶绩效的路径与机制 ……… 138
　　一、研发投入与技术创新密不可分 …………………… 138
　　二、技术创新动态能力与知识基础推动技术追赶绩效 … 139
　　三、商业模式推动的技术赶超态势 …………………… 140

第五章　研发投入与企业追赶绩效的影响机制研究 …………… 142
第一节　理论分析与假设提出 ……………………………… 142
　　一、研发投入对企业追赶绩效的直接影响分析 ……… 142
　　二、研发投入对企业追赶绩效的间接影响分析 ……… 143
第二节　研究设计 …………………………………………… 148
　　一、样本选取与数据来源 ……………………………… 148
　　二、指标构建、变量定义与模型设定 ………………… 149
第三节　实证结果与分析 …………………………………… 154
　　一、描述性统计 ………………………………………… 154
　　二、研发投入与企业追赶绩效的回归结果分析 ……… 155

第六章　知识基础与企业追赶绩效的实证分析 ………………… 157
第一节　理论分析与研究假设 ……………………………… 157
　　一、理论分析 …………………………………………… 157
　　二、研究假设 …………………………………………… 160
第二节　研究设计 …………………………………………… 163

一、样本选择与数据来源 ·· 163

二、变量定义与模型设计 ·· 163

第三节　实证检验 ·· 166

一、描述性统计 ·· 166

二、模型设定 ·· 167

三、基准回归 ·· 167

四、价值网络中心性的调节作用 ·· 168

五、稳健性检验 ·· 170

第七章　研究结论与政策建议 ·· 174

第一节　研究结论 ·· 174

一、我国智能手机企业的成功赶超原因在于牢牢抓住了机会窗口和基于"主导设计"变换的小窗口 ·· 174

二、通过华为和小米这两个案例揭示了研发投入影响技术创新动态能力，从而提高企业追赶绩效的作用机制 ·· 175

三、企业的技术创新动态能力和企业知识基础是研发投入影响企业追赶绩效的中介变量 ·· 175

四、企业价值网络中置在拥有不同知识基础的企业的追赶绩效的作用路径中起到正向调节作用 ·· 176

第二节　政策建议 ·· 177

一、对企业制定战略的建议 ·· 177

二、对政府的政策建议 ·· 178

参考文献 ·· 180

第一章 导 论

　　随着现代社会科学技术水平的不断提高，技术进步已经成为影响经济增长速度和质量的重要的因素，技术进步水平决定了经济增长的速度和质量。研究技术进步对经济增长的作用，对加快我国经济发展、构建和谐社会具有重要的意义。

　　改革开放给中国经济带来了勃勃生机，我国在工业化进程中充分发挥后发优势，经过艰辛探索与实践创新，走出了一条独立自主的经济发展道路，取得了令世界瞩目的发展成就，为其他后发国家技术创新、制度变革等具体路径提供了有益参考。

　　技术的发展是经济增长的关键因素，被主流经济学视为外生因素的技术，在历史上对经济增长与经济发展起到关键作用，并且其重要性还在不断地提升。对于后发企业来说，创新是企业在竞争中获得优势以打破技术锁定的重要途径。虽然商业模式的创新、商品营销的创新等都有可能给后发企业带来赶超的可能性，但当把时间维度拉长一点来看，技术创新才是后发企业进行赶超的关键。

　　长期以来，人们信奉着"引进—模仿—创新"的技术追赶路径，然而这条路径不仅在理论上忽视了"隐性知识"的获得需建立在实践的基础上这一前提，也忽视了先发者对后发者进行技术打压或关键技术隐藏等问题。实践经验告诉我们，唯有自主创新、自主研发，技术的关键环节才能突破；唯有实现技术突破才能实现赶超，才能实现强国。企业是我国市场经济的主体，也是技术创新的主体，我国要建设创新型国家，需要培育一批创新型企业。企业能否创新成功，自主技术能否成为主导，关乎制度、经济环境以及不确定性等多重因素，但创新成功的前提中必不可少的一环是研发投入活动。研发投入活动涉及对政策以及经济环境的判断，也涉及在研发过程中对环境变化以及不确定性事件的应对，更关键的是研发投入是企业获取技术知识基础以及进行技术知识创造的必要资源。研发投入到技术追赶绩效的研究是进行技术追赶需要研究的核心问题之一。本书通过分析我国智能手机产业的案例尝试对研发投入到技术追赶绩效的中间过程进行一定程度的剖析，尝试构建一个从研发投入到技术追赶绩效的模型，以期为成功案例做一个总结，也为其他行业提供一些参考。

第一节 研究背景、研究问题与研究意义

一、研究背景

（一）理论背景

关于技术是什么这个问题的讨论，滞后于关于技术的经济影响、技术的扩散、技术的测度等一系列问题的研究（阿瑟，2014）[1]。人们出于不同的需要对技术进行不同的定义，在借鉴狄德罗定义的基础上，有学者认为技术可以广义地理解为：围绕"如何有效地实现目的"的现实课题，主体后天不断创造和应用的目的性活动序列或方式（王伯鲁，2006）[2]。这个定义将技术看作是实现目的的手段，这个定义的关键在于"序列"，是指目的性活动的要素，诸如动作、环境等，按空间组织在一起的行列或样式，以及按时间次序协调动作、依次展开的程序。技术的本质是被捕获并加以利用的现象的集合（杨德林和陈春宝，1997）[3]。可见技术是人们在对现象的学习过程中学到的达成某些目的的知识集合。而关于技术知识的获取是需要成本的，并且随着技术的复杂度的不断增加，获取技术知识的成本越来越高，研发活动也变得愈发专业化，更多的独立研发部门与机构，为了

---

[1] 布莱恩·阿瑟. 技术的本质 [M]. 曹东溟，王健，译. 浙江：浙江人民出版社，2014.
[2] 王伯鲁. 技术究竟是什么：广义技术世界的理论阐释 [M]. 北京：科学出版社，2006.
[3] 杨德林，陈春宝. 沿技术轨道创新与高技术企业成长 [J]. 当代经济科学，1997，(5):4-9.

适应技术复杂度的增长以及技术研发活动专业化的状况，必然要不断地增加研发投入。

技术的进步具有不确定性，这给理解技术的演化与发展问题带来了一定的困扰，但好在长时间维度上技术的进步并不是完全随机的，而是有一定规律的过程。在经验研究的基础上，多西（1982）[1]提出了"技术范式"与"技术轨道"概念，用以总结关于技术进步的一部分规律。技术范式也称作技术模型，它被认为是一组解决技术问题的模型，其决定了技术研究的领域、问题、程序和任务（张燕航，2013）[2]。技术范式与技术轨道理论一直以来被广泛用于解释与说明技术赶超的现象。技术轨道是"由技术范式决定的常规的解决问题的活动"，它是一组可能的技术方向，其外部边界由技术范式决定。

传统理论往往认为，在技术范式或技术轨道的转换时期，由于路径依赖的存在，会给后发企业、后发国家带来一定的后发优势以及赶超的机会窗口，这种观点有一定的科学性，一定程度上解释了历史中存在的赶超现象。但这种观点主要从技术的视角出发，认为技术发展是实现赶超的起点，忽视了人的主观能动性，也在一定程度上忽视了经济、制度的作用，更为重要的是这类观点对现实的解释力有限。在之后的研究中，学者对影响机会窗口打开的其他原因进行了分析，认为经济、市场与人的主观能动性都是可以促成机会窗口的因素。

无论是技术范式转变、技术轨道转轨，抑或是在技术范式以及技术轨道规定的边界内进行技术的追赶，企业的研发活动都是必不可少的。而关乎研发活动最重要的资源即研发投入，大量研究表明研发投入与企业创新绩效之间存在正相关关系（曹德明等，2015）[3]，研发投入与技术追赶绩效之间并非完全的因果关系，同等的研发投入在不同的国家或企业的使用下会有不同的效果，从研发投入到企业的创新绩效或者说企业的技术追赶绩效中间一定还存在一些其他的变量在发

---

[1] Dosi G. Technological paradigms and technological trajectories:a suggested interpretation of the determinants and directions of technical change[J]. Research policy, 1982, 11(3): 147-162.
[2] 张燕航. 技术轨道理论研究述评 [J/OL]. 技术与创新管理，2013, 34(3):284-287.
[3] 曾德明，苏蕊蕊，文金艳. 研发投入与企业创新绩效——企业研发团队网络结构调节作用研究 [J]. 科技管理研究，2015, 35（18）:71-77.

挥着作用。首先，技术是知识的合集，企业的知识基础影响着其研发投入的转化效率。其次，技术创新动态能力使得企业可以在变化的环境中快速调整，进而抓住机会窗口，让研发投入转化为技术创新的效率提高。

总之，技术在技术发展以及国际竞争中的作用愈发凸显，技术范式以及技术轨道理论为研究技术发展问题提供了理论基础。借助前述的理论，后发企业研发投入到技术追赶绩效的过程得以被人们窥探。

（二）现实背景

随着中国的快速发展，特别是随着中国特色社会主义进入新时代，中国与世界的关系发生了深刻的历史性变化。中国经济持续健康发展，综合国力和国际影响力不断提升，中国特色社会主义实践取得了伟大成就。科技是国之利器，国家赖之以强，企业赖之以赢，人民生活赖之以好。中国要强，中国人民生活要好，就必须有强大科技。党的十九大确立了到2035年跻身创新型国家前列的战略目标，党的十九届五中全会提出了坚持创新在我国现代化建设全局中的核心地位，把科技自立自强作为国家发展的战略支撑，党的二十大强调加快实施创新驱动发展战略。

随着市场经济的发展，以往利用政府牵头引领科技发展的时代已经过去，企业已经成为研发投入和科技创新的主力（封凯栋，2023）[①]。但企业的创新潜力远没有被激发出来，很多企业没有创新意识，也缺乏创新的基本能力。在《潮起 中国创新型企业的诞生》的序言中，睢纪纲举了这样一个例子，2020年全国规模以上工业企业中，60%以上没有研发活动，70%以上没有研发机构，企业研发支出占主营业务收入的比例仅为1.4%。企业的基础研究匮乏，其支出仅占企业研发投入的0.5%，原始创新能力受到了制约[②]。

根据上述示例以及现实情况，我国企业在创新活动中明显存在两个问题：一是企业的研发投入总量问题。是否敢进行大量的研发投入，考验着企业管理者

---

① 封凯栋.潮起：中国创新型企业的诞生[M].北京：中国人民大学出版社，2023.
② 同上.

的魄力、对未来趋势的把握以及对行业发展的信心。根据《2022年欧盟产业研发投资记分牌》，自2004年记载以来截至2021年，我国研发投资TOP2500企业的研发总投资达到了1959亿欧元，已经超过了欧洲、日本，以2500家企业投资总额的19.7%的成绩排名第二，但还是远远落后于美国的4397亿欧元（占比40.2%）①。国家统计局社科文司统计师张启龙在解读《2022年全国科技经费投入统计公报》时指出，虽然我国研发投资的总量与研发投入强度一直在增长，2022年我国R&D经费投入强度（R&D经费与GDP之比）为2.54%，比2021年提高0.11个百分点，提升幅度为近10年来第二高，但研发投入强度水平在世界上仅位列第13位，介于欧盟（2.2%）和OECD国家（2.7%）平均水平之间②，研发投入水平依然不足。为适应日益复杂的国际环境以及实现迈入创新型国家前列的目标，我国企业应进一步在关键领域增加研发投入。二是对于研发投入的使用问题。我国企业长久以来依赖"干中学""用中学"的技术知识积累模式，企业的基础研究匮乏。同时，技术创新质量不高，在研发投入不断增加的过程中，随之而来的却是研发投入及授权专利对于全要素增长贡献率的下降（叶初升和孙薇，2023）③，技术追赶的绩效并不高。

同时，企业对于进行研发活动以实现自主创新的重要性的认识，明显受到了其所属行业的影响。比如，在《2022年欧盟产业研发投资记分牌》中显示，2021年中国在ICT生产商、健康行业、ICT服务业和汽车行业等4个关键行业增加的研发投资占到了总增加投资的61%，美国、欧盟和日本在这4个关键行业增加的投资分别占总增加投资的99%、88%和87%，欧盟、日本和美国的研发投资主要集中在关键行业。而我国研发投资在各行业的增长更为均衡，在建设、能源和工业领域也大幅增加。自主创新应当是资源集中的攻关行为，我国的研发投入

---

① European Commission.Industrial investments in research and development in the EU again on the rise[EB/OL].Brussels:European Union，[2023-03-28].
② 国家统计局.国家统计局社科文司统计师张启龙解读《2022年全国科技经费投入统计公报》[R/OL].（2023-09-18）
③ 叶初升，孙薇.中国"科技创新困境"再审视：技术创新质量的新视角[J/OL].世界经济，2023，46(8):80-107.

布局虽然在一定程度上受到了国情的影响，但并不是完全合理的。此外，从企业的研发投入使用情况上来看，企业基础研究投入缺乏、技术创新效率较低等问题较为严重（张红霞等，2023）[①]。

手机产业关联众多、涉及领域广泛且技术复杂。一台手机的设计涉及美术、通信等多门学科的基础科学知识，其制造更是涉及芯片、软件、设计、装配等多个板块，没有一个品牌是全系配件自产的。首先自家要设计外观，然后决定采用什么样的硬件，根据硬件设计内部布局，再进行工程样机制造、测试、调整、组装成品、量产上市，最终手机成为商品到人们手中还要经历一系列营销活动。从1973年马丁·库珀发明第一部手机，截至2023年，手机行业一共经历过两次技术范式的变迁：一是1998—1999年期间模拟信号手机向数字信号手机的改变，二是2007—2010年，传统手机到智能手机的变迁。技术创新与研发投入一直是手机产业绕不开的话题，从摩托罗拉的大哥大爆火到铱星计划黯淡收场，从诺基亚的异军突起到智能手机颠覆式创新，手机销售市场更是发生了巨变。从"洋品牌"统治市场到国产品牌大放异彩，技术的变迁一直都是手机行业变迁的本质。

智能手机技术轨道形成于2007年，以首代iPhone的发布为标志性事件，自此手机产业全速踏上智能化发展的路径。2013年，智能手机的全球年度出货量首次超过功能机，并且呈现出不断增长之势，与功能机的出货量差距越来越大，这标志着智能手机技术轨道基本形成并逐渐成为手机行业的主轨道。2010年开始，中兴和华为进入全球手机市场占有率的前十名（党鹏和罗辑，2020）[②]，这是国产智能手机开始崛起的分水岭。根据IDC的数据，到2018年全球手机出货量TOP5中，国产手机品牌华为、小米、OPPO分别占据了第三到第五的三席；到2019年，华为出货量超越苹果，全球智能手机市场占有率仅次于三星，国产手机在短短几年里赶超态势迅猛。

我国智能手机产业的发展从侧面反映了企业在竞争中抓住机遇进行自主创新

---

① 张红霞,曹凤彤,吴艾旻.自贸试验区建设、经济制度变迁与城市创新效率[J].工业技术经济，2023，42(09):151-160.
② 党鹏,罗辑.手机简史[M].北京：中国经济出版社，2020.

以实现技术赶超的励志故事，为研究研发投入到技术追赶绩效问题提供了案例基础与翔实的数据。

二、研究问题的提出与研究对象的界定

（一）研究问题的提出

党的十九大报告中提出"创新是引领发展的第一动力，是建设现代化经济体系的战略支撑"。党的二十大报告中强调，坚持创新在我国现代化建设全局中的核心地位。技术创新与进步对于社会经济发展以及社会进步都起着重要的作用，自主研发制度对于后发国家赶超具有重要作用，日本、韩国等国家的后发企业的赶超当然受到过经济全球化以及技术扩散的恩惠，从中得到了一定的技术知识学习机会以及通过全球化的市场来实践这些知识的机会。如果说经济全球化与经济扩散可以完全解释后发企业的赶超，所有的后发企业就可能完成技术的赶超。但现实却并非如此，这也并非后发企业安于现状，后发企业能够得以赶超还有其他方面的原因。对于后发国家的后发企业来说，除了借鉴已有技术之外，要实现技术赶超一方面离不开国家的制度以及政策的支持，另一方面离不开企业对于环境的把握及创新的不懈追求。研发投入是国家的支持与企业对于创新的不懈追求的最直接和最直观的体现，技术的进步本就是一个难以分析的问题，是实验和对经验数据进行组织加工的结果（罗森伯格，2004）[1]。随着技术的复杂化，研发活动也从生产活动中独立出来，越来越专业化。获得技术创新知识并使这些活动成为生产活动的基础离不开研发投入的支持，同时，有大量的关于研发投入的统计数据可以用来帮助分析问题。

研发投入是企业实现技术赶超的必要条件而并非充分条件，在研发投入到技术追赶绩效中间往往会受到一些其他因素的影响，研发投入的增长并不会直接提高技术追赶绩效。我国企业不断增长的研发投入并没有明显作用到全要素增长率、专利数量的增加以及质量的提升等体现技术追赶绩效的指标上，技术创新的成功

---

[1] 内森·罗森伯格. 探索黑箱 [M]. 王文勇，吕睿，译. 北京：商务印书馆，2004.

具有非常大的不确定性。对于企业来说，如何利用组织的力量合理地利用研发投入以降低不确定性还需要注意几个问题。一是有哪些因素会影响研发投入到企业技术追赶绩效的过程？识别出具体的影响因素才能实际性地帮助企业进行组织性的调整。二是研发投入影响技术追赶的机理是什么？将有限的研发投入瞄准技术追赶当然是获得高技术追赶绩效的必要条件，探究从研发投入到技术创新成功的过程有助于研发投入的使用更具针对性。三是技术创新动态能力、知识基础以及价值网络中心性在企业通过研发活动进行技术追赶过程中对技术追赶绩效的影响途径。知识基础是企业进行研发活动的前提，技术创新动态能力一定程度上决定着企业研发活动对环境变化的适应程度，价值网络位置影响着企业研发活动与商业活动的成本。这三个变量在后发企业技术追赶过程中的互动关系，以及三者联合对后发企业技术追赶绩效的影响值得深入探究。

（二）研究对象的界定

结合研究问题和文章篇幅，本书需要对研究对象进行一定程度的限定。合理地限定研究对象，一方面可以在不损害普遍性的前提下最大限度让研究的准确性得以提高，另一方面可以更加突出研究的重点。

首先，本书从后发企业的视角研究企业的技术追赶现象，并结合企业成为研发活动和技术创新主体的背景，聚焦企业视角而不是国家视角，研究后发国家的落后企业的技术追赶现象。其次，本书研究持研发投入是企业进行技术追赶最重要的资源的观点，主要进行后发企业研发投入到技术追赶绩效的机理研究，这里的研发投入主要是企业的研发资金投入，不包括非资金的投入，同时政府的相关补贴计入机会窗口，不算作企业的研发投入。

三、研究意义

（一）理论意义

在技术进步相关理论的指导下，本书的理论意义主要体现在概念界定、理论机理改进两个方面。首先，本书对后发企业、技术追赶的概念进行了界定。其次，本书从后发企业的角度,分析了依据技术范式以及技术轨道理论所衍生出的技术赶超路径理论,在现实中存在的解释力不足的情况,指出了制度、技术、需求及其他情况对于后发企业进行赶超的重要作用。最后,本书进一步分析了企业组织自身的主观能动性在技术追赶过程中的重要作用,列出了后发企业进行赶超所需的内外部条件,依据技术窗口、技术创新动态能力,以及知识基础等概念为后发企业从研发投入到技术追赶绩效的产生构建了一个简要的模型。

(二)现实意义

随着全球新一轮科技革命和产业变革的深入推进,《中国制造2025》明确提出,到2025年我国将迈入制造强国行列,在全球产业分工和价值链中的地位明显提升,2035年制造业整体达到世界制造强国阵营中等水平,新中国成立100年时制造业大国地位更加巩固,综合实力进入世界制造强国前列。科技已经成为经济发展与国际竞争的战略高点,为应对这种情况,我国企业的研发投入也在逐年走高,但技术创新质量并未与研发投入同步增长。传统理论中的基于技术扩散理论的赶超路径一方面不能完全解释现实情况,也不利于我国企业充分发挥自主能动性。本书首先做的就是通过机会窗口理论、技术创新动态能力理论,以及技术范式与主导设计理论,剖析我国智能手机企业在技术赶超过程中的成功经验,表明企业可以通过利用各种内外部条件在已经形成的技术轨道中进行赶超,以期改变关于赶超的固有认识,提升自主创新以及技术赶超的信心。进一步,本书通过分析华为、小米研发投入到技术追赶绩效的路径,供其他企业参考。技术范式的变化与调整要求企业管理的调整(李春利和高良谋,2023)[1],同时,不断加剧的竞争与不确定性,考验着企业的创新战略眼光、布局与执行。本书通过理论刻画与案例、计量的经验分析,总结了我国部分智能手机企业的管理与战略能力,以便为其他企业提供一定的参考。

---

[1] 李春利,高良谋. 第四次工业革命背景下技术-组织-管理范式研究[J]. 当代经济管理,2023, 45(11): 23-31.

第二节　研究目的、研究方法与研究框架

一、研究目的

结合前述的理论与现实背景及研究问题，本书确立了3个研究目的。一是结合后发企业视角，通过梳理整合相关理论，尝试完善研发投入到技术追赶绩效之间的机理分析，构建后发企业从研发投入到技术追赶绩效的理论模型。二是通过分析我国智能手机企业在技术轨道成型后进行赶超的案例，完善关于后发企业技术追赶的追赶理论，同时结合现实背景总结出华为、小米的赶超经验，总结出成功企业的研发投入影响技术追赶绩效的路径，为其他处在不同境况下的企业提供一定的参考。三是通过实证研究，证明研发投入对技术追赶绩效的影响机理，其中技术创新动态能力和知识基础起到了中介作用；还证明了知识基础对技术追赶绩效的作用机制，其中价值网络中心性起到了调节作用。

二、研究方法

基于所研究问题，即研发投入对技术追赶绩效的影响路径，以及在研发投入影响技术追赶绩效过程中知识基础、技术创新动态能力与价值网络中心性的作用，本书采取了理论研究与实证研究相结合的策略，以便对不同的问题有更好的回答。本研究基于公开数据，采用科学严谨的研究方法，保证研究结论具有坚实的理论基础及现实的指导意义。

（一）理论研究方法

本书的出发点是构建一个从研发投入到技术追赶绩效的理论模型。因此，本研究特别注重理论分析和研究。技术赶超是一个系统性的行为，在一些因素的影响下，研发投入往往可以提升技术追赶绩效。在总结大量相关研究的基础上，本书对后发企业、追赶的概念，后发企业进行技术追赶的机理进行了理论探讨和

研究，对研发投入对技术追赶绩效的影响机理进行了剖析，从而最终构建了从研发投入到技术追赶绩效的理论模型。

（二）案例研究方法

案例研究方法更适合研究研发投入影响技术追赶绩效的路径这类理论探究性的问题。本书通过案例研究方法，一方面对理论分析得出的研发投入对技术追赶绩效的机理进行佐证，另一方面探究研发投入影响技术追赶绩效的路径，为最终的理论模型构建与实证检验奠定基础。

（三）统计分析方法

本书首先探索了研发投入到企业追赶绩效的作用机制，并构建了理论模型。其次，本书利用熵权法构建了追赶绩效、技术创新动态能力等评价指标体系，并与研发投入、企业知识基础一起形成了面板数据。最后，运用固定效应模型、工具变量法、异方差检验等多种计量分析方法，并使用软件stata对本书提出的假设进行了统计检验，还对模型的作用机制进行了深入探讨。

三、研究架构

第一章，导论。本章首先通过对研发投入与技术追赶的理论与现实背景的梳理，引出需要探讨的问题，即研发投入到技术追赶绩效的路径，以及研发投入到技术追赶绩效的影响因素问题。接着界定了研究对象，阐述了本书研究的理论意义与现实意义。最后对本书的研究目的、研究方法、研究结构以及创新点做出说明。

第二章，理论基础与文献综述。本章系统梳理与评述本研究所涉及的相关理论以及相关文献，包括技术追赶的机会窗口理论、技术创新动态能力理论、技术范式与主导设计理论，以及企业技术追赶绩效相关研究、企业研发投入与技术创新相关研究、企业知识基础与技术创新动态能力相关研究等。而后，以国内外理论与相关研究为基础，站在后发企业的角度上总结相关理论、厘清研究脉络、了解相关理论的发展趋势，对已有文献进行评述，为本研究理论模型的构建提供依据。

第三章，手机技术范式变迁、产业动态与我国手机产业发展状况。本章通过描述智能手机技术范式技术短周期的特征，清晰地刻画出全球手机产业发展现状，明确我国智能手机企业进行赶超的外部情境。同时在技术追赶的机会窗口理论、技术创新动态能力理论、技术范式与主导设计理论等理论的基础上，探讨我国智能手机产业的现状以及我国智能手机企业进行技术追赶的机会窗口。

第四章，研发投入对企业技术追赶绩效影响的案例研究。案例研究适合探索"怎么样"（how）和"为什么"（why）的问题（罗伯特，2017）[①]，本章使用扎根方法对华为和小米的技术赶超案例进行分析，通过编码化的方式使得案例研究的程序以及证据更加可靠，探究研发投入对技术追赶绩效的影响路径。

第五章，研发投入与企业追赶绩效的影响机制研究。本章通过进一步的理论分析，梳理研发投入对技术追赶绩效的直接与间接影响，并分析知识基础、技术创新动态能力的中介作用，构建研发投入到技术追赶绩效的理论模型。

第六章，知识基础与企业追赶绩效的实证分析。本章通过实证分析检验了研发投入到企业追赶绩效的作用机制和作用机理，验证了研发投入通过影响企业知识基础与技术创新动态能力，进而影响企业追赶绩效，同时发现了企业价值网络位置在其中起调节作用。

第七章，研究结论及政策建议。在上述研究过程完成以后，得出本书的研究结论，在研发投入到技术追赶绩效的过程中，技术创新动态能力和知识基础起到了中介作用，企业的价值网络中心性在拥有不同知识基础的企业的追赶绩效的作用路径中起到正向调节作用。依据研究结论，本书认为，企业在战略规划上需要重视研发投入，在不断变化的环境中锻炼企业能力，政府应该积极引导企业进行自主创新，同时优化营商环境，以充分释放企业发展活力。

本书研究框架如图 1-1 所示。

[①] 罗伯特. 案例研究：设计与方法 [M]. 周海涛，史少杰，译. 重庆：重庆大学出版社，2017.

图 1–1　本书研究框架

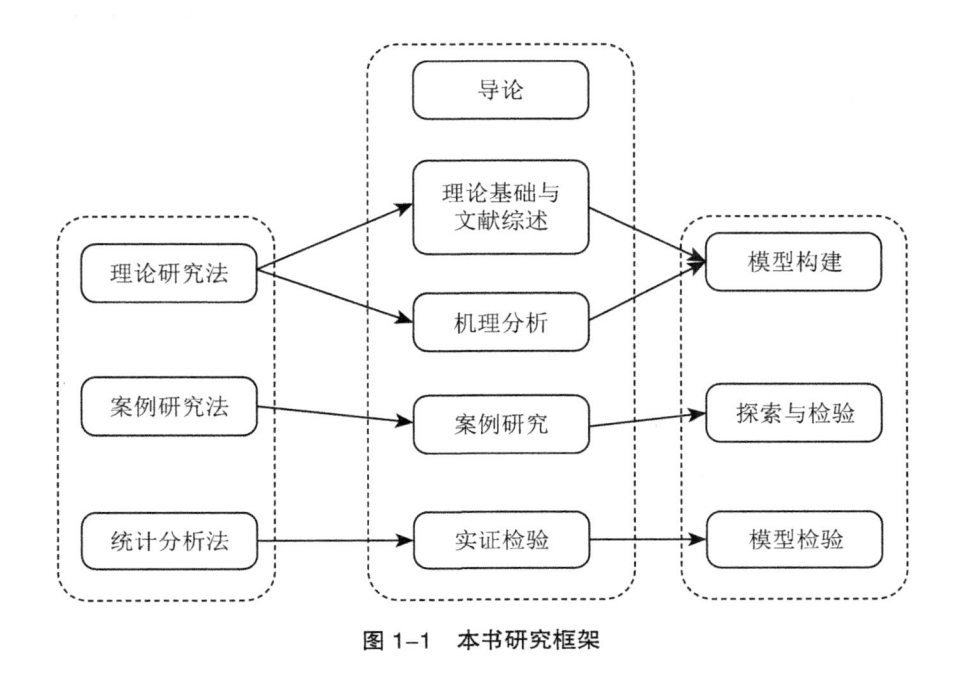

第三节　本书的创新点

中国制造业的发展离不开中国的时代背景，而之所以中国有这样的发展机会，是因为在全球自由经济时代，中国在改革开放之后快速融入了全球的分工体系中，享受了一波创新经济、知识经济的红利。

我国智能手机行业的崛起离不开特定的时代背景，但是每个时代都有其特性。中国手机行业的技术创新推动了行业发展，为社会经济注入了新的活力。从我国智能手机崛起的案例中总结出后发企业面对时代机遇与挑战进行研发活动以实现技术赶超的宝贵经验，并利用该经验构建理论模型，正是本书研究的目标。

本书主要的创新点在于通过引入"主导设计"小窗口理论，来解释我国部分智能手机企业在技术范式与技术轨道形成后进行技术追赶的事实。以往理论往往从大的历史背景中分析技术赶超的现象，导致过于重视技术范式转换时期的技术追赶机会。这种情况导致人们忽视了"主导设计"的力量，虽然考虑到了需求的单向相关因素，却忽视了市场中的消费者与企业产品的互动关系。我国智能手机企业引导的众多主流设计，比如多摄像头、快速充电、信号增强、手机主题等，充分适应了智能手机消费者的使用习惯与消费偏好。这些企业充分利用了"主导设计"变换带来的小窗口，不断地与在位者进行差异化的竞争，获得市场份额，从而有足够的资金进行研发活动。在这种竞争过程中，研发投入的使用可以形成良性循环，一方面通过大量的出货不断地摊低研发成本；另一方面，快速迭代的战略使得企业可以在实践中快速应用开发新的技术，积累知识的速度不断加快。

第二章 理论基础与文献综述

第一节 理论基础

一、后发企业与技术追赶

(一) 后发企业的概念

格申克龙（1962）在《经济落后的历史透视》一书中，对19世纪欧洲的经济发展，尤其是一些相对落后国家的经济发展进行了全新的阐述，提出了影响广泛的"落后优势"理论[1]。随着经济全球化及亚洲经济的崛起，人们对后发追赶的研究愈发深入。Mathews（2002）从后发国家类推到后发企业，对后发企业的具体定义做出详尽阐述，他认为所谓的后发企业是指后发公司，和后发国家一样，能够利用它们的"落后优势"来开发先进技术，而不必复制以前的整个技术轨迹。它们可以利用各种形式的协作和国家机构的帮助，从而绕过阻碍他们更成熟的竞争对手的一些组织惯性，增加它们的吸收和学习能力[2]。本书继承学界的观点，将后发企业定义为在技术创新、市场份额、品牌知名度等方面相对落后于先行企业的企业。

后发企业的劣势是非常明显的，由于本国发展水平较低，缺乏技术和管理资

---

[1] GERSCHENKRON A. Economic backwardness in historical perspective[M]. Cambridge, MA: Belknap Press of Harvard University Press, 1962.

[2] Mathews J A. Competitive advantages of the latecomer firm: A resource-based account of industrial catch-up strategies[J]. Asia Pacific journal of management, 2002, 19: 467-488.

源的后发公司别无选择，只能以 OEM 或外国公司直接投资的形式，从发达经济体的公司那里继承某些低端或低利润率的细分市场，通过跨国公司或分包主导的出口进入世界市场。如果后发公司试图进入高端市场或利润更高的细分市场或行业，它们就必须克服较高的进入壁垒，并与现有企业展开激烈竞争。

后发企业也有后发优势，和后发国家一样，后发企业能够利用他们的迟到来开发先进技术，而不必复制以前的整个技术轨迹。他们可以利用各种形式的协作过程和国家机构来帮助这一过程，从而绕过竞争对手的一些成熟的组织惯性，提升他们的吸收和学习能力。

（二）追赶的概念

技术追赶是一个"追逐移动目标"的游戏，这意味着为了追赶，后发者必须跑得比目标快或越过先发者（Lee，2019）[①]。后发企业实施技术追赶可以沿着先发企业的路径，借鉴经验并加以创新；也可以另辟蹊径，实施超越。总而言之，一个企业如果一直保持追赶，则永远不可能赶上。其中"赶上"意味着缩小差距或赶超，而"追赶"意味着模仿。这表明尽管追赶意味着努力变得相似，但要想获得长期的成功，后发企业需要走一条与发达国家企业不同的道路。

（三）后发企业技术追赶的机会与条件

1. 后发企业技术追赶的机会

技术范式变迁是赶超得以实现的一个机会。技术范式是指对既定技术问题的解决模式，它是基于自然科学的原则和既定的技术手段，如蒸汽机范式、石油综合化工业范式和半导体范式等；技术范式意味着一系列的知识问题，包括：我们应当搜寻什么，应当吸取什么样的知识等（杨虎涛，2011）[②]。

技术范式的变迁对后发企业的赶超而言既是机遇，也是挑战。技术范式的变

[①] Lee K. The art of economic catch-up: barriers, detours and leapfrogging in innovation systems[M]. Cambridge, MA:Cambridge University Press, 2019.
[②] 杨虎涛. 演化经济学讲义：方法论与思想史 [M]. 北京：科学出版社，2011.

迁能够衍生一些新的产业，后发企业可以抓住机遇，在新产业中投资新技术领域，避免被锁定在旧的技术范式内，由此为后发企业赶超提供了一个很好的赶超机会。考虑技术的路径依赖特征，那么有些先发企业会被旧技术范式锁定导致其一直停留在现有的技术水平上，延迟转向新的技术范式，而由于后发企业较少地囿于旧技术范式，反而比先发企业具有优势。因此后发企业应早做筹划，积极投资新技术，通过干中学、整合学习等方式获取新技术范式下的产业经验，充分把握技术范式变迁带来的机会以便建立起在新技术领域的优势地位，构筑自身竞争优势。

2. 后发企业技术追赶的条件

（1）后发企业技术追赶的内部条件

根据对现有研究文献的分析，企业发展的内在条件包括人才、技术基础、学习能力、组织结构、企业战略等。

① 人才。知识经济时代的竞争是人才的竞争。Oakey（2003）认为技术企业家在高科技小企业中具有重要作用，指出技术企业家才能包括技术管理才能、商业管理才能、动机三部分。人是企业进行技术创新的最终实施者，企业应充分注意到企业家才能、个人智力在工业发展中不可磨灭的作用[1]。举例来说，韩国半导体产业、印度的软件产业以及中国的电子工业等的跨越式发展就离不开海外及国内人才的智力支持。

② 技术基础。技术是指把投入变为产出过程中涉及的知识和技能的总和。Lee 和 Lim（2001）在解释不同产业技术追赶差异时认为技术能力是最重要的要素之一[2]。因此，后发企业要不断积累知识资本和技术基础，增强学习能力。

③ 学习能力。学习是工业技术创新过程中重要的活动形式，对发展中国家而言，它对技术知识的转移、交流与使用，以及技术能力的积累与提高有较大价值（陈劲，1994）[3]。

---

[1] Oakey R P. Technical entreprenenurship in high technology small firms: some observations on the implications for management[J]. Technovation, 2003, 23(8): 679-688.
[2] Lee K, Lim C. Technological regimes, catching-up and leapfrogging: findings from the Korean industries[J]. Research policy, 2001, 30(3): 459-483.
[3] 陈劲. 从技术引进到自主创新的学习模式 [J]. 科研管理，1994，15(2):32-34.

④ 组织结构。企业组织结构的设置影响着生产资料的配置和整合，直接决定了技术创新活动中的资源消耗，对资源利用率产生影响，同时组织结构的设置也关系到员工通过何种方式进行沟通、合作和互相学习，进而对整个企业知识和技能水平产生影响（吴舟和夏管军，2013）[1]。所以组织的规模、形式及结构一定要与技术创新要求相适应。还有学者提出了适合破坏性创新的组织模式——二元性组织，其中突破性创新俱乐部发挥了关键作用（张洪石和陈劲，2005）[2]。

⑤ 企业战略。企业战略是企业发展的指南针，给企业指明了前进的方向。有学者在对新兴技术商业化的研究中指出，企业的消化吸收能力、企业的营销能力和企业的市场控制力在新技术商业化中起重要作用（宋丽敏和陈阳，2009）[3]。后发企业选择的发展方向不一样，其结果会有明显差别。

（2）后发企业技术追赶的外部条件

企业发展的外部条件主要包括政府支持策略、市场、机会窗口和后发优势等。

① 政府支持策略。政府给企业提供国内市场保护、出口补贴和 R&D 支持等政策，对后发企业赶超起着重要的作用（Lee and Lim，2001）[4]。印度 IT 产业的成功得益于印度连续几届政府都坚定不移地实施"科技兴国"的战略，并及时出台各种促进信息产业发展的相关措施，包括改革税务法规、出售国有企业、减少财政赤字等（李根，2016）[5]。日本为了促进本地企业技术的发展，以保护"幼稚产业"为借口，设置各种贸易和非贸易壁垒，极力排斥外国竞争者进入本国市场（曹平，2009）[6]。

② 市场。后发企业从事产品生产或提供服务等，其目的是取得消费者的信赖、

---

[1] 吴舟，夏管军．企业技术创新的影响因素分析 [J]．现代经济信息，2013,(6):108-125.
[2] 张洪石，陈劲．突破性创新的组织模式研究 [J]．科学学研究，2005,(8):566-571.
[3] 宋丽敏，陈阳．新兴技术商业化的制约因素分析及发展对策 [J]．经济研究导刊，2009(18): 33-34.
[4] Lee K, Lim C. Technological regimes, catching-up and leapfrogging: findings from the Korean industries [J]. Research Policy, 2001,(30): 479.
[5] 李根．经济赶超的熊彼特分析知识、路径创新和中等收入陷阱 [M]．于飞，陈劲，译．北京：清华大学出版社，2016.
[6] 曹平．东亚后发地区企业技术赶超战略与中国的角色 [J]．改革，2009,(12):106-112.

赢得市场，进而实现企业价值最大化，为实现赶超创造可能。后发企业如不能准确预测市场的变化，做出错误的决策，就可能导致企业走向衰亡。

③ 机会窗口。对于后发技术追赶现象的解释，越来越多的学者关注到机会窗口这一驱动因素。新旧技术范式的交替和转化会导致新产业的诞生和产业竞争规则的改变，后发企业应及时抓住衍生的机会窗口，投入新的技术领域，研究开发出新的产品，创造新的赶超路径，为实现赶超目标创造可能。

④ 后发优势。后发优势可以用来说明经济落后的国家在发展方面也可能具有相对优势。格申克龙在《经济落后的历史透视》一书中首先探讨了这一思想。后发国家在技术发展上的后发优势主要来自技术扩散，可以称之为模仿性后发优势。

（四）后发企业技术追赶的路径

Kim（1980）基于从31家消费电子产品和工业电子产品制造商收集的初级数据和韩国电子工业的二级数据，提出追赶者对先进国家技术的"组装（implementation）—吸收（assimilation）—改进（improvement）"三阶段技术追赶模型[1]。这一模型认为技术后来者的学习和追赶过程是循序渐进的，从简单到复杂、从低级到高级。吴晓波（1995）提出了一个在技术引进基础上进行的"二次创新过程模型"，他认为发展中国家技术能力的发展经历模仿创新、创造型模仿创新和改进型创新三阶段[2]。Lee 和 Lim（2001）在对韩国 D-RAM 芯片技术上的追赶过程进行了研究，提出了3种追赶模式，即路径追随、路径创造、路径跳跃。其中后两种模式属于跳跃式技术追赶[3]。王方瑞（2011）基于技术变革分类，提出渐进型、破坏型、革命型3种技术追赶路径，并提炼出各路径不同发展阶段的创

---

[1] Kim L. Stages of development of industrial technology in a developing country: a model[J]. Research policy, 1980, 9(3): 254-277.
[2] 吴晓波. 二次创新的进化过程[J]. 科研管理, 1995(2):27-35.
[3] Lee K, Lim C. Technological regimes, catching-up and leapfrogging: findings from the Korean industries[J]. Research policy, 2001, 30(3): 459-483.

新重点及动态演化特征[①]。

二、技术追赶的机会窗口理论

（一）机会窗口的成因

Lee 和 Malerba（2017）认为机会窗口可以是外生的，也可以是内生的，这取决于部门系统中不同行动者的反应。例如，技术窗口可能来自企业对新技术的研发投资；另一种情况是，一个新的窗口可能与一个新的需求有关，以解决后发企业的研发和营销所面对的问题，那么企业为获得新技术而产生的需求窗口就是内生的；还有一种情况，在一个旨在迎头赶上的国家中，后发企业的游说导致了新的公共政策的出现，从而创造了一个制度窗口，此时的机会窗口就是内生的。因此，重大创新的外生性或内生性取决于谁在部门系统内部或外部发起技术变革。就新技术而言，在位企业有充分的理由做出进行创新活动的决策以保持企业的技术竞争优势，特别是当他们在解决技术变革方面有几个备选方向时。如果领导者成功地开发了新技术并建立了行业标准，他们很可能在下一代中保持他们的领导地位。学者们大多从技术变化的角度来分析机会窗口的成因，认为技术轨道变迁是机会窗口产生的必要条件。技术范式转变能够为后发国家进行技术追赶创造机会窗口[②]。这意味着，在范式转变期间，落后国家有两种有利条件可以赶上。首先，每个人都有学习的时间。其次，如果生产能力和位置优势达到合理水平，而且在新技术方面拥有充足的合格人力资源，那么一个临时机会窗口是开放的，最重要地方的进入门槛很低（Perez and Soete，1988）[③]。柳卸林（1997）也认为，技术轨道降低了产业技术进入壁垒，为企业提供了通过技术创新以进行

[①] 王方瑞. 基于技术变革分类的技术追赶过程研究 [J]. 管理工程学报，2011,25(4):235-242.

[②] Lee K, Malerba F. Catch-up cycles and changes in industrial leadership: Windows of opportunity and responses of firms and countries in the evolution of sectoral systems[J]. Research Policy, 2017, 46(2): 338-351.

[③] Perez C , Soete L .Catching up in technology: entry barriers and windows of opportunity[J]. Frances Pinter, 1988(1):458-479.

追赶的机会[1]。类似的观点是新的技术经济体系的形成和新规范的变化时期，为后发国家和企业提供了技术追赶创新的机会窗口（袁泽沛和陈金贤，2001）[2]。赵明剑和司春林（2004）对机会窗口成因的总结更为综合，认为机会窗口开启和关闭受到技术和市场的共同作用，主要影响因素为技术发展的局限性、市场顾客因素以及技术积累和迁移[3]。尽管 Perez 和 Soete（1998）认为在技术经济范式变革时期后发者能够打开机会窗口，Lee 和 Malerba 将机会窗口的概念扩展到工业部门的连续追赶周期，而不考虑技术经济范式的变化（Shin，2017）[4]。在产业演进过程中，部门创新系统各个维度（技术、需求、制度和参与者）上可能相继出现变动。显然，机会窗口成因应该是多重的，既有技术因素也有市场因素，既有外部因素也有内部因素，而对于这些因素如何综合作用形成机会窗口的机理有必要予以揭示。从现实出发，在技术范式轨道不变的情况下也会形成机会窗口，通过对机会窗口的迅速回应以实现后发企业对新技术的赶超，比如我国的智能手机企业。在智能手机的技术范式既定条件下，手机产业制造过程中主导设计（如智能手机的摄像功能、屏幕等）在不断变化，为消费者创造了需求，为生产链产生了技术窗口，从而为中国智能手机企业技术追赶创造了条件。

（二）机会窗口的内容

1. 大窗口

大窗口包括知识和技术的变化、需求和商业周期的变化、制度和公共政策的变化带来的技术、需求、制度窗口。

（1）技术窗口

技术窗口是行业新技术发展提供的机会，它可能扩大或缩小后来者追赶的

---

[1] 柳卸林. 技术轨道和自主创新 [J]. 中国科技论坛，1997, (2):32-35.

[2] 袁泽沛，陈金贤. 技术跨越的可能性与机会窗口 [J]. 中国软科学，2001, (8):50-53.

[3] 赵明剑，司春林. 基于突破性技术创新的技术跨越机会窗口研究 [J]. 科学学与科学技术管理，2004, (5):54-59.

[4] Shin J S. Dynamic catch-up strategy, capability expansion and changing windows of opportunity in the memory industry[J]. Research Policy, 2017, 46(2): 404-416.

机会，这取决于实际发生的是哪种技术变革。一种全新的技术为后来者提供了一个跳跃式赶超现有企业的机会窗口，现有企业的能力和投资都与旧技术相关，当新技术或突破性创新出现或者被引入时，后来者就会形成技术优势，在同类竞争者中就会处于领导者的地位。但是如果现有技术被锁定，占据主导地位的现任者可能会落后。这种情况被称为"现任陷阱"（Chandy and Tellis，2000）[1]。现任者倾向于坚持现有的技术，因为它的能力和投资与之相关。当采用新技术时，它们需要在长期生产过程中收回投资，这是极具风险与不确定的行为，可能会破坏现有的技术能力。

（2）需求窗口

需求窗口是指需求条件发生实质性变化所提供的机会，即商业周期和市场需求的突然变化，包括新消费群体的崛起。对于部门来说，这些需求变化可能是外在的或内在的，但对于公司而言是外在的（例如IT部门存储芯片和面板价格的短期周期性波动）。例如在智能手机产业，从刚开始的通话功能到现在逐步发展出聊天、相机、支付等功能，这些新功能的出现是随着不断变化的需求而出现的，谁能首先满足消费者的需求谁就能够获取更多市场份额，成为该产业的领导者。但一般来说，在商业周期中，投资、生产动态与市场需求动态之间会发生不匹配。在这种情况下，现任者和后来者必须在时间和产能方面做出战略选择，因为如果它们做不到这一点，就可能被挤出市场。Mathews（2005）指出当经济好转为收获利润和扩大生产、市场和就业创造机会时，正是经济衰退起到了净化作用。经济低迷时期，较弱的参与者破产，从而释放资源，由实力较强的现任者或寻求进入该行业的挑战者公司挑选，这是一个小小的"机会之窗"，潜在的新进入者必须抓住[2]。

（3）制度窗口

制度窗口是通过政府对行业的干预或制度条件的系统性变化而产生的，监管制度或公共政策的出现为促进进步和领导层变革提供机会窗口。企业可以借用公共政策或者其他制度改革来打开制度窗口。从追赶的角度来看，政府可以打开第

---

[1] Chandy R K, Tellis G J. The incumbent's curse? Incumbency, size, and radical product innovation[J]. Journal of marketing, 2000, 64(3): 1-17.

[2] Mathews J A. Strategy and the crystal cycle[J]. California Management Review, 2005, 47(2): 6-32.

三类机会窗口。政府在这个过程中的主要措施是通过设立促进国内公司学习过程和能力积累的研发项目，或者通过提供补贴、减税、出口支持、法规和公共标准的方式进行干预，为现任者和进入者带来不对称的环境。政府创造的这种不对称的环境，会导致外国先发企业在这个国家的国内市场上处于不利地位，外来先发企业在税收、进入限制或市场限制方面，可能面临种种不利规则，而后来者可以利用这种不对称性来消除进入相关领域的初始成本劣势，削弱进入壁垒。政府的制度与公共政策干预通常是为了维持公平竞争的市场环境，在大多数情况下都是合理的，因为在位者经常会使用不公平的举措来阻止后来者的进入，不利于产业的发展。在这个意义上，积极的政府政策在多个部门的国家追赶与国内企业发展都具有重要意义。

2. 小窗口：基于"主导设计"变换的小窗口

产品的性能维度通常富有多样性，并且在主导设计出现之前往往是不相称的。产品在使用过程中，会逐渐产生新的需求，某些特性需要重新被纳入设计，包括相关的性能维度。产品架构（product architecture）体现了产品的核心设计，是功能模块和物理模块的组合（Ulrich，1995）[1]。段彩丽和顾元勋（2021）从产品发展视角引入"产品架构成长"一词，并认为产品架构成长是企业进行产品研发时，根据企业内、外情境变化进行产品架构设计，使产品架构的三要素以及架构复杂性随组织、战略、市场等情境的变化而变化，从而使产品功能不断完善，对情境的适应性不断提高的过程[2]。笔者认为，主导设计情境下，在产品架构成长期，产品架构的成长主要表现为组件数量的增加和组件功能的完善。比如在智能手机的技术范式既定条件下，其主导设计如智能手机的功能摄像功能、存储功能、手机外观，都在不断变化，为中国智能手机企业技术追赶创造了条件。

（三）机会窗口的影响机制

Landini 等人（2017）提出行业领导层变革的程度不仅取决于技术机会之窗

---

[1] Ulrich K. The role of product architecture in the manufacturing firm[J]. Research policy, 1995, 24(3): 419-440.
[2] 段彩丽, 顾元勋. 无主导设计情境下产品架构成长机制研究[J]. 管理评论, 2021,33(7):92-106.

的大小，而且还取决于现任者和后来者如何应对这些机会之窗的打开，并且在存在技术不连续性的情况下，机会窗口越大（即不连续性的破坏性越强）且收益增长越快，行业领导者发生技术驱动型变化的机会就越大[1]。与之类似，Giachetti 和 Marchi（2017）将机会窗口区分为"重大"和"边际"两类，在机会之窗出现时，积极采取在不断变化的环境中获得市场份额的最合适的竞争行动的企业，其领导层更替的潜力更大[2]。而 Vértesy（2017）的研究则阐明了"先决条件"（preconditions）如何与机会窗口、企业的战略响应共同影响赶超结果。该研究认为加拿大和巴西航天工业的先进地位，使企业能够有效地应对新兴的机会窗口。巴西通过在巴西航空理工学院（ITA）培训科学家和工程师、在航空技术中心（CTA）开展公共研发、提供有利的商业环境和获得外部资金和技术，为增长创造了先决条件[3]。对于机会窗口的影响，目前的研究则主要关注企业对机会窗口的响应战略，而对于更加宏观的产业、国家/地区层次是否也需要一定的响应战略则缺乏相应的研究（黄晗等，2020）[4]。

尽管3种机会窗口被认为是后发企业外生的事件，但企业应认识到并利用这些机会窗口，发挥其潜力。企业战略与机会窗口以及技术和市场环境互动来影响其绩效。关于第一个窗口和关于第二个窗口（即需求窗口），经济低迷可能成为后来者的机会窗口，因为在这个时期，弱者被迫破产，并以低价释放资源，挑战者公司可以以较低的成本购买资本设备和获得人力资本，就像韩国公司三星和 LG 在 1993—1994 年 FPD 行业第一次低迷时所做的那样，它们雇佣了被裁员的日本工程师，并在日本设立了研发中心，以利用经济衰退所释放的资源和知识的

---

[1] Landini F, Lee K, Malerba F. A history-friendly model of the successive changes in industrial leadership and the catch-up by latecomers[J]. Research Policy, 2017, 46(2): 431-446.

[2] Giachetti C, Marchi G. Successive changes in leadership in the worldwide mobile phone industry: The role of windows of opportunity and firms' competitive action[J]. Research Policy, 2017, 46(2): 352-364.

[3] Vértesy D. Preconditions, windows of opportunity and innovation strategies: Successive leadership changes in the regional jet industry[J]. Research Policy, 2017, 46(2): 388-403.

[4] 黄晗, 张金隆, 熊杰. 赶超中机会窗口的研究动态与展望[J]. 管理评论, 2020,32(05):151-164.

流通。然后，它们等待在下一轮经济衰退时发动攻势（Mathews，2005）[①]。

关于第三个窗口（限制窗口），应区分"制度性"变化的类型。例如，由于欧盟专有的 GSM 标准而导致的手机行业领导权的第一次改变。制度窗口的另一个例子是飞机行业中的"范围条款"。与这两种情况相比，有些情况并非是体制的机会窗口，而是作为政府的"促进角色"，它影响对其他因素打开窗口反应的有效性。在这些情况下，首先是打开了其他机会窗口，随后公共政策帮助企业利用已经出现的机会窗口。例如，巴西中型喷气机行业的第二次领导层更替。在此之前，需求发生了变化，随后是政府的支持。另一个例子是，韩国在与内存相关的研发方面获得了公共支持，而新技术的出现就是机会窗口。

（四）创新战略理论

后来者能否克服它们的劣势，利用它们的优势，以及如何面对机会窗口，影响着它们追赶和前进的结果（Shin，2017）[②]。在追赶战略的研究中，对公司战略视角的关注较少（Kim and Park，2019）[③]。Collm 和 Schedler（2014）从系统管理的角度探讨公共部门的创新，实施组织创新在于构建创新与现有组织体系的连通性。想要在其组织中引入群体创新的公共管理者需要在创新过程的早期阶段考虑结构的二元性[④]。吴晓波等人（2019）在后发企业追赶战略的研究中以市场和技术、探索和利用两种维度将后发企业的创新战略具体定位为市场探索、市场利用、技术探索、技术利用4种类型[⑤]。刘海兵等人（2020）对华为发展过程

[①] Mathews J A. Strategy and the crystal cycle[J]. California Management Review, 2005, 47(2): 6-32.

[②] Shin J S. Dynamic catch-up strategy, capability expansion and changing windows of opportunity in the memory industry[J]. Research Policy, 2017, 46(2): 404-416.

[③] Kim D B, Park M J. Latecomers' path-creating catch-up strategy in ICT industry: The effect of market disparity and government dependence[J]. Journal of Entrepreneurship in Emerging Economies, 2019, 11(2):234-257.

[④] Collm A, Schedler K. Strategies for introducing organizational innovation to public service organizations[J]. Public Management Review, 2014, 16(1): 140-161.

[⑤] 吴晓波, 付亚男, 吴东, 等. 后发企业如何从追赶到超越？——基于机会窗口视角的双案例纵向对比分析 [J]. 管理世界, 2019, 35(2):151-167+200.

中的创新战略、创新范式及技术创新能力进行测度，提出后发企业创新战略演进路径为："市场利用性—市场利用和技术利用—高市场探索性、低技术利用性—高市场探索性、高技术利用性—市场探索和技术探索"[1]。

公共知识与其他类型的外部知识和内部知识对创新和业务绩效有重要贡献。创新在很大程度上依赖于企业吸收外部知识，并与已有知识结合，提供新的市场供应能力（Roper et al, 2008）[2]。因此对于企业而言，其战略挑战变为如何产生动态的组织能力，配置其资源基础，并适应不断变化的市场条件，从而获得竞争优势，以最大化维持创新（Zahra and George, 2002）[3]。但由于过度探索新知识会耗费组织大量资源，并且收益具有不确定性，探索常常导致失败，这反过来又促进对更新的思想的探索，从而促进更多的探索，很容易陷入"失败陷阱"（Gupta et al, 2006）[4]。

综上所述，对后来者的创新战略应更多地与技术和市场追赶的双重目标相结合，关注企业如何有效和适当地应对机会之窗。在追赶的早期阶段，后来者缺乏必要的资源和能力去积累，而在追赶的后期，越"成熟"的后来者越有能力创造新的知识。因此，处于不同追赶阶段的后发企业应根据内外部环境采取不同的创新战略。

三、技术创新动态能力理论

（一）动态能力的概念

在市场竞争中，企业如何创造并维持可持续发展的竞争优势，一直都是战略

---

[1] 刘海兵，杨磊，许庆瑞. 后发企业技术创新能力路径如何演化？——基于华为公司1987—2018年的纵向案例研究[J]. 科学学研究, 2020, 38(06):1096-1107.

[2] Roper S, Du J, Love J H. Modelling the innovation value chain[J]. Research policy, 2008, 37(6-7): 961-977.

[3] Zahra S A, George G. Absorptive capacity: A review, reconceptualization, and extension[J]. Academy of management review, 2002, 27(2): 185-203.

[4] Gupta A K, Smith K G, Shalley C E. The interplay between exploration and exploitation[J]. Academy of management journal, 2006, 49(4): 693-706.

管理理论的核心课题。Barney（1991）引入了资源基础观，资源基础观认为，当企业拥有有价值的、稀有的、不可模仿的和不可替代的资源时，它们可以通过实施新的创造价值战略来获得可持续的竞争优势，而这种战略不容易被竞争企业复制[1]。但是，资源基础观有其局限性，在快速变化的环境下，企业难以存在持续的竞争优势。企业资源基础观没有充分解释某些公司在快速和不可预测变化的情况下如何和为什么具有竞争优势，以及为什么这种竞争优势在如此动荡和不确定的环境中仍可以持续保持（Eisenhardt and Martin，2000）[2]。由此，企业动态能力理论应运而生。Teece 等人（1997）将动态能力定义为企业整合、建立以及重新配置企业内外部能力以适应快速变化环境的能力，并回答了企业竞争优势的来源问题[3]。类似于 Teece，Eisenhardt 和 Martin（2000）将动态能力定义为"公司使用资源的流程——尤其是集成、重新配置、获取和释放资源的流程——来匹配甚至创造市场变化"[4]。因此，动态能力是企业在市场出现冲突、分裂、演变和消亡时实现新资源配置的组织和战略惯例。Zott（2003）探讨了企业动态能力如何与行业内差异性企业绩效相关联，提出了一个形式化模型，其中动态能力被看作指导企业资源配置演变的一组例程[5]。Subba Narasimha（2001）借鉴生物学的基本原理，如免疫系统已经发展出能够识别多种抗原、产生多种抗体、视需要而定对其生物环境作出反应的能力，将企业视为知识的存量，提出了动态能力或知识的多样性生成能力是在这种动荡环境中取得优异业绩的重要先决条件的论

---

[1] Barney J. Firm resources and sustained competitive advantage[J]. Journal of management, 1991, 17(1): 99-120.

[2] Eisenhardt K M, Martin J A. Dynamic capabilities: what are they?[J]. Strategic management journal, 2000, 21(10-11): 1105-1121.

[3] Teece D J, Pisano G, Shuen A. Dynamic capabilities and strategic management[J]. Strategic management journal, 1997, 18(7): 509-533.

[4] Eisenhardt K M, Martin J A. Dynamic capabilities: what are they?[J]. Strategic management journal, 2000, 21(10-11): 1105-1121.

[5] Zott C. Dynamic capabilities and the emergence of intraindustry differential firm performance: insights from a simulation study[J]. Strategic management journal, 2003, 24(2): 97-125.

点[1]。同时，国内不少学者对动态能力也进行了深入研究。董保宝等人（2011）认为动态能力是企业不断地对企业的资源以及能力进行整合、配置并根据外部环境的变化对它们进行重组的能力，它能够有效整合企业内外部资源，不断推出适应市场发展需要的优质产品和服务，给客户带来价值增值的产品和服务，使企业获得持续的竞争优势[2]。董俊武等人（2004）认为企业之所以要改变自身的能力，是因为隐藏在能力背后的知识不再适应环境的变化。企业改变能力的过程就是企业追寻新知识的过程。改变能力的结果是企业建立了一套新的知识结构[3]。在动荡的环境中，动态能力崇尚建立开拓性学习能力。开拓性学习能力并不是为了完成特定的生产目的，而是为了在长时间内向企业提供新的战略观念而进行的侧重于变革的学习[4]。焦豪等人（2008）在动态能力文献梳理基础上，开发出测量动态能力的4个构面：环境洞察能力、变革更新能力、技术柔性能力与组织柔性能力[5]。罗珉和刘永俊（2009）归纳了动态能力的理论架构，并用模糊聚类分析法对过去10年间有关动态能力的研究成果进行了理论分析，揭示出动态能力的构成要素：市场导向的感知能力、组织学习的吸收能力、社会网络的关系能力和沟通协调的整合能力[6]。

对于后发企业而言，动态能力是指通过更多的资源和更广泛的内外部联系、交互，获取更复杂和更先进的技术知识，通过吸收、整合知识，最终实现知识创造和创新的能力，从而追赶甚至超越领先企业。动态能力理论，与熊彼特的创造性毁灭的思想不谋而合，企业只有通过不断创新、整合，才能获得持久的

---

[1] Subba Narasimha P N. Strategy in turbulent environments: the role of dynamic competence[J]. Managerial and decision Economics, 2001, 22(4-5): 201-212.
[2] 董保宝，葛宝山，王侃. 资源整合过程、动态能力与竞争优势：机理与路径 [J]. 管理世界，2011, (3):92-101.
[3] 董俊武，黄江圳，陈震红. 基于知识的动态能力演化模型研究 [J]. 中国工业经济，2004, (2):77-85.
[4] 黄江圳，谭力文. 从能力到动态能力：企业战略观的转变 [J]. 经济管理，2002, (22):13-17.
[5] 焦豪，魏江，崔瑜. 企业动态能力构建路径分析：基于创业导向和组织学习的视角 [J]. 管理世界，2008, (4):91-106.
[6] 罗珉，刘永俊. 企业动态能力的理论架构与构成要素 [J]. 中国工业经济，2009, (1):75-86.

竞争优势。

（二）技术创新动态能力和动态创新能力的概念

近年来，理论界从动态能力视角出发，提出了技术创新动态能力和动态创新能力这两个类似的概念。徐宁和徐向艺（2012）借鉴动态能力理论的相关观点，从一个动态的视角阐述技术创新，将"技术创新动态能力"界定为"为积极应对环境变化，企业持续地进行一定的技术创新投入，带来相应的技术创新产出，并能进行有效技术创新转化的能力"[①]。在 Zollo 和 Winter（2002）之后，Cheng 和 Chen（2013）提出动态创新能力，将其定义为企业用来开发、整合和重新配置现有和新的资源和运营能力的难以转移和难以模仿的创新能力[②]。从整体来看，动态创新能力的研究尚处于起步阶段。郑方等人（2021）进一步深化动态创新能力的内涵，将企业动态创新能力理解为动态能力理论、创新理论以及相关的组织学习理论、价值创造理论交叉整合的多维度聚合构念[③]。熊胜绪等人（2016）认为技术创新动态能力是一种变革能力，由机会的识别和感知能力、整合创新资源能力、适应环境的变革能力构成[④]。王佳和张林（2017）对技术创新动态能力内外部影响因素及作用机理进行分析，并研究了企业家精神对技术创新动态能力的作用[⑤]。杜俊义和崔海龙（2019）深入研究企业技术创新的动态能力，基于企业资源化视角下资源决定能力的理论分析框架，从理论上分析了知识资产互补和

[①] 徐宁，徐向艺. 控制权激励双重性与技术创新动态能力——基于高科技上市公司面板数据的实证分析 [J]. 中国工业经济，2012, (10):109-121.

[②] Cheng C C J, Chen J S. Breakthrough innovation: the roles of dynamic innovation capabilities and open innovation activities [J]. Journal of Business & Industrial Marketing, 2013, 28(5): 444-454.

[③] 郑方，单文涛，王永青. 连锁董事网络与企业动态创新能力——基于多重治理情境的调节作用 [J]. 财经论丛，2021(11):77-88.

[④] 熊胜绪，崔海龙，杜俊义. 企业技术创新动态能力理论探析 [J]. 中南财经政法大学学报，2016, (3):32-37.

[⑤] 王佳，张林. 技术创新动态能力形成机制与影响因素研究 [J]. 技术经济与管理研究，2017, (10):40-43.

组织学习对技术创新动态能力的影响[1]。岳金桂和于叶（2019）以动态能力观为基础，探究了转型经济环境下技术创新动态能力对企业技术商业化绩效的作用，以及环境动态性（技术动态性和市场动态性）在技术创新动态能力与技术商业化绩效间的调节作用[2]。李志春和李海超（2019）从技术创新动态能力的主导逻辑思维出发，从能力广度、能力深度、能力的生命周期3个角度，对高技术产业技术创新动态能力演化模型进行维度分析[3]。

大量文献围绕创新能力的前因维度和结果维度而展开，然而这些研究大多以静态视角进行分析，忽略了企业创新能力的复杂性和动态性。新时代的创新研究应该更加关注创新的演化过程以及其中行为主体间的互动（杨俊，2018）[4]。

（三）技术创新动态能力的构成

徐宁和徐向艺（2012）将技术创新动态能力明确地分解成3个维度：技术创新投入能力、技术创新产出能力与技术创新转化能力[5]。随后徐宁等人（2014）对先前的理论进行了补充，考虑到技术创新的过程性、累积性以及不确定性特征，认为应从动态视角出发，采用时间跨度较大的面板数据对中小企业的技术创新能力进行全新阐释与系统解构[6]。结合企业变革理论的理论框架，企业技术创新动态能力作为推动企业技术变革的能力，熊胜绪等人（2016）认为它是由技术机会的感知与识别能力、整合内外部创新资源的能力和环境适应性的组织变革能力构成的。而熊胜绪等人认为企业技术创新动态能力是企业变革能力的一部分，并认

---

[1] 杜俊义，崔海龙. 互补知识对技术创新动态能力的影响——以组织学习作为调节变量 [J]. 技术经济与管理研究，2019, (9):45-52.

[2] 岳金桂，于叶. 技术创新动态能力与技术商业化绩效关系研究——环境动态性的调节作用 [J]. 科技进步与对策，2019, 36(10):91-98.

[3] 李志春，李海超. 中国高技术产业技术创新动态能力演化研究 [J]. 科技管理研究，2019, 39(9): 186-191.

[4] 杨俊. 新时代创新研究的新方向 [J]. 南开管理评论，2018, 21(1):4-5.

[5] 徐宁，徐向艺. 控制权激励双重性与技术创新动态能力——基于高科技上市公司面板数据的实证分析 [J]. 中国工业经济，2012(10):109-121.

[6] 徐宁，徐鹏，吴创. 技术创新动态能力建构及其价值创造效应——来自中小上市公司的经验证据 [J]. 科学学与科学技术管理，2014, 35(8):125-134.

为企业技术创新动态能力不同于技术创新能力，技术创新能力是静态的技术变革能力，而技术创新动态能力是重构、变革、整合企业的能力，它是比技术创新能力更高层次的动态的技术变革能力[①]。董平和周小春（2018）在动态能力内涵的基础上界定"技术创新动态能力"，将其划分为3个维度：技术创新感知识别能力、技术创新资源整合能力和技术创新内化能力。同时，利用研发投入强度、技术人员强度衡量技术创新感知识别能力，利用专利申请总量、发明申请总量共同衡量技术创新整合资源能力，利用无形资产比率衡量技术创新内化能力[②]。李志春和李海超（2019）根据经典物理力学理论构建中国高技术产业技术创新动态能力演化三维动态模型，从技术创新动态能力的主导逻辑思维出发，从能力广度、能力深度、能力的生命周期3个角度对高技术产业技术创新动态能力演化模型进行维度分析。能力广度由资源、资源整合能力、资源更新能力和核心竞争力所组成，能力深度由吸收能力、组织学习能力、研究开发能力、生产制造能力和创新能力所组成，能力的生命周期由能力的建立、成长和成熟所组成[③]。技术创新动态能力的研究逐渐从单一维度发展到多维度。王昌林（2017）把技术创新动态能力分解成网络能力、动态能力和原创能力3个要素，这3个要素由内到外驱动企业新知识的创造以适应不断变化的环境[④]。

四、技术范式与主导设计理论

（一）技术范式

Dosi（1982）借鉴科学哲学家库恩（2003）提出的科学发展模式的"范式"

[①] 熊胜绪，崔海龙，杜俊义. 企业技术创新动态能力理论探析[J]. 中南财经政法大学学报，2016,(3):32-37.
[②] 董平，周小春. 技术并购、吸收能力与企业技术创新动态能力——来自创业板上市公司的证据[J]. 科技管理研究，2018,38(7):34-40.
[③] 李志春，李海超. 中国高技术产业技术创新动态能力演化研究[J]. 科技管理研究，2019, 39(09):186-191.
[④] 王昌林. 企业技术创新动态能力三要素[J]. 企业管理，2017,(5):121-123.

思想[①]以及指出"技术推动"和"经济因素拉动"双重因素共同发挥作用的"技术变革的动力及变革规律",提出了技术范式(technological paradigm)和技术轨道(technological trajectory)。技术范式被定义为"选择技术问题的一种模型或模式"。Dosi将技术当作知识合集,范式被认为是某个群体共享并以此解决特定某类问题的认知和理解的结合[②]。彭新敏和姚丽婷(2019)指出,技术范式不是一种具体的技术,而是一种基于某些特定自然科学原理和特定原材料的解决某类具体技术和经济问题的解决方案,是一组解决问题的原理、规制、标准和惯例的总称。其特性包括:技术所依赖的知识的性质、技术需要的资源类型及其性质、技术应用的主要生产领域、体现了技术特性的产品。技术轨道是技术演化的路径,可以看作在技术范式的基础上进行"常规"活动(即"进步")模式,它具有方向性、可延续性、积累性和跳跃性[③]。在提出"技术范式""技术轨迹"的思想基础上,Malerba和Orsenign(1993,1996)指出了技术范式的4个维度,并用技术机会、收益性、积累性及知识基础来描述技术范式的本质特征[④]。

Chandy和Tellis(1998)指出,技术范式转换周期是技术范式从进入市场到被淘汰的周期,分为突变期和渐进期。在突变期,新技术范式引发了群集成簇的间断性技术革命,实现了从全新知识到全新市场的创造性破坏,细分为衰退期和导入期,前者是旧范式式微期和新范式研发期,后者是新范式进入市场期。在渐进期,技术范式通过累积自主创新或技术扩散持续改进[⑤]。

在技术范式转变期间,企业的动态能力是其能否实现可持续竞争的关键。

[①] 托马斯·库恩(Thomas S.Kuhn). 科学革命的结构 [M]. 金吾伦,胡新和,译. 北京:北京大学出版社,2003: 44-45.

[②] Dosi G. Technological paradigms and technological trajectories: a suggested interpretation of the determinants and directions of technical change[J]. Research policy, 1982, 11(3): 147-162.

[③] 彭新敏,姚丽婷. 机会窗口、动态能力与后发企业的技术追赶 [J]. 科学学与科学技术管理,2019,40(06):68-82.

[④] Malerba F, Orsenigo L. Technological Regimes and Firm Bebavior[J]. Industrial and Corporate Change, 1993, 2(1): 45-71.

[⑤] Chandy R K, Tellis G J. Organizing for Radical Product Innovation: The Overlooked Role of Willingness to Cannibalize[J]. Journal of Marketing Research, 1998, 35: 474-487.

Teece等人（1997）指出动态能力是企业的整合、重构能力，其核心内容是组织学习和知识管理，其目的是有效应对日益动荡复杂的环境[1]。大部分学者对动态能力的界定都立足于3个维度，即动态能力的整合能力、建构能力和重构能力。冯军政和魏江（2011）总结道，在这3点的基础之上，学界逐渐形成了两个派别，一派的侧重点在企业完成抽象组织与管理过程的能力，而另一派的侧重点在企业完成具体战略和组织过程的能力[2]。从本书的研究目的出发，将视角聚焦于作为企业完成具体战略与组织过程的能力的动态能力，这是以资源观为基础来定义、考察企业的动态能力。其是可识别的、具体的，如产品开发、研发投入等。Eisenhardt和Martin（2000）指出，在变化不那么快速的市场中，运用动态能力所得成果在一定程度上可以被预测，而在高速变化的市场中，后果则难以预料[3]。因此，本书中企业的动态能力可以理解为在技术范式转变时期，企业应对混沌、复杂的动态环境的整合能力和对资源的重构能力。罗仲伟等人（2014）指出，通过响应外部环境变化的组织学习，实现对信息的捕捉是动态能力的前提；通过知识管理实现企业产品或服务的更新是动态能力的基础；通过整合、协调与重构企业的资源、能力实现运营能力改变是动态能力的实现手段[4]。此外，Helfat（1997）通过实证指出，研发能力是动态能力的一个重要组成部分。动态（研发）能力使企业可以创造新的产品，优化生产过程，从而帮助企业应对快速变化的市场。具有较强研发能力的企业在技术范式转变的过程中会更有优势，从而实现企业运营目标。不论如何，动态能力强的企业在各种竞争中都相当有优势[5]。

---

[1] Teece D J, Pisano G, Shuen A. Dynamic capabilities and strategic management[J]. Strategic Management Journal, 1997, 18(7): 509-533.

[2] 冯军政，魏江. 国外动态能力维度划分及测量研究综述与展望[J]. 外国经济与管理，2011，33(7): 26-33+57.

[3] Eisenhardt K M, Martin J A. Dynamic Capabilities: What Are They?[J]. Strategic management journal, 2000, 21(10-11): 1105-1121.

[4] 罗仲伟，任国良，焦豪，等. 动态能力、技术范式转变与创新战略——基于腾讯微信"整合"与"迭代"微创新的纵向案例分析[J]. 管理世界，2014, (8):152-168.

[5] Helfat C E. Know how and asset complementarity and dynamic capability accumulation: the case of r&d[J]. Strategic Management Journal, 1997, 18(5)339-360.

Eisenhardt 和 Martin（2000）认为企业在发展过程中需要整合内外部资源，以适应环境。但整合过的资源具有时效性，企业需要不断整合资源来适应改变着的环境，这就是动态能力的利用[1]。当技术范式转变时，现有的技术被新的技术逐渐代替，技术的进步和更新换代主要表现为突变的、跃迁的、非连续性的过程，强调的是动态性、非秩序性、非线性和难以预测性。在这样的情景中，产业间的边界模糊，潜在进入者、替代品厂商、购买者、供应商和竞争者是不确定的，外界环境充满着很多的机会和威胁。基于此，Christensen 等人（2000）指出技术范式的转变为众多企业打开了一个"学习窗口"（the window of learning），动态能力可以帮助企业在应对或利用技术范式转变的过程中摆脱路径依赖和结构惯性，革命性地摧毁粘滞在旧范式下的领先者优势，使新生力量脱颖而出[2]。焦豪（2011）指出，企业可以通过动态能力为渐进式创新与颠覆式创新活动合理分配资源，进行快速的机会识别，不断地对现有资源进行渐进改进和剧烈重构，二者互动协同一致，能使企业在动态复杂环境中获得持续竞争优势[3]。Zollo 和 Winter（2002）认为，在一定程度上，企业通过扫描外界环境发现技术变化带来的可行性机会，在这个阶段，企业家可以实施颠覆式创新的相关活动，最大化地利用新机会带来的先发优势。当已经通过颠覆式创新开发出新技术和新产品的雏形后，可以通过渐进式创新不断地改进与完善新技术和新产品，最终完全赢得市场[4]。

（二）主导设计

主导设计的概念来源于关于产品和工艺创新的研究。Abernathy 和 Utterback

---

[1] Eisenhardt K M, Martin J A. Dynamic Capabilities: What Are They? [J]. Strategic management journal, 2000, 21(10-11): 1105-1121.

[2] Christensen C M, Bohmer R, Kenagy J. Will disruptive innovations cure health care?[J]. Harvard business review, 2000, 78(5): 102-112.

[3] 焦豪. 双元型组织竞争优势的构建路径：基于动态能力理论的实证研究 [J]. 管理世界，2011, (11):76-91+188.

[4] Zollo M, Winter S G. Deliberate learning and the evolution of dynamic capabilities[J]. Organization science, 2002, 13(3): 339-351.

（1978）指出主导设计是引领一个产业从个别、定制化生产到规模化、标准化生产的转折点[1]。Tushman 和 Anderson（1990）对主导设计的标准是指单一配置或狭窄范围的配置，占新产品销售或新工艺安装的 50% 以上，并在至少 4 年内保持 50% 的市场份额[2]。但现有的关于主导设计操作化研究的一个主要问题是忽视了技术竞争的动态性。例如，一个早期的先行者能够在几年内取得 50% 以上的市场份额，但这并不意味着它的技术就成了主导设计，因为其他的竞争对手可能会紧紧追随并逐渐缩小市场份额差距。因此，Suarez（2004）提出了另一种判断主导设计的标准，他认为：①有明确迹象表明最接近的替代设计放弃了积极竞争，从而直接或间接地承认失败；②某项设计相对于其他设计已取得明显的市场份额优势，而最近的市场趋势一致认为该优势正在增加。若上面两个事件中的一个或全部发生，那么某项特定技术设计就取得了主导地位。类型①的示例是1988 年，经过 12 年的市场战役，索尼开始生产基于 VHS 的录像机，承认失败；到 20 世纪 90 年代中期，所有数据都表明，IBM PC 设计已经无可辩驳地战胜了 Mac 设计，尽管苹果仍在努力奋斗——甚至在今天仍然如此。一旦占据主导地位，主导的技术设计就不会受到挑战，直到不连续的技术在未来某个时刻震撼了市场[3]。Henserson 和 Clark（1990）指出主导设计的出现，标志着单一架构的普遍接受，企业不再投资于学习已建立的组件集的替代配置，而会对最初的一组部件进行细化和阐述，并在稳定的架构框架内对部件进行改进[4]。性能维度往往是多种多样的，并且在主导设计出现之前往往是不相称的。随着产品的发展，某些特性将被纳入设计，包括相关的性能维度。主导设计的外观可以通过几个相关的和

---

[1] Abernathy W J, Utterback J M. Patterns of industrial innovation[J]. Technology review, 1978, 80(7): 40-47.

[2] Anderson P, Tushman M L. Technological discontinuities and dominant designs: A cyclical model of technological change [J]. Administrative science quarterly, 1990, 35(4): 604-633.

[3] Suarez F F. Battles for technological dominance: an integrative framework[J]. Research Policy, 2004, 33(2): 271-286.

[4] Henderson R M, Clark K B. Architectural innovation: The reconfiguration of existing product technologies and the failure of established firms[J]. Administrative science quarterly, 1990,35(1):9-30.

具有可通约性的维度来描述。此外，有学者指出主导设计的出现是技术、经济和组织因素的幸运组合的结果。对于具有许多部件的复杂组装产品，主导设计就体现了相关标准的集合（Suarez and Utterback，1995）[1]。国内学者在已有成果的基础上，对主导设计的概念进行了扩展。苟劲松等人（2015）认为主导设计的概念包含以下几个方面：①主导设计产品的市场份额占比优势显著，其产品是能被用户广泛接受的满意产品；②在市场驱动下，只有技术性能最优组合的产品设计标准才能成为主导设计；③技术、市场、制度和社会等因素共同促进主导设计的形成，而市场因素在其中扮演着重要角色[2]。谭劲松和薛红志（2007）指出，主导设计是技术采用报酬递增、技术兼容性或标准化压力、政府管制等因素共同作用的结果[3]。邓龙安（2007）指出主导设计是在技术与市场不确定条件下形成的企业和顾客共同期望的一种产品技术结构[4]。

主导设计的出现可以改变一个行业的竞争条件。主导设计的效果是强制实施标准化，从而寻求生产经济。有效的竞争可以在成本和产品性能的基础上发生（Utterback and Abernathy，1975）[5]。主导设计将体现特定产品的许多类用户的需求，即使它可能不能满足特定类的需求，达到与定制设计相同的程度。主导设计也不一定是体现了最极端的技术性能。然而，主导设计将代表一个行业生命中的一个里程碑或过渡点。笔者认为主导设计的出现是技术、经济和组织因素有效结合的结果。主导设计并不总是那些具有最大的"技术甜味"的设计。

主导设计的概念与"标准"的概念有关。然而，标准在很大程度上被看作是不同技术选择（如不同的计算机架构）之间斗争的结果，而不是人们脑海中占主

---

[1] Suarez F F, Utterback J M. Dominant designs and the survival of firms[J]. Strategic management journal, 1995, 16(6): 415-430.
[2] 苟劲松，阮平南，李金玉. 基于主导设计的新兴产业形成障碍跨越策略研究[J]. 科技进步与对策，2015, 32(4):36-40.
[3] 谭劲松，薛红志. 主导设计形成机理及其战略驱动因素研究[J]. 中国软科学，2007(7):41-53.
[4] 邓龙安. 企业技术联盟与主导设计技术的形成[J]. 科技进步与对策，2007(8):89-92.
[5] Utterback J M, Abernathy W J. A dynamic model of process and product innovation[J]. Omega, 1975, 3(6): 639-656.

导地位的设计概念。关于主导设计与技术标准的关系，李龙一和张炎生（2009）认为两者既有区别又有联系。主导设计是在特定的时期，产品性能、技术、市场选择、公司战略、互补资产、知识产权和政府干预相互作用的结果。而这种主导设计会引导着技术向前发展深化，并由此形成一种可以方便企业进行批量化生产以降低成本、最大化赚取利润的高新技术。而企业为了保护该项技术，可以通过把主导设计转化成技术标准的方法推向市场[①]。

第二节　文献综述

一、企业技术追赶绩效相关研究

（一）技术追赶绩效的概念

企业创新是推动企业发展和提高竞争力的重要动力。在当今全球化、信息化和知识经济的背景下，企业创新已经成为企业生存和发展的关键因素之一。目前，学术界不同学者对于创新绩效的看法不尽相同。在国外，Alegre 和 Chiva（2013）认为企业的创新绩效是产品和过程的创新[②]。创新绩效是指企业实现产品开发目标的程度，市场知识的特异性和跨功能协作通过知识整合机制影响产品创新绩效（De Luca and Atuahene–Gima，2007）[③]。企业创新绩效是指由于产品创新或工艺创新活动带来的企业绩效的提高，当企业有新产品产出时，企业的创新绩效取

---

① 李龙一，张炎生.基于主导设计的技术标准形成研究[J].科学学与科学技术管理，2009，30(6): 37-42.

② Alegre J, Chiva R.Linking entrepreneurial orientation and firm performance:The role of organizational learning capability and innovation performance[J].Journal of Small Business Management, 2013, 51(4):491-507.

③ De Luca L M,Atuahene-Gima K.Market knowledge dimensions and cross-functional collaboration: Examining the different routes to product innovation performance[J].Journal of marketing, 2007, 71(1):95-112.

决于其能否识别市场机会（Jantunen，2005）[①]。产业的追赶绩效是技术努力与可获得资源和机会相互作用的结果（Lee and Lim，2001）[②]。在国内，技术追赶绩效通常用技术创新绩效来衡量（唐震等，2019）[③]。关于技术追赶绩效的分类，有学者提出要将其分为产出绩效和过程绩效。其中陈劲和陈钰芬（2006）提出了企业技术追赶绩效的评价框架，将其分为创新过程绩效和创新产出绩效两个方面。其中，创新产出绩效主要反映企业创新活动实施的实际效果，即创新活动的现实绩效；而创新过程绩效则反映的是企业在技术创新活动中的管理水平和潜在绩效，是对创新绩效评价的补充与完善[④]。另外，有学者将技术创新绩效定义为企业技术创新过程的效率、产出的成果以及其对企业商业成功的贡献。其中，产出绩效指的是技术创新成果为企业带来的各种不同类型效益和影响；而过程绩效则反映了企业技术创新过程执行的质量，并通过企业技术创新管理的变量来反映（高建等，2004）[⑤]。

（二）技术追赶绩效的影响因素

1. 吸收能力与技术追赶绩效

技术创新是实现技术追赶的基础。研究表明，后发企业可以通过并购海外高新技术企业的方式，结合企业自身的能力，获取新知识和新技术，进一步通过这些知识和技术，提高自身能力，实现追赶绩效的提升（吴先明和胡博文，

[①] Jantunen A.Knowledge-processing capabilities and innovative performance:an empirical study[J]. European Journal of Innovation Management, 2005, 8(3):336-349.

[②] Lee K, Lim C.Technological regimes, catching-up and leapfrogging:findings from the Korean industries[J].Research Policy, 2001, 30 (3) :459-83.

[③] 唐震，蔡晶晶，王嵩林.大中型工程技术整合能力与技术追赶绩效影响机制研究 [J].科技管理研究，2019, 39(8):97-102.

[④] 陈劲，陈钰芬.企业技术创新绩效评价指标体系研究 [J].科学学与科学技术管理，2006, (3):86-91.

[⑤] 高建，汪剑飞，魏平.企业技术创新绩效指标：现状、问题和新概念模型 [J].科研管理，2004, (S1):14-22.

2018）[1]。同时，吸收能力也在后发企业技术追赶的过程中起到关键作用。企业吸收能力越强，技术追赶绩效越好（吕世生和张诚，2004）[2]。随着我国市场经济的迅速发展，企业研发投入资金不断增加，研发能力和水平也不断提高（李平和刘利利，2017）[3]。韦影（2007）通过实证分析表明，吸收能力在企业社会资本对技术创新绩效的正向影响中扮演着中介角色[4]。随着企业研发投入的增加，吸收能力逐渐增强，进而推动企业实现技术追赶，这进一步促进了技术创新绩效的提升。技术吸收是企业进行技术创新的重要手段和主要过程，它涉及将外部的技术知识、经验和资源引入企业内部，并转化为企业自身的创新能力。在当今快速变化的科技环境中，技术吸收对于提升企业的竞争力和实现企业的可持续发展至关重要。吸收效率是指企业在技术吸收过程中所达到的效果和产出。它涉及企业如何有效地利用吸收到的技术知识来改进产品或服务、提高效率或降低成本等方面。一个高效的吸收系统可以帮助企业更好地应对市场变化，提高产品质量和创新能力，从而增强竞争优势。因此，吸收能力强度和吸收效率直接决定了企业的创新绩效（高菲等，2014）[5]。具有强大吸收能力和较高吸收效率的企业更有可能通过技术创新来推动业务增长和市场份额扩大。它们能够更快地响应市场需求的变化，提供创新的产品或解决方案，并保持竞争优势。总之，技术吸收是企业进行技术创新的重要手段和主要过程，其吸收能力强度和吸收效率对企业的创新绩效具有直接影响。通过不断提升吸收能力和效率，企业可以更好地应对市场竞争和技术变革，实现持续创新和发展。

---

[1] 吴先明，胡博文. 后发企业国际化与技术追赶绩效——基于2003—2013年省际面板数据的实证分析[J]. 商业研究，2018, (1):97-104.
[2] 吕世生，张诚. 当地企业吸收能力与FDI溢出效应的实证分析——以天津为例[J]. 南开经济研究，2004, (6):72-77.
[3] 李平，刘利利. 政府研发资助、企业研发投入与中国创新效率[J]. 科研管理，2017, 38(1):21-29.
[4] 韦影. 企业社会资本与技术创新：基于吸收能力的实证研究[J]. 中国工业经济，2007, (9):119-127.
[5] 高菲，王玉荣，刘晓辉. FDI双重溢出效应对创新追赶绩效的影响机制——基于高技术产业的实证分析[J]. 技术经济，2014, 33(7):1-8.

2. 商业模式与技术追赶绩效

商业模式设计与技术创新战略的匹配对后发企业技术追赶绩效有显著的影响，效率较高和主题新颖的商业模式设计能够帮助后台企业发挥优势、克服劣势，从而有助于后发企业技术追赶绩效的提升（姚明明等，2014）①。有研究认为，商业模式的创新能够对民营创业企业研发投入起到正向促进作用，进而提升企业的成长绩效（李武威和李恩来，2021）②。企业的整合能力越强，越有利于开展商业模式创新，商业模式创新活动有利于企业绩效的正向提高（庞长伟等，2015）③。高管团队作为企业的决策者，在考虑企业经营战略与可持续发展时，若将注意力聚焦于企业创新的刺激因素，那么他们更有可能将资源和努力投入创新活动，从而带来企业创新投入和创新绩效的提升（王旭超等，2023）④。

3. 市场进入顺序与技术追赶绩效

仅仅是市场进入顺序无法决定企业的技术追赶绩效，后发企业的资源和能力的相互作用对此也有重要影响（罗珉和马柯航，2013）⑤。企业需要通过进入时机与资源积累的交互效应，提升追赶绩效（黄永春等，2017）⑥。在战略性新兴产业中，产业发展前景及预期利润对企业的进入形成了强烈的吸引力。而产业不可分散的市场风险越大，宏观层面的政策、法规变化越剧烈，企业就越倾向于领军进入。此外，进入时机与产权结构和企业规模对企业绩效水平提高存在着显著的交互效应（郭晓丹和宋维佳，2011）⑦。由此来看，后发企业应抓住合适的机

---

① 姚明明，吴晓波，石涌江，等.技术追赶视角下商业模式设计与技术创新战略的匹配——一个多案例研究[J].管理世界，2014, (10):149-162+188.
② 李武威，李恩来.商业模式创新、研发投入与创业企业成长绩效[J].财会月刊，2021, (4):34-43.
③ 庞长伟，李垣，段光.整合能力与企业绩效：商业模式创新的中介作用[J].管理科学，2015, 28(5):31-41.
④ 王旭超，胡香华，凌畅.高管团队创新注意力、技术并购与企业创新绩效——基于中国上市公司的经验证据[J].科学学与科学技术管理，2023, 44(11):166-182.
⑤ 罗珉，马柯航.后发企业的边缘赶超战略[J].中国工业经济，2013, (12):91-103.
⑥ 黄永春，王祖丽，肖亚鹏.新兴大国企业技术赶超的时机选择与追赶绩效——基于战略性新兴产业的理论与实证分析[J].科研管理，2017, 38(7):81-90.
⑦ 郭晓丹，宋维佳.战略性新兴产业的进入时机选择：领军还是跟进[J].中国工业经济，2011, (5):119-128.

会窗口进入市场，以便更好地抓住赶超的时机并产生更高的创新绩效。

4. 研发投入与技术追赶绩效

研发投入是创新活动的基础，是决定企业创新绩效的重要因素。随着人员和研发经费的增加，企业研发过程融入越来越多的知识和技术，进而形成企业的技术优势，从而转化为企业的创新绩效。增加研发投入是提高企业创新绩效的保证，企业利用增加研发投入带来创新知识开展研发活动，促进创新绩效的提升（曾德明等，2015）[1]。通过知识的积累、技术的升级以及资本的投入，企业可以提升其创新绩效（刘志强和卢崇煜，2018）[2]。杨武等人（2019）将研发投入分为资本投入和人员投入，通过实证分析发现，资本投入、人员投入和研发机构数量均对技术创新绩效有促进作用。其中，资本投入的作用更加显著[3]。因此，为了营造更加良好的创新环境，我国后发企业应充分利用通过加大研发投入所带来的创新资源。

另外，有研究表明，后发企业不应只关注技术层面的追赶活动，还应对追赶过程中的管理滞后和管理改善问题加以重视，管理滞后是后发企业追赶的关键制约因素之一。通过管理学习，后发企业可以改善其管理滞后问题，从而提升其追赶绩效（张娜娜和梅亮，2021）[4]。

（三）技术追赶绩效的评估指标和方法

有关技术追赶绩效的衡量，学者们通常是采用专利授权数量来表示。高菲等人（2014）将创新追赶绩效分为产品创新绩效和知识创新绩效，并将新产品销售收入和专利申请量都纳入分析模型，分别作为衡量创新追赶绩效中的产品创

---

[1] 曾德明，苏蕊蕊，文金艳.研发投入与企业创新绩效——企业研发团队网络结构调节作用研究[J].科技管理研究，2015, 35(18):71-77.
[2] 刘志强，卢崇煜.地区市场异质性、研发投入对企业创新绩效的影响[J].科技进步与对策，2018, 35(12):99-106.
[3] 杨武，杨大飞，雷家骕.R&D投入对技术创新绩效的影响研究[J].科学学研究，2019, 37(9):1712-1720.
[4] 张娜娜，梅亮.后发企业的管理滞后与改善：管理学习的视角[J].南开管理评论，2021, 24(1):74-85+103-105.

新绩效和知识创新绩效的指标[1]。郭磊等人（2016）认为在转型期，企业技术追赶可分为总体技术能力与核心技术能力两个维度的追赶，并采用专利指标进行测度。其中，总体技术能力可利用企业专利申请数量来衡量，而核心技术能力则通过评估企业掌控高质量专利的数量及其产生的创新影响力来进行衡量[2]。有学者认为通过企业是否有新产品发布，可以判断企业的技术创新倾向。同时，通过衡量企业的新产品销售收入的增长率，可以评估企业的技术创新追赶绩效（陈毛林和黄永春，2016）[3]。也有学者用内资企业的劳动生产率进步量来衡量追赶绩效（陈晓玲等，2017）[4]。李强（2016）认为，对于制造业追赶绩效的测度，可以用企业劳动生产率的变化来衡量。由于我国企业自身劳动生产率的提升并不代表与跨国公司之间的差距有所缩小，当跨国公司技术水平以更快的速度提升时，反而会对我国企业在本土市场上的空间产生压缩效应，从而降低其追赶绩效。因此关于制造业追赶绩效的测量主要分为两种：一是相对自身的制造业追赶绩效变量，二是相对跨国公司的制造业追赶绩效变量[5]。对于产业技术追赶绩效的研究，刘倩等（2015）认为产业间技术差距通常通过全员劳动生产率（工业增加值/全部从业人员）进行衡量，而现有研究主要关注本土企业与外商投资企业之间的全员劳动生产率差值。产业技术追赶效果则通过缩小技术差距来反映，即通过衡量本土企业全员劳动生产率差距的缩小来实现[6]。肖利平和何景嫒（2015）认为后进地区的技术追赶速度受多种因素影响，包括初始技术差距、技术吸收能

---

[1] 高菲，王玉荣，刘晓辉.FDI双重溢出效应对创新追赶绩效的影响机制——基于高技术产业的实证分析[J].技术经济，2014,33(7):1-8.

[2] 郭磊，蔡虹，徐露莹.转型阶段后发企业的双元技术追赶绩效——专利的视角[J].科技管理研究，2016,36(11):139-144+155.

[3] 陈毛林，黄永春.制度质量与企业技术创新追赶绩效——基于工业企业数据的实证分析[J].科技管理研究，2016,36(20):11-16+21.

[4] 陈晓玲，郭斌，郭京京，等.技术梯度、市场梯度与制造业产业追赶绩效[J].科学学研究，2017,35(7):982-994.

[5] 李强.技术创新、行业特征与制造业追赶绩效[J].科学学研究，2016,34(2):312-320.

[6] 刘倩，陈峰，赵筱媛.产业技术追赶效果评价测度理论分析，[J].科技进步与对策，2015,32(20):120-124.

力和本地区的研发增长率，可以通过专利申请数的增长率来表示技术进步率[1]。

相关研究表明，后发企业的创新是一个建立在开放式技术引进、模仿和吸收基础上的二次创新模式。该模式包括利用式创新和探索式创新，并逐步向核心技术探索驱动的创新进化。从持续创新的视角分析，后发企业也会借助核心技术能力的学习，从辅助技术探索驱动的创新逐步走向核心技术探索驱动的创新，完成广义的二次创新进化过程（吴晓波等，2011）[2]。因此，后发企业技术追赶绩效的提升，需要在技术不断积累的基础上，进一步提升企业核心技术能力，突破"卡脖子"瓶颈，以期实现自身的追赶和跨越。

二、企业研发投入与技术创新相关研究

企业技术创新是研发投入的直接产物，需要充足的研发资源作为保障。然而，投入期限和结果无法准确估计和衡量，长期高投入成为企业研发项目的一个普遍特征（孙林杰等，2022）[3]。因此，企业技术创新离不开持续增加的研发投入。

目前，学者们对研发投入影响技术创新的观点主要分为认为两者存在促进关系和非线性关系两种。企业研发投入对企业技术创新有直接影响（曹勇和苏凤娇，2012[4]；李平和刘利利，2017[5]）。随着研发投入的增加，企业创新的数量和质量有望得到提升，进而推动企业技术创新的进一步发展（王志阁，2023）[6]。企业通过加大研发投入引进先进的知识、技术和人才等创新资源，并利用和创造性

---

[1] 肖利平，何景嫒. 吸收能力、制度质量与技术追赶绩效——基于大中型工业企业数据的经验分析 [J]. 中国软科学，2015, (7):137-147.

[2] 吴晓波，窦伟，高钰，等. 基于核心-辅助技术匹配的二次创新及其演化路径研究 [J]. 管理工程学报，2011, 25(4):8-16.

[3] 孙林杰，彭丽霞，孙万君. 研发成本粘性与技术创新绩效的关联性研究 [J]. 科学学研究，2022, 40(4):695-703.

[4] 曹勇，苏凤娇. 高技术产业技术创新投入对创新绩效影响的实证研究——基于全产业及其下属五大行业面板数据的比较分析 [J]. 科研管理，2012, 33(9):22-31.

[5] 李平，刘利利. 政府研发资助、企业研发投入与中国创新效率 [J]. 科研管理，2017, 38(1):21-29.

[6] 王志阁. 企业研发投入如何影响创新策略选择——基于政府扶持与市场竞争视角 [J]. 华东经济管理，2023, 37(6):54-65.

加工这些资源，往往能够形成新知识、新技术和新经验，并进一步带来新产品的增加，促进企业创新（石丽静，2017）[1]。企业可通过增加新产品研发的投入，实施更加多元化、动态化的研发活动，并根据市场需求及导向开发高品质产品，从而最终提升企业的创新绩效（董艳蕊，2023）[2]。研发投入作为企业微观经济体创新的重要前提，扮演着直接的资金来源角色。为了提升技术创新能力，企业必须持续地进行研发投入（陈婕，2021）[3]。有学者从企业规模角度上研究研发投入与技术创新间的关系。企业规模对创新绩效存在正向影响，企业规模越大，越有意愿进行研发投入（池仁勇等，2020）[4]。

企业技术积累促进研发产出（张洁，2018）[5]，相关研究表明，增加企业内部自有资金来源的研发投入有利于高技术企业的创新产出水平的提高（金成国等，2021）[6]。在落后地区，技术追赶的成功实现依赖于自主创新水平的提升。研究表明，自主研发投入的加大与技术进步速度的加快之间存在着正向关联。因此，加大自主研发投入可以被视为提高自主创新水平的重要途径，从而推动落后地区在技术领域取得突破性进展（肖利平和何景嫒，2015）[7]。

有学者认为研发投入与技术创新间存在非线性关系。杜雯秦和郭淑娟（2021）通过实证分析表明研发投入与企业创新绩效有先促进后抑制再促进的"N"型关系特征，且研发投入具有时滞性，随着时间变迁，其创新促进效应会逐渐被放

---

[1] 石丽静. 研发强度与企业创新绩效——政府资源与知识产权保护的调节作用 [J]. 经济与管理评论, 2017, 33(6):144-152.
[2] 董艳蕊. 数字经济发展对商贸流通企业创新绩效的影响效应与作用机理 [J]. 商业经济研究, 2023, (3):39-41.
[3] 陈婕. 政府支持、企业 R&D 投入与技术创新绩效关系研究 [J]. 预测, 2021, 40(2):40-46.
[4] 池仁勇, 於珺, 阮鸿鹏. 企业规模、研发投入对创新绩效的影响研究——基于信用环境与知识存量视角 [J]. 华东经济管理, 2020, 34(9):43-54.
[5] 张洁. 企业研发投入、资源特征与创新绩效关系研究——组织"行为—特征"匹配视角 [J]. 科技进步与对策, 2018, 35(2):82-89.
[6] 金成国, 黄伟新, 李燕清. 研发投入强度与技术创新产出探析——基于高技术产业的经验证据 [J]. 技术经济与管理研究, 2021(7):16-19.
[7] 肖利平, 何景嫒. 吸收能力、制度质量与技术追赶绩效——基于大中型工业企业数据的经验分析 [J]. 中国软科学, 2015, (7):137-147.

大[①]。企业将过多的资源投入创新活动时，可能会导致其他领域的创新不足，进而影响企业整体绩效。因此，在给定的技术水平条件下，企业在研发投入与创新绩效之间呈现出倒"U"型关系，即合理的创新投入强度，可以促进企业创新绩效的提升（康志勇，2013）[②]。

三、企业知识基础与技术创新动态能力相关研究

企业技术创新可以理解为企业在现有知识的基础上，通过创造新知识和新产品的过程，实现对现有技术的进一步优化和提升（Mardani et al，2018）[③]。因此，知识是企业创新的基础。企业内部将显性知识转换为更复杂和系统化的显性知识集合，这一过程被称为技术创新。通过这个过程，企业可以创造新的技术和产品。最终，所创造的显性知识在企业内部被共享，并转化为个体的隐性知识，从而产生企业绩效（张宏斌等，2021）[④]。通过积累和掌握更多的知识，企业能够更好地理解和应用现有的技术，从而创造出更具创新性的产品和服务。

企业创新越来越依赖于外部知识源，因此如何有效地将外部知识转化为创新成果就变得尤为重要，企业通过获取知识来拓展和深化自身知识积累从而提升企业创新绩效（钱锡红等，2010）[⑤]。企业在相关领域的技术开发取决于其知识基础与目标领域的技术相关性。拥有较强知识整合能力的企业能够加速相关技术资源的利用，从而产生更大的影响（Ning and Guo，2022）[⑥]。企业知识网络结构嵌入

[①] 杜雯秦，郭淑娟. 企业异质性、研发投入与创新绩效——基于GPS的实证研究 [J]. 科技管理研究，2021, 41(23):124-132.

[②] 康志勇. 技术选择、投入强度与企业创新绩效研究 [J]. 科研管理，2013, 34(6):42-49.

[③] Mardani A, Nikoosokhan S, Moradi M, et al. The relationship between knowledge management and innovation performance[J]. The Journal of High Technology Management Research, 2018, 29(1): 12-26.

[④] 张宏斌，周先波，王雅维. 加入大数据产业联盟能促进企业的技术创新绩效吗？——基于社会网络视角的分析 [J]. 产经评论，2021, 12(3):5-21.

[⑤] 钱锡红，杨永福，徐万里. 企业网络位置、吸收能力与创新绩效——一个交互效应模型 [J]. 管理世界，2010, (5):118-129.

[⑥] Ning L, Guo R. Technological Diversification to Green Domains: Technological Relatedness, Invention Impact and Knowledge Integration Capabilities[J]. Research Policy, 2022, 51(1):285-299.

对技术多元化与创新绩效的正相关关系具有增强作用，同时对不相关技术多元化与创新绩效的倒"U"型关系具有正向调节作用（胡双钰和吴和成，2023）[1]。另外，有效的知识流动可明显降低创新风险，提升企业创新绩效（宋敏，2023）[2]。有研究表明，对外直接投资带来的知识获取，研发对知识的识别、吸收、利用以及国际竞争的加剧等因素，均有助于后发企业提升其研发强度以进行技术追赶（吴先明和胡博文，2017）[3]。

技术创新能力对企业创新绩效具有正向的促进作用。因此，可以将技术创新能力视为知识属性与企业创新绩效之间的重要连接因素（李柏洲和夏文飞，2019）[4]。在技术追赶的过程中，后发企业所面临的环境呈现出复杂多样的特点，这要求其通过能力提升来应对外部环境的变化。许多后发企业寄希望于引进先进技术来实现自身的发展追赶和跨越，但实际效果却往往不尽如人意。为了突破技术发展的瓶颈，为自身创造更为有利的发展环境，后发企业需要将自身的知识基础与技术创新动态能力相结合。企业可以利用其知识基础更好地学习相关知识，降低研发成本（刘洋等，2015）[5]，知识基础较好的企业，学习能力也越强，可以进一步利用知识，同时利用企业技术创新动态能力帮助企业高效识别和利用知识，促进企业创新。知识的积累有助于企业获取和整合各类资源，从而进一步促进追赶绩效的提升。技术整合能力与技术追赶绩效之间也有着密不可分的关系（唐震等，2019）[6]，企业的知识整合利用能力同样影响着企业的创新效率（康

---

[1] 胡双钰，吴和成．技术多元化、吸收能力与创新绩效 [J]．系统工程，2023, 41(6):30-40.
[2] 宋敏．数字经济、知识流动与企业创新绩效 [J]．技术经济与管理研究，2023(8):39-44.
[3] 吴先明，胡博文．对外直接投资与后发企业技术追赶 [J]．科学学研究，2017, 35(10):1546-1556.
[4] 李柏洲，夏文飞．知识属性、技术创新能力与企业创新绩效关系的实证研究——基于环境动态性的调节效应 [J]．预测，2019, 38(6):17-23.
[5] 刘洋，应瑛，魏江，等．研发网络边界拓展、知识基与创新追赶 [J]．科学学研究，2015, 33(6):915-923.
[6] 唐震，蔡晶晶，王嵩林．大中型工程技术整合能力与技术追赶绩效影响机制研究 [J]．科技管理研究，2019, 39(8):97-102.

鑫和张鑫静，2021）[1]。企业不断吸收知识、获取知识能够提高企业知识库的存量和质量，加速企业创新产出（姚艳虹和张翠平，2019）[2]。后发企业通过积累知识基础，能够增强其能力，进而从其他领域吸收技术知识，实现多样化和非线性化的追赶（Chuang and Hobday，2013）[3]。

在不同发展阶段，企业的动态能力发挥着不同的战略导向作用。在初创时期，动态能力主要体现为快速适应市场变化的能力，帮助企业迅速抓住市场机会并建立竞争优势；而在成熟期，动态能力的焦点则转向了持续创新和不断优化企业运作模式，以保持市场领先地位。因此，企业在不同阶段需要根据自身发展特点和发展目标，灵活运用动态能力，以使战略目标的顺利实现。

企业创新的重要源泉是研发，无论采用何种研发模式，都需要企业从外部进行知识搜寻、吸收和整合。因此，企业的知识基础显得尤为关键（张林等，2023）[4]。创新期望和研发投入对企业技术能力的提升具有关键性影响（耿红军和王昶，2024）[5]。当企业的创新期望超过其创新绩效时，理性的管理者可能会将这种结果视为不满意的结果。为了提高创新期望和创新绩效之间的均衡性，企业可能会做出增加研发投入等创新行为（Shinkle et al，2021）[6]。

因此，在从研发投入到企业技术追赶绩效显现的过程中，企业技术创新动态

---

[1] 康鑫，张鑫静. 知识耦合对高新技术企业接力创新的影响 [J]. 华东经济管理，2021,35(11): 45-53.

[2] 姚艳虹，张翠平. 知识域耦合、知识创新能力与企业创新绩效——环境不确定性和战略柔性的调节作用 [J]. 科技进步与对策，2019, 36(23):76-84.

[3] Chuang Y S, Hobday M. Technological upgrading in Taiwan's TFT-LCD industry: signs of a deeper absorptive capacity? [J]. Technology Analysis & Strategic Management, 2013, 25(9): 1045-1066.

[4] 张林，陆道芬，韦庄禹. 中国技术市场发展促进了企业创新吗？——基于A股上市公司数据的实证研究 [J]. 企业经济，2023, 42(9):82-92.

[5] 耿红军，王昶. 赶超型创新政策影响企业技术能力的路径研究 [J]. 科学学研究，2024, 42(4):850-862.

[6] Shinkle G A, Hodgkinson G P, Gary M S. Government policy changes and organizational goal setting: Extensions to the behavioral theory of the firm [J]. Journal of Business Research, 2021, 129(4):06-17.

能力发挥着关键作用。知识基础有助于企业获取创新知识，而企业技术创新动态能力则促进企业对创新知识的吸收和再利用，从而获得更高的创新绩效。随着环境动态变化，企业技术创新已不再局限于对原有技术的升级和改良，而是更强调实质性创新。在积累相应创新知识的过程中，要想实现知识最大化并发挥其作用需要企业利用企业技术创新动态能力进行调节。

第三节　文献评述

一、现有文献的贡献

众多学者认为后发企业技术赶超都是需要在技术范式变迁的条件下才能实现，提出只有技术范式改变才会随之产生机会窗口，抓住机会窗口实施创新是完成技术赶超的关键等观点。这就意味着只有在技术变革的过程中，技术—经济范式的转换才能带来赶超的机会窗口。Perez 和 Soete（1988）持有类似的观点，她们就是在技术经济范式发生改变的情况下，才引入了机会窗口的概念[①]。但是理论联系实际，读者可以发现中国智能手机产业已在全球智能手机市场上发生了从无到有、由小变大的惊人改变。这种现象值得思考，很明显智能手机产业从苹果生产出第一台智能手机之后就没有发生过技术范式的改变，但是中国的企业如华为却实现了手机产业的技术赶超。从以上的理论观点来看，基于技术范式变迁才能实现技术赶超的观点是不全面的，这种观点对中国智能手机企业在既定技术范式下实现追赶的解释力不足。后来的学者 Lee 和 Malerba（2017）扩大了机会窗口的概念，将机会窗口与部门体系的构成部分联系起来，认为无论技术经济范式是否变化，机会窗口都将会在连续追赶周期内出现[②]。机会窗口不仅可能是外

[①] Perez C, Soete L. Catching up in technology: entry barriers and windows of opportunity [J]. Technical change and economic theory, 1988:458-479.

[②] Lee K, Malerba F. Catch-up cycles and changes in industrial leadership: Windows of opportunity and responses of firms and countries in the evolution of sectoral systems[J]. Research Policy, 2017, 46(2): 338-351.

生的，也可能是内生的。这主要取决于在创新系统内部，机会窗口的产生到底是由内部要素还是由外部因素造成的。以中国智能手机产业为例，技术范式没有发生改变，中国企业能实现技术赶超的主要原因是企业加大了对新技术的研发投资、国家给予的政策支持、消费者的需求引导，是用用户、企业和国家的手促成了这场追赶。企业与国家都身处创新系统之中，均是完成这次赛跑的参与者，所以这次技术赶超是内生的。一个新的窗口可能与一个新的需求有关，机会窗口中的技术窗口、需求窗口、制度窗口都对应新的发展机遇。

相关研究表明，吸收能力、商业模式、市场进入顺序、研发投入均能影响企业技术追赶绩效。中国智能手机产业之所以能够发展迅速，这不仅仅是因为企业抓住了"主导设计"变换产生的机会窗口，企业自身的动态创新能力也起到了关键性作用。中国智能手机企业在面对不断变化的竞争环境，动态创新能力中技术机会的感知和识别能力、整合创新资源的能力、环境适应性的组织变革能力都十分重要。企业的能力观主要出现在战略管理领域，这种观点超越了"生产要素"和"生产功能"，认识到企业如何以市场无法复制的方式学习和编排资产的重要性，此功能使企业能够在开发和部署非定价（非可销售）资产时实现协调和集成，这些独特的非市场特征使企业能够从创新中创造和获取价值。就应用而言，动态能力可以有效地分为3个主要活动类别：①与客户需求相关的技术机会的识别、开发、共同开发和评估（感知）；②调动资源解决需求和机会，并从中获取价值（抓住）；③继续更新（改造）（Teece，2017）[1]。

企业持续盈利增长的关键是，随着不断发展、市场和技术的变化，拥有重组和调整资产和组织结构的能力。同时，企业需要开发和应用感知、捕捉和变革以及重构能力，以建立和维护竞争优势（Teece，2007）[2]。动态能力框架也可用于为有关经济发展的政策提供信息。例如，亚洲"四小龙"经济的成功以及其他

---

[1] Teece D J. Towards a capability theory of (innovating) firms: implications for management and policy[J]. Cambridge journal of economics, 2017, 41(3): 693-720.
[2] Teece D J. Explicating dynamic capabilities: the nature and microfoundations of (sustainable) enterprise performance[J]. Strategic management journal, 2007, 28(13): 1319-1350.

许多国家的暗淡业绩。传统的经济发展理论强调资源积累（由高投资率推动），而动态能力框架强调企业层面的创业、创新、学习和良好战略的重要性。Nelson 和 Pack（1999）指出，"如果一个人集结而不创新和学习，发展就不会随之而来"[1]。他们含蓄地认可了企业级动态能力对国家经济发展的重要性。企业是经济发展的"引擎"。因此，政策制定者不仅必须获得法律体系和政府机构的权利，他们还必须了解企业内部的学习和价值获取过程。政府有责任提供有利于企业和国家增长的基本经济、政治和法律条件，给企业创造制度窗口（Teece，2017）[2]。但这还不够，仅仅营造出适合企业发展的外部环境不足以支持企业完成技术赶超。核心技术创新是企业实现发展的关键，中国智能手机行业目前能够在全球市场上占有一定份额的原因就是敏锐地观察到了技术窗口，抓住技术窗口进行自主创新，构建专利组合，升级技术能力，努力跟进前沿技术及工艺流程，由装配生产向研发设计等全球价值链的高端环节转移，取得技术窗口的主动权。经济发展会催生出新的消费需求，可能会为企业提供充足的追赶机会。中国有世界上最大的消费需求群体，企业紧抓需求窗口，并基于主导设计变换生产出更符合消费者需求的产品，可以在特定时期融合许多单个技术创新并通过技术与市场相互作用创造出符合现代意义的产品，赢得市场的信赖和消费者的支持。

此外，通过归纳和整理文献发现，知识基础是企业进行技术创新的基础和前提，它包括企业所掌握的技术和知识，以及相关的科学理论和研究方法。知识基础能够提高企业的创新能力，通过积累和更新知识，企业能够更好地理解和应用新的技术，从而创造出更具竞争力的产品或服务。知识基础还能够促进企业内部的创新文化和创新氛围的形成，激发员工的创造力和创新潜能。总之，知识基础对企业技术创新成功与否至关重要，它是企业保持竞争优势和持续发展的关键因素之一。因此，后发企业在不断增加研发投入的过程中，既需要企业技术创新

---

[1] Nelson R R, Pack H. The Asian miracle and modern growth theory[J]. The Economic Journal, 1999, 109(457): 416-436.

[2] Teece D J. Towards a capability theory of (innovating) firms: implications for management and policy[J]. Cambridge journal of economics, 2017, 41(3): 693-720.

动态能力的调节作用，更需要知识基础所带来的知识和能力的前期积累。

二、需要进一步研究的问题

综合以上文献，本书发现在既定技术范式轨道上，后发企业要实现追赶和跨越，可以通过学习和模仿先行企业的技术、产品和商业模式，分析先行企业的成功经验和失败教训，找到自己的差距并加以改进。尽管在既定技术范式轨道上追赶，但后发企业也需要寻找差异化的机会。通过技术创新、产品设计和服务模式等方面的创新，后发企业可以提供与先行企业不同的产品和服务，从而获得竞争优势。另外，后发企业还可以通过资源整合和与其他企业进行合作来弥补自身在技术和市场方面的不足。通过与产业链上下游的企业建立合作关系，后发企业可以获得更多的资源支持并增强技术创新能力。

但是，学习与模仿、竞争优势的显现、资源的整合都离不开企业的动态能力，它在企业发展过程中发挥着重要作用。在后发企业不断进步发展的浪潮里，知识基础也扮演着重要作用，企业需要保持持续学习和改进的态度。通过不断跟踪行业的最新动态和技术趋势，后发企业可以及时调整自身的战略和发展方向，以保持竞争力。因此，本书重点研究的问题如下：如何促使后发企业抓住发展的机会窗口？如何让后发企业在技术创新动态能力的作用下，对加大研发投入而带来的创新资源进行高效整合和应用，从而实现企业技术追赶绩效的提升？

伦德瓦尔（2016）通过讨论经济结构、用户—生产者交互和学习三者之间的关系，认为基于用户与生产者之间的关系，要想实现进一步的创新以及取得由创新所带来的比较优势，用户必须是老道的且有使用的真实需求[①]。学习发生在与生产、分配和消费的常规活动的关联中，同时学习产生了对创新过程的重要输入。伦德瓦尔强调创新源于交互的理念，构建了以企业动态能力为中心的三类交互模式：第一，智能手机企业通过与上游供应链厂商的交互，掌握了手机核心零部件的技术前沿知识，能够更准确地判断技术发展趋势，从而有助于抓住技术机会

---

① 伦德瓦尔.国家创新系统：构建创新和交互学习的理论[M].李正风，高璐，唐少杰，译.北京：知识产权出版社，2016.

窗口；第二，智能手机企业通过与政府的交互（涉及政策学习理论），能够更好地理解政府的政策意图，从而有助于提升利用产业政策的能力，更好地抓住制度窗口；第三，智能手机企业通过与用户的交互，能够及时地获得用户（市场）的需求信息，更准确地判断市场发展趋势，从而有助于抓住市场机会窗口。通过上述构建以企业为中心，政府、用户与供应链之间的三种交互模式解释框架对我国智能手机企业的追赶绩效进行解释，本书认为，中国智能手机企业是在既定技术范式（技术轨道）下抓住"主导设计"变换出现的小窗口，再加上企业技术创新动态能力辅助实现的追赶。因此，本书重点刻画了智能手机企业在不断加大研发投入的前提下，利用知识基础和企业技术创新动态能力，辅以企业价值网络中心的调节作用实现技术追赶的作用路径。本书构建的理论框架可以较好地分析中国智能手机企业在全球手机市场的现状，也可以解释在既定技术范式下实现成功追赶的典型事实，对中国智能手机企业的战略管理能力进行评价，同时为我国其他战略性新兴企业和后发企业的发展提供方向性与战略性指导。

第三章 手机技术范式变迁、产业动态与我国手机产业发展概况

第一节 手机技术范式变迁

范式（paradigm）的概念和理论是美国著名科学哲学家托马斯·库恩（Thomas Kuhn）提出并在《科学革命的结构》（The Structure of Scientific Revolutions）（1962）中系统阐述的。他认为范式是科学理论研究的内在规律及其演进方式，而范式的转变就是在环境发生重大变化时一种全新的看待问题的方式与解决问题的方法[1]。Dosi（1982）为解决是"技术推动"还是"市场推动"创新的争论，在库恩的"科学范式"概念的基础上，提出了"技术范式（technological paradigms）"和"技术轨道（technological trajectory）"的概念，并将其解释为解决所选择的技术经济问题的一种模式，以及解决这类问题所涉及的相关知识，并尽可能防止这些新知识过快扩散到竞争者的特定规则[2]。Pavitt（1984）将"技术范式"概念引入具体的行业和企业活动层面，指出了技术范式转变过程中存在部门异质性，并据此提出了创新部门等理论[3]。Malerba 和 Orsenigo（1993[4]，

---

[1] 托马斯·库恩. 科学革命的结构[M]. 金吾伦，胡新和，译. 北京：北京大学出版社，2003.
[2] Dosi G. Technological Paradigms and Technological Trajectories: A Suggested Interpretation of the Determinants and Directions of Technical Change[J].Research Policy, 1982, 11(3): 147-162.
[3] Pavitt K. Sectoral Patterns of Technical Change: Towards a Taxomony and a Theory[J]. Research Policy, 1984, 13(6): 343-373.
[4] Malerba F, Orsenigo L. Technological Regimes and Firm Bebabior[J]. Industrial and Corporate Change, 1993, 21(1): 45-71.

1996[①]）进一步深化了技术范式理论的研究，提出了技术范式的四维理论，用技术机会、收益性、积累性及知识基础来描述技术范式的本质特征。因此，技术范式是一组处理技术问题的原理、规则、方法、标准、习惯的总称，为企业家和管理者等所遵循。在此基础上，一些学者研究了技术范式变迁的不同维度对组织行为的影响（Malerba et al，2008）[②]。在技术范式变迁时期，企业要想取得成功，必须培养企业的动态能力和创新战略做出相应的调整和适应（罗仲伟等，2014）[③]。手机产业以摩托罗拉在1983年生产的第一部手机DynaTAC 8000X为开端。到目前为止，手机产业的发展历史约40年，但手机技术范式发生了两次重大变革，全球手机产业的发展模式和发展理念也随之颠覆。

一、两次手机技术范式变迁与智能手机主导设计变换

（一）模拟信号技术到数字信号技术的手机技术范式变迁

第一次手机技术范式变迁发生在1998—1999年，体现为模拟信号手机到数字信号手机的技术范式转变，在手机产业发展中表现为芬兰的诺基亚对美国的摩托罗拉的赶超。最早的手机是在模拟信号标准的蜂窝网络上工作的，这意味着连接无线电发射塔的无线电信号是模拟的。模拟信号标准有许多，如美国的先进移动电话系统（AMPS）、英国的总接入通信系统（TACS）、斯堪的纳维亚的北欧移动电话（NMT）、日本的日本电报和电话公共公司（NTT）等，不同的模拟信号不能相互兼容使用（Funk and Methe，2001）[④]。此外，模拟信号手

[①] Malerba F, Orsenigo L. Schumpeterian Paltems of Innovation are Technology Specific[J]. Research Policy, 1996, 25(3): 451-478.

[②] Malerba F, Nelson R, Orsenigo L, et al. Vertical Integration and Disintegration of Computer Firms: A History-Friendly Model of the Coevolution of the Computer and Semiconductor Industries [J]. Industrial and Corporate Change, 2008, 17(2): 197-231.

[③] 罗仲伟，任国良，焦豪，等.动态能力、技术范式转变与创新战略——基于腾讯微信"整合"与"迭代"微创新的纵向案例分析 [J]. 管理世界，2014, (08):152-168.

[④] Funk J L, Methe D T. Market and committee-based mechanisms in the creation and diffusion of global industry standards: the case of mobile communication[J]. Research Policy, 2001, 30(4): 589-610.

第三章　手机技术范式变迁、产业动态与我国手机产业发展概况

机的特点是技术性能差，在给定的频带内吸收大量噪声的容量相对较小，对手机通话质量产生了较大的负面影响。模拟信号手机不用手机卡，保密功能非常差。20世纪80年代后期，由于用户使用量的增加，这些问题的负面影响日益突出。

相比较而言，数字信号手机的技术特征是手机信号标准统一，具有较强的兼容性，与当时正在开发的大量与数字技术相关的服务（如短信、游戏等）衔接。另外，在集成电路上进行平面操作这一重大的技术突破，大大降低了电子线路成本，这种成本的下降在整个制造业历史上也是史无前例的。该项技术突破在降低了电子系统成本的同时，也大大降低了普通电子商品的价格。使用高度集成电路制造设备，相较于晶体管时代则大大减小了电子产品的体积和重量，使其更便携；标准的统一有利于数字技术的迅速扩散，从而使手机厂商能实现规模经济，降低成本（Fuentelsaz et al，2008）[①]。为了克服模拟信号技术的局限性，发挥数字信号技术的优势，欧洲监管机构于1982年制定了基于数字信号的共同标准，目的是促进全球移动通信系统（GSM）的传播。日本电报和电话公共公司为了冲破终端需求模式的限制和束缚，采用了集中于特定的一种芯片——动态随机存取存储器（DRAM）进行大规模生产的战略，最终实现规模报酬递增，建立起一种能够为各种目的而储存数字信息的通用技术装置。正是因为这样一个标准化的存储芯片的存在，日本电报和电话公共公司在成本降低方面才取得了一定的竞争优势，逐渐实现领导地位。

GSM广泛应用于全球范围的无线通信技术体系，用于在移动设备之间传输语音、数据和图像等信息。因此，在2005年年底，675家运营商（代表210个国家）签署了谅解备忘录，GSM已成为除美国以外的世界其他国家主要通信技术。与此同时，这也是欧洲移动行业领导地位的起点。

由于新的数字技术的出现，从根本上改变了产品的可用性和技术性能，并要求手机厂商提供新的投资和发挥制造能力以适应数字技术。随着数字信号手机的扩散，快速采用最新的数字产品技术对于保持产品竞争优势是必要的（Giachetti

---

[①] Fuentelsaz L, Maicas J P, Polo Y. The evolution of mobile communications in Europe: The transition from the second to the third generation[J]. Telecommunications Policy, 2008, 32(6): 436-449.

and Lanzolla，2016）[1]，对于手机产业的发展而言，新的机会窗口已然出现。诺基亚看准时机，利用其有利条件。一是芬兰在位置上具有特殊性。芬兰花费大量资金将固定电线连接到人口稀少的地区，大力推动了无线电话的安装，也为建立蜂窝网服务提供了强大的动力。二是诺基亚具有较强的技术能力。诺基亚的科研投入占芬兰全国研发投入的 1/4，产出占 GDP 的 3.7%，产品出口额占全国出口总额的 20%。更重要的是，对于芬兰经济来说，诺基亚的意义不仅在于其是芬兰屈指可数的大型跨国公司，还在于其在发展壮大的同时，带动了芬兰信息通信产业的发展，推动了芬兰社会信息化、网络化水平的提高。目前，信息通信产业已成为芬兰三大支柱产业之一，也是芬兰成为经济最具成长竞争力国家的重要因素。在 20 世纪 80 年代末期至 20 世纪 90 年代初，芬兰就已进入 GSM 市场，并将资源从现有的主流市场（模拟信号）转移到"无线边缘"市场。就所需的技术能力而言，诺基亚既是一个全新的参与者，也是一个"孵化者"。诺基亚在与 GSM 相关的技术方面拥有潜力，这是因为诺基亚在与数字信号处理相关的技术方面拥有多年的经验，其软件标准与 GSM 标准高度相似（Lee，2019）[2]。诺基亚在机会窗口出现初期，通过基础建设有力推动了数字技术的快速发展。与此同时，国家作为新技术参与主体，在一定程度上为诺基亚采用 GSM 技术提供了政策窗口。诺基亚在有利政策和过硬技术研发能力的双重加持下，将数字技术运用到生产率提高的过程中，也在一定程度上推动了与提高生产率相关的商业活动的开展。对于数字技术的不断投入与数字标准的及时反馈，最终使得诺基亚成功赶超摩托罗拉，成为全球手机行业中新的领导者。

（二）传统手机到智能手机的手机技术范式变迁

自 20 世纪 90 年代以来，手机功能发生了巨大的变化。手机通常被分为

---

[1] Giachetti C, Lanzolla G. Product Technology Imitation Over the Product Diffusion Cycle: Which Companies and Product Innovations do Competitors Imitate More Quickly? [J]. Long Range Planning, 2016, 49(2): 250-264.

[2] Lee K. The art of economic catch-up: Barriers, detours and leapfrogging in innovation systems[M]. Cambridge, MA:Cambridge University Press, 2019.

两类：一是"传统手机"或者"功能机"，它们提供基本通信、短信和多媒体等功能，主要针对中低端市场；二是"智能手机"，它们配备先进的操作系统（以 Android 和 iOS 为主），提供类似 PC 的功能（例如下载、阅读文档和安装应用程序等功能）（Giachetti and Marchi，2017）[①]。智能手机比传统手机功能多，价格也相对比较高，最初只占领了高端市场。21 世纪初，随着手机在大多数发达国家的普及，手机供应商被迫迅速将产品升级为具有新技术功能的手机，以刺激消费者对手机替换和购买的需求。在这个过程中，产品创新的热潮促进了智能手机的传播（Giachetti and Marchi，2010）[②]。仅从技术的角度来看，智能手机在 2000 年前后就已产生，爱立信、摩托罗拉等厂商推出了一批智能手机。但从市场份额的表现上看，这并没有动摇诺基亚在手机产业中的统治地位，所以这不是熊彼特意义上的"创新"，即智能手机技术并没有成功地用于商业化传播与使用，也没有解决所谓的"技术经济问题"，因此没有导致手机技术范式的转变。

第二次手机技术范式变迁发生在 2007—2010 年，表现为传统手机到智能手机的转变，在手机产业发展中体现为美国的苹果和韩国的三星对诺基亚的成功赶超。在手机产业发展中具有里程碑式意义的事件是，2007 年苹果推出第一代 iPhone，将自己在 PC 端的操作系统 iOS 移植到移动终端（主要为手机、平板电脑等），与 Symbian 操作系统不同，iOS 是为支持多点触控而定制的。在这方面，苹果利用其在用户界面、造型和品牌方面的独特优势，赢得了消费者的青睐。相比之下，由于技术因素，诺基亚随后推出的多点触控手机并没有如预期般畅销（Suarez and Kirtley，2012）[③]。此外，苹果还利用其安装的 Itunes 提高了

[①] Giachetti C, Marchi G. Successive changes in leadership in the worldwide mobile phone industry: The role of windows of opportunity and firms' competitive action[J]. Research Policy, 2017, 46(2): 352-364.

[②] Giachetti C, Gianluca M. Evolution of firms' product strategy over the life cycle of technology-based industries: A case study of the global mobile phone industry, 1980–2009[J]. Business History, 2010, 52(7): 1123-1150.

[③] Suarez F F, Kirtley J. Dethroning an Established Platform[J]. Social Science Electronic Publishing, 2012, 53(4): 35-41.

iPhone 的竞争力，Itunes 是美国最大的音乐零售商，也作为为 PC 端用户提供音乐服务的应用程序，将其移植到手机上，也提供搜索、试听、下载等服务。手机应用程序也快速扩展到其他流行的类别，如社交网络、移动游戏、定位服务、网上银行等。自此，应用程序成为手机市场竞争中的一个关键要素，技术的快速扩散从根本上改变了手机用户的体验。第一代苹果手机的问世意味着苹果在手机产业中开辟了全新的技术范式和技术轨道，颠覆了传统手机行业，象征着智能手机时代的真正来临。

从技术范式变迁的意义上来说，苹果无疑是智能手机的领航者，但是从市场份额的表现上看，三星在 2012 年率先完成了对诺基亚的赶超，成为全球智能手机市场中的又一领导者。与苹果一样，三星也得益于新的操作系统，即 Android 系统。三星是第一个在智能手机中完全采用 Android 操作系统的手机供应商，并仅为有限型号的手机继续采用 Symbian 操作系统（Giachetti，2013）[1]。2008 年，基于开放标准的操作系统 Google Android 的推出再次在智能手机市场中引起动荡。首先，Android 系统手机与苹果的 iOS 系统手机一样，拥有大量的应用程序，而且与 iOS 系统手机相比，其中大多数软件是免费的。其次，手机供应商可以免费采用 Android，不需要向谷歌支付任何许可费，这与 Symbian、Windows mobile，甚至 iOS 等都有所不同。谷歌决定免费提供 Android，所以所有基于 Android 系统的手机都嵌入了谷歌搜索引擎，这使用户对谷歌搜索服务和应用程序有了更多需求（Giachetti and Marchi，2017）[2]。这样，采用 Android 操作系统的手机供应商可以降低生产智能手机相关的生产研发及运营成本，进而提高产品的价格竞争力。三星基于 Android 系统的智能手机，特别是高端 Galaxy 机型，成为诺基亚 Symbian 系统手机和苹果 iPhone 的真正竞争对手。

除了在操作系统上的应用之外，三星成为全球智能手机产业的领导者，推动

---

[1] Giachetti C. Competitive dynamics in the mobile phone industry[M]. London: Palgrave Macmillan, 2013.

[2] Giachetti C, Marchi G. Successive changes in leadership in the worldwide mobile phone industry: The role of windows of opportunity and firms' competitive action[J]. Research Policy, 2017, 46(2): 352-364.

智能手机技术范式走向成熟，还得益于韩国政府推行数字信号标准和三星对发展中国家（以中国为代表）智能手机市场的高度重视。20世纪90年代，韩国政府在国内市场强制推行一种独特的数字标准，即CDMA。韩国政府推动建立国内厂商与美国高通的针对CDMA的研发财团，并补贴了CDMA项目1245万美元，占CDMA项目总成本的一半以上（Jho，2007）[1]。韩国政府的这一决定对外国手机厂商构成了一个进入壁垒，使得韩国手机厂商在采用CDMA方面具有优势（Lee and Lim，2001）[2]。到1997年年底，三星在韩国CDMA市场取得57%的市场份额。1999年，虽然诺基亚仍是领导者，但三星在CDMA全球市场份额超过50%。此外，CDMA数字信号标准具有更强的兼容性，提高了三星的竞争能力。三星对发展中国家智能手机市场高度重视，在技术经济日新月异的时代下，充分利用自身动态能力，牢牢抓住技术、需求、制度三大机会窗口，为自己在产业轨道范式取得领导地位中奠定了坚实的基础。21世纪初，三星在中国手机市场中的市场份额不断增长。据统计，到2012年，三星成为中国手机市场的领头羊，市场份额超过20%，是诺基亚的两倍、苹果的三倍。三星在操作系统、CDMA信号标准和市场拓展3个方面的积极作为，推动了智能手机技术范式走向既定。

（三）智能手机产业发展中主导设计的变换

从2007年以来，以苹果生产的第一代iPhone为标志，智能手机技术范式兴起并逐渐走向成熟。前两次手机产业中领导者的更替都伴随着手机技术范式的变迁，2018年之后，以华为为代表的中国智能手机企业在既定手机技术范式中，对头部企业进行追赶。根据前瞻产业研究院公布的数据，2018年华为手机在全球市场份额中占比高达15.9%，仅次于三星的21%，高于苹果的12.1%；2019年也是稳居第二。

华为的崛起，并不是在手机技术范式转换时期，也没有进行革命性的技术

---

[1] Jho W. Global political economy of technology standardization: A case of the Korean mobile telecommunications market[J]. Telecommunications Policy, 2007, 31(2): 124-138.

[2] Lee K, Lim C. Technological Regimes，Catching-Up and Leapfrogging：Findings from the Korean Industries[J]. Research Policy, 2001, 30(3): 459-483.

创新，而是把握住了基于"主导设计"变换的小窗口。主导设计是指特定时期融合了许多单个技术创新并以产品的形式表现出来的技术与市场相互作用的结果，是赢得市场信赖和创新者为支配重要的市场追随者所奉行的一种设计，是技术可能性与市场选择相互作用之下广为接受的满意产品（吴定玉和张治觉，2006）[1]。主导设计的出现是技术创新关注点变化的分水岭，也是导致市场结构发生变化的分界点。市场结构与技术创新之间存在高度相关的普遍模式（李志远和冯玲，2003）[2]。具体到华为来说，其主导设计表现为全球范围内顶级的摄像技术。一方面，由于消费者对摄像技术的青睐推动华为的市场份额不断增加；另一方面，据统计，2022年华为研发投入达到1615亿元，占全年收入的25.1%，10年累计投入的研发费用超过9773亿元。华为研发员工比重上升。截至2022年12月31日，华为员工总数约为20.7万名，研发员工约为11.4万名，占总员工数量比例约为55.4%。2021年，华为研发员工约为10.7万名，约占公司总人数的54.8%。由此可见，华为对研发活动的重视程度随着时间的推进并没有减弱。随着华为对摄像技术的研发强度不断提高，华为相机技术通过不断创新，从光学系统、成像技术、图像处理3个维度构建了未来计算摄影的产业技术规范。目前，华为拥有独特的移动摄影技术体系。这已经成为影像行业发展的一个里程碑。以光学系统为例，华为成像已经发展成多个分支。加上在许多旗舰手机上采用全球技术领先的徕卡镜头，搭配着华为在手机摄像方面研发的新技术，例如OLS光学防抖、AI技术模式识别等，使得华为手机在市场上的竞争力显著增强，同时也迫使其他手机厂商重视摄像技术，以维持其市场竞争力。此外，当前智能手机的另一主导设计还表现在充电技术方面，尤其是快充方面技术的改进。手机续航是消费者使用的一个痛点，受限于能源，各大手机厂商则将注意力转移到充电技术上。智能手机的快充技术始于USB IF于2010年颁布的USB BC1.2，此后快充技术迅速发展，不到10年时间，充电功率从5W发展到65W，以OPPO的Super VOOC为代表的快充技术处于世界领先水平，也引起其他手机厂商的高度

---

[1] 吴定玉，张治觉. 主导设计：市场进入壁垒理论新范式 [J]. 华东经济管理，2006(4):126-129.
[2] 李志远，冯玲. 挑战者优势——技术创新理论的回顾与分析 [J]. 经济管理，2003(4):14-21.

第三章　手机技术范式变迁、产业动态与我国手机产业发展概况

重视。把握基于"主导设计"变换的小窗口是当前在智能手机技术范式既定的条件下，我国智能手机企业实现追赶的重要原因。

二、手机技术范式变迁下的机会窗口与企业的动态能力

（一）模拟信号技术到数字信号技术变迁下的机会窗口

两次手机技术范式变迁的过程中，在手机产业中都出现了领导企业的更替。具体到第一次手机技术范式变迁中，诺基亚成功赶超摩托罗拉，成为手机产业中新的领导者。在这一过程中，技术窗口、制度窗口和需求窗口的变化都是重要的机会窗口，也为诺基亚的赶超提供了条件（Giachetti and Marchi，2017）[①]。

第一，从模拟信号技术到数字技术的转变，既是手机技术范式变迁，也是一个重要的技术窗口，这两类技术的特点与差别前文已述及，这里不再赘述。

第二，欧洲和美国对手机行业监管的差异是导致手机产业领导者更替的制度窗口。手机产业不仅受到模拟信号技术不连续性的根本影响，而且还受到当时欧洲和美国差异化监管政策的影响（Fuentelsaz et al，2008）[②]。对于模拟信号技术，美国当局在1983年实施了以AMPS信号标准作为单一模拟标准，AMPS支持不同区域网络运营商的协议。相比之下，欧洲的情况是手机信号标准由许多国有电信企业主导，所以产生了几个不兼容的模拟信号标准，限制了手机供应商依赖规模经济和降低价格的机会，也降低了移动电话和服务的普及率（Funk and Mehte，2001）[③]。竞争规则的不对称影响反映在世界各地移动电话扩散率的显著差异上。根据世界银行收集的数据，1993年，占世界人口不到5%的美国地区

[①] Giachetti C, Marchi G. Successive changes in leadership in the worldwide mobile phone industry: The role of windows of opportunity and firms' competitive action[J]. Research Policy, 2017, 46(2): 352-364.

[②] Fuentelsaz L, Maicas J P, Polo Y. The evolution of mobile communications in Europe: The transition from the second to the third generation[J]. Telecommunications Policy, 2008, 32(60): 436-449.

[③] Funk J L, Methe D T. Market and committee-based mechanisms in the creation and diffusion of global industry standards: the case of mobile communication[J]. Research Policy, 2001, 30(4): 589-610.

用户占世界用户的48%，而欧洲地区用户占25%，亚太（包括日本）地区用户占15%。这是早期摩托罗拉成为领导者的重要因素。

而对于数字技术，美欧之间的监管政策又出现了显著差异。美国联邦通信委员会让市场来选择通信标准。在20世纪90年代中期，爱立信提供的TDMA（时分多址）标准和高通实施的IS95-CDMA（码分多址）标准兴起（Lee and Lin, 2001）[1]。此外，美国实施数字标准与模拟标准两种通信标准，因为实施模拟信号标准仍然有利可图。相比之下，在欧洲，相关监管部门选择强制实施GSM标准，这是一个在其技术规范中定义的数字技术信号标准，也是政府和行业之间紧密合作的结果（Fuentelsaz et al, 2008）[2]。截至2005年年底，GSM标准的世界市场渗透率远远高于其他信号标准：使用GSM标准用户几乎占用户总数的3/4。此外，美国和欧洲之间的监管不对称导致了数字电话渗透率的巨大差距，欧洲的扩散率远高于美国。

第三，发达国家移动电话从利基市场向大众市场产品的逐步过渡形成了需求窗口。20世纪90年代初，手机的变化不仅体现在产品架构上，而且手机用户的配置文件功能也发生了根本性的变化（Steinbock, 2003）[3]。在此之前，手机市场仍然主要针对企业用户，随着数字技术的引入，手机尺寸和重量进一步缩小，价格下降，网络覆盖范围扩大，使手机成为大多数发达国家的大众市场产品。反过来，手机产业利润空间的扩大也吸引了其他竞争对手进入产品市场。由于企业必须应对日益多样化的需求，市场细分为手机供应商提供了生产差异化产品的基础。因此，手机从商业使用的设备过渡到全球消费产品需要一种新的市场，即每个人都是潜在的手机消费者。随着手机市场日益细分，掌握生产差异化产品的

---

[1] Lee K. Technological regimes, catching-up and leapfrogging: findings from the Korean industries[J]. Research Policy, 2001(30): 459-483.

[2] Fuentelsaz L, Maicas J P, Polo Y. The evolution of mobile communications in Europe: The transition from the second to the third generation[J]. Telecommunications Policy, 2008, 32(6): 436-449.

[3] Steinbock D. Wireless horizon: strategy and competition in the worldwide mobile marketplace[J]. Telecommunications Policy, 2003, 27(5): 477-478.

第三章 手机技术范式变迁、产业动态与我国手机产业发展概况

能力变得至关重要。当今手机市场的不断细化在一定程度上就是厂商在利润空间下降的情况下为了维持自身有利的市场地位的一种主动出击。在中国，本土的手机制造厂商更加了解本土消费者的消费习惯和消费理念，从而能够更准确地迎合消费者的需求并进行精细化生产。另外，中国手机消费群体庞大，始终要坚持以人为本，通过抓住精细化生产的需求窗口实现市场份额的抢占，从而在激烈的竞争中不断向前，实现市场规模上对竞争对手的赶超。

（二）传统手机到智能手机技术范式变迁下的机会窗口

传统手机到智能手机的技术范式变迁中，也涉及三类机会窗口。传统手机到智能手机的技术不连续性本身就是一个重要的技术窗口。在 Lee（2019）[1]看来，摩托罗拉、诺基亚衰落的原因在于技术变迁具有典型的路径依赖特征，旧有技术上的投资很可能会阻碍新技术的扩散，而"后发企业拥有这样一种可以让自己努力摆脱路径依赖和结构惯性的动态能力，可以帮助后发企业彻底地摧毁附着在旧范式下的领先者优势"[2]，为后发企业的追赶提供了机会。智能手机行业是短技术周期的行业，即技术周期短，后发企业不用花费大量的时间研究现有技术，行业的进入壁垒较低，企业一旦放弃了对最新技术的研发与应用，就容易发生领导权变更。摩托罗拉、诺基亚由盛而衰就是这类情况。2007 年年底，以操作系统（苹果的 iOS 和谷歌 Android）及多点触控为主的颠覆性智能手机技术出现，将手机产业发展引入新的技术范式和技术轨道。随后，谷歌以 Apache 免费开源许可证的授权方式开放了 Android 平台技术，加速新技术的全球扩散。再加上第三代、第四代移动通信技术（3G、4G）不断发展和成熟，用户的移动上网体验得以改善，这也导致了基于第二代移动通信技术（2G）的传统手机，或者叫作功能手机逐渐衰落。在智能终端和移动通信网络两种技术变革的共同作用下，智能手机的发展出现了新的技术窗口。

---

[1] Lee K. The Art of Economic Catch-Up: Barriers, Detours, and Leapfrogging in Innovation Systems[M]. Cambridge:Cambridge Books, 2019.
[2] 罗仲伟，任国良，焦豪，等.动态能力、技术范式转变与创新战略——基于腾讯微信"整合"与"迭代"微创新的纵向案例分析 [J]. 管理世界，2014(8):152-168.

在第二次手机技术范式变迁中，需求窗口也发挥了重要作用。2009年，配备iOS和Android操作系统的智能手机陆续进入中国，进一步激发了这一新兴市场对智能手机的庞大需求。尤其是，作为世界最大的手机销售市场，中国需求的变化深刻影响到全球智能手机产业的发展（郭磊等，2016）[①]。全球手机细分市场特征明显，可以大致分为高端市场与中低端市场，高端市场表现为跨国公司经营的发达国家市场，而中低端市场更接近发展中国家市场。对于当时的手机而言，2000元的价格门槛可视为中低端市场与高端市场的分界线。根据中国互联网消费调研数据，截至2011年，中国9亿手机用户中90%的手机价格都低于2000元，中低端机型用户是主流。随着这部分群体转向使用智能手机，对智能手机需求呈现差异化和市场细分的特征。

现在中国各大手机厂商正在积极架构自家手机品牌的生态系统。华为在2019年8月9日在东莞举行的华为开发者大会上发布了一款面向全场景的分布式操作系统鸿蒙OS系统。华为的HMS生态系统，目前已成为继苹果和谷歌的全球第三大手机生态系统。这对华为今后的发展有着重要里程碑式的意义，同时也为其他公司在未来不太明朗的条件下实现技术赶超提供了一个成功的范例。张利飞和张运生（2013）认为，"智能手机操作平台已经成为移动通信产业崭新的竞争制高点，推动企业之间的竞争由'单个企业之争'演变成为'操作系统平台联盟之争'"[②]。

万物互联时代，5G信息技术的出现实现了智能手机和各大智能终端之间的连接，最终实现"智慧+"时代。极大地方便了人们日常生活的方方面面。

政策窗口也在传统手机到智能手机技术范式变革中产生重要影响。在三星成功赶超诺基亚，跻身全球手机产业领导者的过程中，政策窗口体现得尤为明显。在20世纪90年代，韩国政府对手机产业的监管干预为国内手机厂商的赶超提供了便利，这种干预体现为将CDMA（码分多址链接方式）确立为韩国手机市场的独家数字标准。尽管三星以前没有制造模拟或GSM手机的经验，但该公司

[①] 郭磊，周燕芳，蔡虹.基于机会窗口的后发国家产业追赶研究——中国智能手机产业的案例[J].管理学报，2016, 13(3):359-365.

[②] 张利飞，张运生.智能手机产业操作系统平台竞争战略研究[J].中国软科学，2013(4):148-158.

和其他韩国公司选择与国外技术初创公司高通合作开发 CDMA 手机（Lee and Lim，2001）[①]。因此，由公共、私人和外国企业组成的三方联合 R&D 联盟是初始学习和建立技术能力以及利用它们在制造各种消费类电子产品中已有能力的主要渠道。这些构成了手机企业追赶的政策窗口。

（三）智能手机企业在窗口期的动态能力

动态能力方法寻求为企业发展保持和竞争优势提供一个连贯的（和进化的）框架。从本质上来说，动态能力是为了确定支撑企业长期增长和繁荣的基础。动态能力是指（不可模仿的）能力公司必须塑造、重塑、配置和重新配置公司的资产基础，以应对不断变化的技术和市场。动态能力涉及公司主动适应的能力，以便产生和利用公司内部和外部特有的能力，并适应公司不断变化的环境（Teece et al，1997）[②]。正如 Collis（1994）[③] 和 Winter（2003）[④] 所指出的，动态能力的一个要素是其控制普通能力的变化率。如果一家公司拥有资源或普通能力，但缺乏动态能力，它虽然有机会在短期内取得有竞争力的回报，但该回报是无法维持的，它可能赚取李嘉图（准）租金，但并不能赚取熊彼特租金，因为它没有建立持续创新的能力。当然它也不可能获得垄断（porterian）租金，因为这些需要市场力量，还需要排他性行为或战略操纵。因此，动态能力不仅能够感知不断变化的客户需求、技术机会和竞争发展，也能及时和有效地适应甚至塑造商业环境。

在窗口期，智能手机企业的动态能力表现为对三类窗口的响应速度。尽管诺基亚采用了数字技术，但摩托罗拉还是在改善模拟信号技术方面进行了大量投资，这是现任陷阱的一个很好的例子。此后，诺基亚保留了自己的旧移动操作

[①] Lee K, Lim C. Technological Regimes, Catching-Up and Leapfrogging: Findings from the Korean Industries[J]. Research Policy, 2001, 30(3): 459-483.

[②] Teece D J, Pisano G, Shuen A. Dynamic capabilities and strategic management[J]. Strategic management journal, 1997, 18(7): 509-533.

[③] Collis D J. Research Note: How Valuable Are Organizational Capabilities?[J] .Strategic Management Journal, 1994, 15(S1): 143-152.

[④] Winter S G. The Logic of Appropriability: From Schumpeter to Arrow to Teece[J]. Research Policy, 2003(35): 1100-1106.

系统（Symbian），而不是改用为支持智能手机中的触摸界面而定制的 Android OS 操作系统。摩托罗拉在这一过程中，深陷能力陷阱无法自拔。虽然数字标准在许多国家迅速扩散，但摩托罗拉继续大量投资模拟信号技术，认为客户将接受其指定的信号标准，而美国则将数字信号标准使用范围日益扩大。20 世纪 90 年代中期，网络运营商开始向用户提供数字手机，而诺基亚和爱立信的产品线几乎完全专注于数字设备，而摩托罗拉仍然非常专注于与模拟信号标准兼容的手机。诺基亚等厂商逐步渗透美国市场，其用户群体日益扩大。三星在 21 世纪超越诺基亚而实现领先，可以归类为走采用和后续创新模式之路。三星为其智能手机采用了谷歌的 Android 操作系统，这与诺基亚功能手机和基于 Symbian OS 的智能手机不同。三星与高通一样，在发展的早期阶段也采取了跨越式发展的道路，但是它与诺基亚遵循 TDMA–GSM 标准不同，是世界上最早开始基于 CDMA 标准制造手机的（Lee, 2019）[①]。总而言之，企业的动态能力可以体现为手机厂商在手机技术范式变革时期，对机会窗口的战略回应。

第二节　全球手机产业动态

一、具有典型特征的手机产业史

从技术变革的意义上来说，手机产业演化包含 4 个阶段。第一个阶段始于早期的实验室技术，技术进步积累使手机具备量产和投入商业使用的可能，为手机产业兴起奠定了基础。早在 1876 年，美国发明家亚历山大·贝尔就已经在前期无线电技术研发的基础上发明出了世界上第一部有线电话，首次实现在相距数百公里的条件下的电话通话。内森·斯塔布菲尔德制成了第一个无线电话装置，这是人类对"手机"技术最早的探索。1938 年，美国贝尔实验室为美国军方制成了世界上第一部"移动"手机。1973 年 4 月，美国摩托罗拉工程技术员马丁·库帕（Martin

---

① Lee K. The art of economic catch-up: Barriers, detours and leapfrogging in innovation systems[M]. Cambridge, MA: Cambridge University Press, 2019.

第三章　手机技术范式变迁、产业动态与我国手机产业发展概况

Cooper）发明了世界上第一部民用手机，为手机技术范式的兴起和技术轨道的建立准备了条件。

第二个阶段始于美国摩托罗拉率先进入手机市场并成为领导者，手机技术范式与技术轨道得以确定，开启了手机产业的纪元。1983 年，世界上第一台移动电话——摩托罗拉 DynaTAC 8000x，是世界上首部获得美国联邦通信委员会（FCC）认可并正式投入商用的移动电话。这是移动通信业的第一个产品，奠定了摩托罗拉手机在移动通信行业 20 余年不可动摇的地位。摩托罗拉能成为手机产业的领导者，得益于在模拟信号技术方面能力的积累和提升，也与其率先进入手机市场有关。

第三个阶段始于芬兰的诺基亚在手机领域实现了对摩托罗拉的赶超，这个阶段处于手机技术范式转换时期，是否研发、采用新技术（数字技术）成为手机厂商转型的关键。诺基亚起步时间与摩托罗拉相当，诺基亚在 1982 年就推出了移动电话 Senator。而在由摩托罗拉所建立的手机既定技术范式中，由于其先发优势和能力积累优势，诺基亚没有赶超的条件和可能。20 世纪 80 年代末，随着欧洲市场的逐渐统一，欧洲邮电、电话、电报咨询委员会决定制定移动电话业的统一标准，并以数字技术推广（Lee，2019）[①]。随着手机产业发展的政策窗口和技术窗口的出现，诺基亚对这两类窗口快速响应，实现了自身能力积累提升，完成了跨越式发展，跃迁到手机新的技术范式和技术轨道中，成为全球手机行业的领导者。

第四个阶段的标志是美国的苹果和韩国的三星对诺基亚的赶超，手机研发和生产由传统手机向智能手机转变，在手机系统、芯片等方面都具有重大的科技突破。手机产业发展中出现全新的技术轨道和技术范式，诺基亚面临着抉择，后发手机企业看到了赶超的希望。美国的苹果与韩国的三星赶超的情况存在很大差异。苹果在 2007 年推出了第一款智能手机，应用了"一触屏＋应用"的理念，开创了智能手机的新时代，是"重组式创新"在智能手机产业取得成功的典范。三星在 1988 年就推出了第一款手机，在很早就进入了手机市场，三星手机经历

---

① Lee K. The art of economic catch-up: Barriers, detours and leapfrogging in innovation systems[M]. Cambridge, MA: Cambridge University Press, 2019.

了手机行业领导者从摩托罗拉到诺基亚的转变时期,却一直在市场上屹立不倒,这得益于三星其他业务对手机生产研发的支持,也与韩国的产业政策有关,使其在相关技术能力的积累方面具有优势。美国的苹果和韩国的三星一跃成为全球手机行业新的领导者。

手机产业的发展历程较复杂,诸多手机厂商都经历了兴衰更迭。这里对手机产业史的发展阶段做了一个初步划分。手机产业的发展历程显示出,产业发展轨迹时不时被产业中新出现的重要元件技术所打破。当手机技术范式转换时,手机厂商面临着技术窗口、政策窗口和需求窗口的同时打开,有效应对这三类机会窗口也为新企业进入手机产业并成为手机产业中的领导者提供了可能(马雷尔巴等,2019)[①]。

二、全球手机产业动态演化

通过对手机产业发展的回顾,我们不难发现手机产业中存在领导地位的连续变化,即"追赶周期"(Lee and Malerba,2017)[②]。同样,在其他行业中,例如钢铁行业,也经常可以看到行业领导者的转移和领导地位的更替。20世纪上半叶,美国钢铁企业在钢铁生产中处于领先地位,但到了20世纪70年代,被日本钢铁企业所取代。然而,自20世纪80年代以来,日本钢铁企业一直受到韩国钢铁企业的挑战与追赶(Lee and Ki,2017)[③]。从德国到美国,美国到日本,韩国到中国,汽车行业的领导地位也在不断变化着。在手机行业,摩托罗拉首先发明了手机,因此被认为是该行业的先驱。但由于基于GSM数字技术等不同标准的手机的出现,诺基亚获得了市场的控制权。随着智能手机时代的到来,三星和苹果公司实现了对诺基亚的赶超。这种行业领导地位连续发生变化的现象叫作"追赶周期"(Lee

---

[①] 弗朗科·马雷尔巴,路易吉·奥尔塞尼戈,理查德·R.纳尔逊等.高科技产业创新与演化:基于历史友好模型[M].李东红,马娜,译.北京:机械工业出版社,2019.

[②] Lee K, Malerba F. Catch-up cycles and changes in industrial leadership: Windows of opportunity and responses of firms and countries in the evolution of sectoral systems[J]. Research Policy, 2017, 46(2): 338-351.

[③] Lee K, Ki J. Rise of latecomers and catch-up cycles in the world steel Industry[J].Research policy, 2017, 46(2): 365-375.

and Malerba，2017）[1]。

这里所说的"追赶"是指领先国家的企业与后进国家的企业在全球市场份额上差距缩小的过程，当然追赶并不是意味着复制。企业和国家开展经济活动的方式有所不同，从而导致了本土化学习和能力建设过程的发展，而且追赶中的企业和国家的做法往往与作为行业典范的领先企业和国家不同。其中生产实践的组织、管理和体制方面的做法通常是最难复制的，必须适应当地的条件、规范和价值观。由于在当地的学习和能力建设过程中，追赶中的企业和国家所从事的经济活动可能与领先者有所不同，参与学习和能力建设过程的国家可能遵循不同的技术和产品进步路径，并以不同的生产方式在追赶阶梯上定位自己（Lee and Malerba，2017）[2]。通过本土化创新实现行业技术赶超，从而可以实现领导地位的更替。但不同类型和不同要素密集度的行业实现赶超的过程呈现出不同的特点。在机械产业中，创新型企业更多的是小规模企业；在化工、金属材料等产业中，创新型企业更多的是那些规模较大的企业；而在航空航天和电子装备以及很多高科技产业（例如电子和医药行业）中呈现双峰分布，即创新性强的企业是那些规模很小或者规模很大的企业。但随着时间的推移，不同企业在行业中的定位并非一成不变的。后发企业根据与领先企业之间技术差距的大小来选择实现技术赶超的路径，进而不断缩小两者之间的技术水平差距。另外，在位者也会因为以下原因不能持续维持其领先优势。首先，在位者未能很好地保护维持其领先优势的核心技术专利。其次，企业在通过成功实现技术赶超获得该行业领导地位之后，可能会忽略技术创新过程是永无止境的，并非一个一劳永逸的过程，稍稍放松就可能是在给后发者实现成功赶超提供机会。然而，创新者往往容易忽视与研发产品相关的配套产业的发展。

---

[1] Lee K, Malerba F. Catch-up cycles and changes in industrial leadership: Windows of opportunity and responses of firms and countries in the evolution of sectoral systems[J]. Research Policy, 2017, 46(2): 338-351.

[2] Lee K, Malerba F. Catch-up cycles and changes in industrial leadership: Windows of opportunity and responses of firms and countries in the evolution of sectoral systems[J]. Research Policy, 2017,46(2): 338-351.

现实中，许多行业都经历了领导地位的多次变化和连续的追赶周期。在这些行业中，在位者不能维持它们在技术、生产和市场上的领先地位，因此后发者就可以实现追赶。同样，随着时间的推移，获得领导地位的后发者又会被新的后发者赶超。

追赶周期有 4 个阶段：进入阶段、渐进追赶阶段、奋力前进阶段及领导地位变化阶段。其中，进入阶段可能与国家或企业的初始条件、宏观因素和部门和国家系统因素相关，因为这些因素能够支撑和推动后来者的进入。公共政策也是在进入阶段发挥重要作用的因素。在部门系统中的其他主体，例如金融机构，也可以发挥同样的作用，这些因素促进了一个产业中新企业的进入和增长。无论是否得到政府的支持，后发经济体的本土企业都可能会以不同的方式进入和出现。渐进追赶阶段的关键因素是学习和能力建设（Bell and Pavitt，1993）[1]。国内企业的先进能力的长期积累是追赶世界领先水平的必要条件。特别注意的是，奋力前进阶段通常取决于一个机会窗口的打开，以及后发国家的企业和其他系统组成部分的有效响应。后发企业发现一个已经打开的机会窗口，但是想要抓住并利用这个机会窗口，必须借助部门系统中其他因素的支持。后发企业的成功响应通常与高水平的学习、技术吸收和市场营销能力有关。这些能力能够帮助它们识别和抓住新的机会窗口，并实现成功追赶，最后进入领导地位变化阶段。

美国摩托罗拉率先崛起为世界领导企业，并于 1994 年在全球市场份额中达到巅峰；诺基亚的出现以及对摩托罗拉的赶超可以看作是一个标准的"追赶周期"。在这个"追赶周期"中，出现了后发者，即诺基亚，它抓住了通信技术标准变化的机会窗口，实现了对摩托罗拉的赶超。诺基亚在 1998 年至 2012 年，成为又一个世界领先企业，而在这期间，摩托罗拉逐渐衰弱，并被新的后来者不断超越。而诺基亚与摩托罗拉类似，也没有实现领导地位的持续，在 2014 年之后，被三星和苹果超越，其中重要原因在于关键技术的变化和突破，从而出现了又一个"追赶周期"。上述追赶周期如图 3-1 所示。

---

[1] Bell M, Pavitt K. Technological accumulation and industrial growth: contrasts between developed and developing countries[J]. Industrial and corporate change, 1993, 2(2): 157-210.

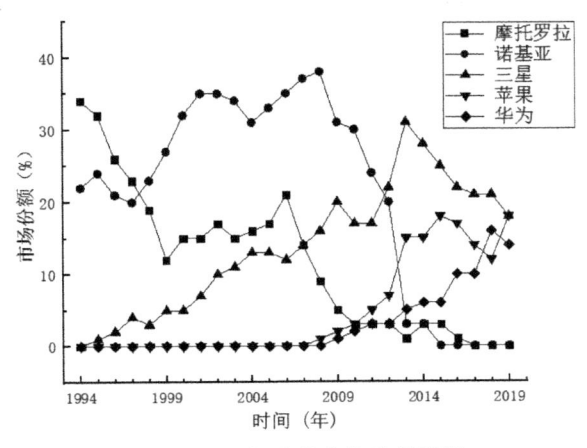

第三章　手机技术范式变迁、产业动态与我国手机产业发展概况

图 3-1　手机产业中的追赶周期

数据来源：整理自 Giachetti and Marchi（2017）[①] 及 IDC 公布的数据

从全球来看，智能手机产业正处于产业发展的成熟期。据前瞻产业研究院公布的数据，全球智能手机市场规模正在缩减，2012—2023 年全球智能手机出货量如图 3-2 所示。2019 年，全球智能手机出货量达到近年的峰值，为 14.86 亿部。此后，全球智能手机出货量开始下滑，2020 年全球智能手机出货量继续下滑，出货量为 12.94 亿部，2021 年略有回升，出货量为 13.58 亿部，但 2022 年全球智能手机出货量为 12.1 亿部，同比增长 -10.9%。

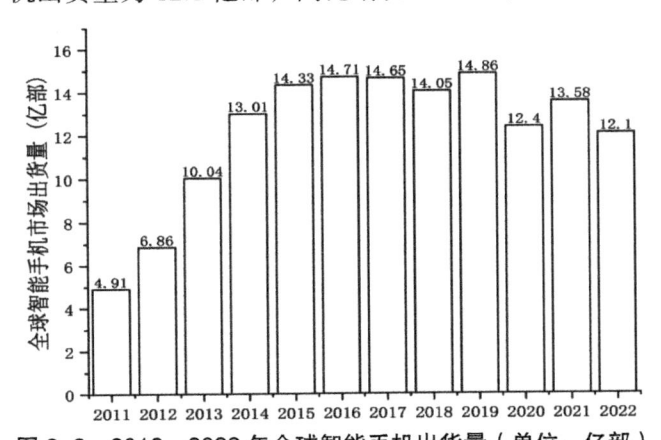

图 3-2　2012—2022 年全球智能手机出货量（单位：亿部）

数据来源：根据前瞻数据库与 Counterpoint 公布数据整理

[①] Giachetti C, Marchi G. Successive changes in leadership in the worldwide mobile phone industry: The role of windows of opportunity and firms' competitive action[J]. Research Policy, 2017, 46(2):352-364.

除了出货量之外，各个手机品牌全球市场份额的情况也发生了巨大变化。特别是中国手机品牌在 2010 年之后，在国内以及国际市场上实现了巨大突破。国内手机市场被国外厂商制霸以及中国手机品牌难以走向国际的情况不复存在。在国际市场上，中国手机品牌也能在激烈的竞争中获得立足，如图 3-3 所示。国产手机品牌发展的背后，意味着中国手机产业发展强劲，在技术竞争中取得了一些优势，所以才在市场份额上有良好的表现。在国际市场中，国产手机厂商也在 2013 年之后，慢慢进入国际市场，到 2019 年，HOVM[①] 在全球智能手机市场份额占比近 30%，国产智能手机产业成为影响全球智能手机产业发展的重要力量。

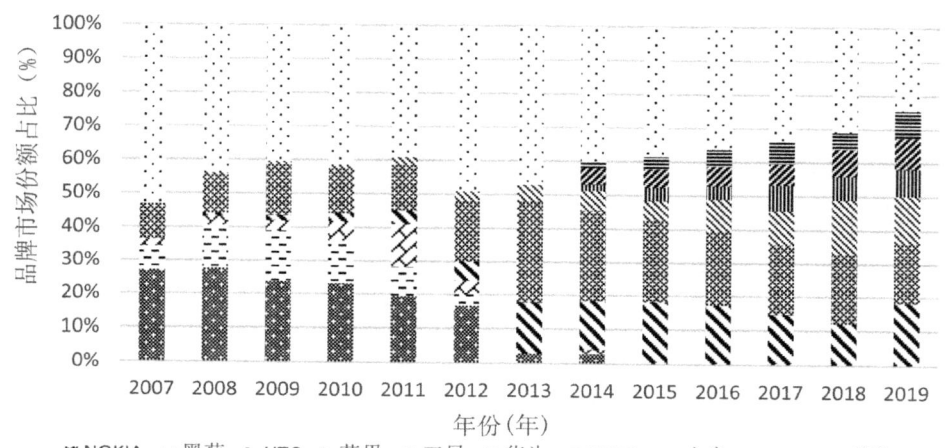

图 3-3 2010—2019 年全球智能手机市场份额情况

数据来源：根据 IDC、中信证券及前瞻研究院公布数据整理

三、全球智能手机产业动态变迁的内在逻辑

新古典经济学中，相对价格是资源配置的核心，而在一个工业化经济中，市场份额是塑造产业结构的核心（陈平，2019）[②]。全球智能手机厂商在 30 多年间变化剧烈，产业动态变迁频繁。李根（2016）谈到韩国以及中国台湾地区实现经济赶超的原因在于，它们首先进入技术生命周期较短的领域，在该领域积累了一定的能力后再进入技术周期较长的领域。因为在短技术生命周期领域中，新技术会不断

---

① 指华为、OPPO、VIVO、小米四家中国手机品牌。
② 陈平. 代谢增长论：技术小波和文明兴衰 [M]. 于飞，陈劲，译. 北京：北京大学出版社，2019.

第三章　手机技术范式变迁、产业动态与我国手机产业发展概况

涌现出来，发达国家所掌握的知识与技术会很快被淘汰，这使得先发者所具有的垄断力量被迅速削弱，从而降低后发者进入该领域的壁垒[①]。智能手机产业同样属于短技术周期产业，在短短几十年时间内，发生了3次引领者的更替，新技术涌现的速度更是令人瞠目结舌，这为后发企业追赶提供了机会，对于国产手机产业来说，这是后发企业能够实现赶超的重要原因。短周期技术意味着不用花费大量时间、精力投入研发，同时国内手机零部件供应链较为完整，如蓝思科技、京东方、立讯精密、瑞声科技、联发科等国内手机零部件供应商在手机屏幕、连接器、光学零部件、处理器等方面发展迅速，除了供应国内手机生产之外，也受到国际手机厂商的青睐。中国手机商在早期发挥了手机组装制造的国内人口红利优势，降低了手机组装生产成本，所以相较于国外手机厂商，中国手机厂商能在价格方面形成竞争优势。这是中国手机产业早期生存发展的优势，也是中国手机能够立足国内市场的根本。

智能手机产业属于高科技产业，智能手机产业动态剧变的内在逻辑最终还是落到了技术变迁上。当今，手机巨头厂商的核心竞争力有两点。一是手机芯片。苹果、三星两大国际巨头拥有自研芯片，掌握了核心技术，在全球手机产业中具有绝对的竞争优势，其他手机生产商基本进口使用美国高通生产的骁龙处理器，这意味着核心技术受制于人，也难以降低手机的生产成本。二是摄像技术。不同于手机芯片，虽然各大手机厂商都重视摄像技术的研发与改进，但不同厂商的侧重点不尽相同。以中国智能手机厂商的摄像技术为例，它们更重视像素的提高与多镜头的配合与运用。据ZOL中关村在线官网提供的数据，在2012年之前，各大手机厂商在像素方面处于相似水平，而在2015年之后，中国智能手机在像素方面逐渐超越国际厂商，这一年中国智能手机在国内市场份额占比首次高达60%，此后国内手机市场形成了国产手机主导的局面，从一定程度上来说，这与国产手机摄像技术的发展息息相关。这也属于克里斯滕森（2000）所说的"持久性技术"处在不断改进的过程中且迎合了部分人的需求，获得了市场份额上的突破。但手机的摄像功能除了像素以外，还包含了AI算法的优化、不同场景的使

[①] 李根.经济赶超的熊彼特分析——知识、路径创新和中等收入陷阱[M].北京：清华大学出版社，2016.

73

用以及多镜头的配合，这也是苹果手机虽然像素低，仍受消费者青睐的原因[①]。

第三节　我国智能手机产业发展规模与机会窗口

一、我国智能手机产业发展规模

　　国产手机经历了智能手机时代的发展，现在已经得到了全世界市场的认可。据中信证券公布的数据，中国智能手机2019年出货量为3.72亿部，其中中国品牌HOVM指华为、OPPO、VIVO、小米4家中国手机品牌。全球出货量份额合计达38.4%，其中三星占21.5%，苹果占13.9%；中国已经成为全球最大的智能手机市场，2019年HOVM占据国内市场份额80%以上。此外，HOVM在印度、其他亚洲国家、欧洲的市场份额也在30%以上。图3-4是2011—2022年中国手机出货量以及增长情况，从中可以明显看出，中国智能手机出货量增速放缓，出货量稳定在3亿部左右。

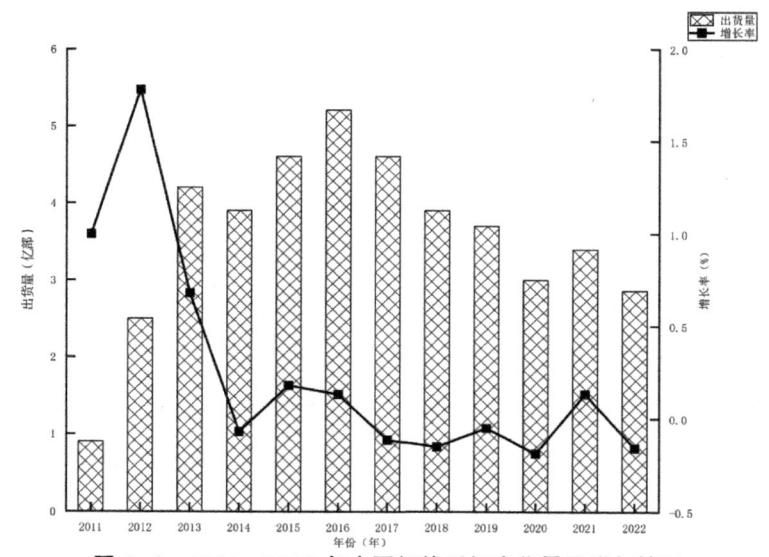

图3-4　2011—2022年中国智能手机出货量及增长情况

数据来源：整理自前瞻产业研究院公布数据

[①] 克雷顿·克里斯滕森. 创新者的窘境[M]. 吴潜龙, 译. 南京：江苏人民出版社，2000.

第三章　手机技术范式变迁、产业动态与我国手机产业发展概况

　　除了出货量及增长情况之外，各个手机品牌市场份额的情况也发生了巨大变化。中国手机品牌在2010年之后，在国内以及国际市场上实现了巨大突破。国内手机市场被国外厂商制霸以及中国手机品牌难以走向国际的情况不复存在。从2010—2022年全球智能手机市场份额情况（图3-5）可以看出，2010年，除华为占据不到5%的市场份额外，全球智能手机市场主要由国外厂商主导；2018年，华为占据全球16%的市场份额。到2019年，我国国产手机市场份额占比高达八成以上，不难发现，国外厂商在国内市场生存面临严峻考验，中国手机品牌已经占据了绝对优势。在国际市场上，中国手机品牌也能在激烈的竞争中获得立足。国产手机品牌发展的背后，意味着中国手机产业发展强劲，在技术竞争中取得了一些优势，所以才在市场份额上有良好的表现。在国际市场中，国产手机厂商也在2013年之后，慢慢在国际市场出现，到2019年，HOVM在全球智能手机市场份额占比高达30%，显然，国产智能手机产业成为影响全球智能手机产业发展的重要力量。

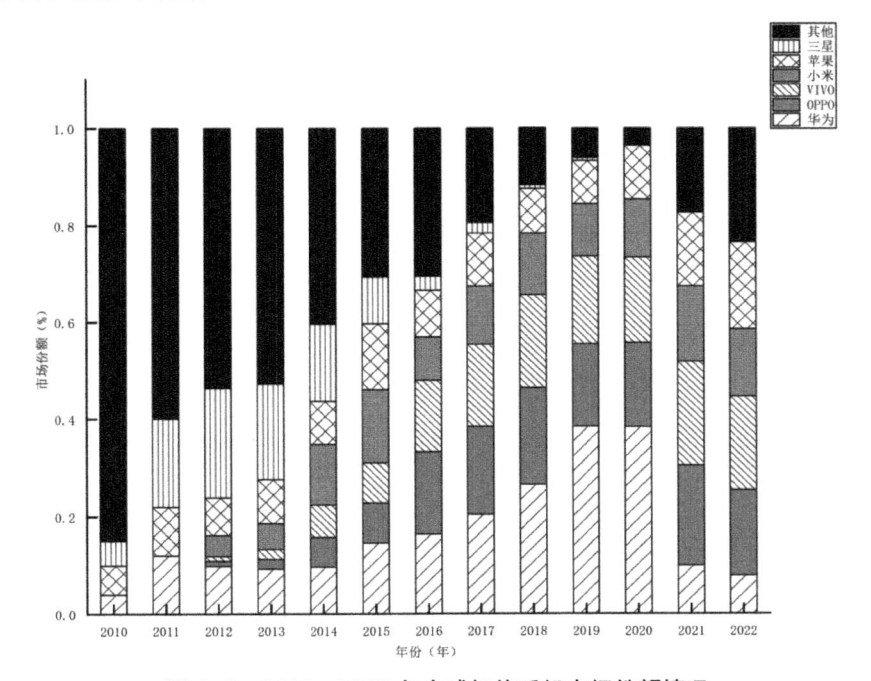

图3-5　2010—2022年全球智能手机市场份额情况

数据来源：根据IDC、中信证券及前瞻研究院公布数据整理

可以看出，无论是在出货量还是在市场份额上，中国手机产业的变化尤为深刻，发展较为迅猛。从智能手机出货量的变化来看，2016年是中国智能手机产业发展的顶峰时期，目前，智能手机产业发展已经成熟。如果从市场份额的变化来看，智能手机产业竞争相当激烈。例如，曾在国际上处于领先地位的诺基亚，曾是全球最大的手机制造商，没有之一，出货量起步就是"亿"计。可是自2010年开始，诺基亚的全球市场份额就在下滑，仅用了3年的时间就与智能手机的出货量实现了逆转！至此诺基亚逐步退出人们的视线。2011年，小米手机凭借互联网模式势如破竹，横扫国内外智能手机品牌，用不到3年的时间便成为国内市场销量冠军。到2019年，国产手机已经成为国内市场的绝对主导和国际市场上的重要力量。由此可见，智能手机产业的竞争是多么的激烈和残酷。

二、我国智能手机产业动态演化中涉及的机会窗口

"机会窗口"的概念最初是由Perez和Soete（1988）提出的，指新技术—经济范式的兴起及后发者在利用新范式超越在位者的过程中所起的作用[1]。随后，学者通过将机会窗口与部门系统的组成部分联系起来，扩展了机会窗口的概念，并确定了3种类型的机会窗口，即技术窗口、需求窗口和制度窗口。技术窗口可以解释在数字时代，韩国消费类电子产品制造商与在模拟时代处于领先地位的日本厂商相比取得的进步（Lee et al，2005）[2]。需求窗口指的是新型需求，主要包括本地需求受到重大冲击或者商业周期导致的需求变化。中国需求的大幅增长及新的消费者群体（例如印度对低成本汽车的需求）可能使来自欠发达国家的后发企业进入市场。商业周期造成了这样一种情况：在位者在经济低迷时期遇到困难，而后发者享受着比正常时期更低的进入成本（Mathews，2005）[3]。公众对该行业

---

[1] Perez C, Soete L. Catching-up in technology: entry barriers and windows of opportunity[J]. Technical change and economic theory, 1988:458-479.

[2] Lee K, Lim C, Song W. Emerging digital technology as a window of opportunity and technological leapfrogging: catch-up in digital TV by the korean firms[J]. International Journal of Technology Management, 2005(29): 40-63.

[3] Mathews J A. Strategy and the crystal cycle[J]. California Management Review, 2005, 47(2): 6-31.

的干预或制度条件的急剧变化可以打开制度或公共政策窗口。例如在韩国和中国台湾地区的高科技行业、中国的电信行业以及印度的制药行业的赶超案例中，制度窗口的作用尤为突出。

在位者和打开机会窗口相关的系统组成部分的响应可能不会很快或有效。在位者往往对它们目前的成功感到自满，从而导致它们忽视新技术、破坏性创新、新的需求和不断扩大的市场。然后，在位者陷入了对旧技术的锁定陷阱，最终延迟了新技术的采用。相比之下，后来者可能享有自由选择最新或新兴技术的优势。对于面临采用（或不采用）新技术选择的在位者来说，陷阱可能在事后出现。新技术往往比现有技术成本更高、生产率更低、可靠性更低。从现有技术中获得最高生产率的在位者没有理由采用新技术。这种情况解决了确认在位者的选择是简单的过失还是事先理性决定的困难。在位者陷阱的边界足够宽泛，包括各种情况，比如破坏性创新和创新者的窘境，即是否引入可能对当前业务有害的创新（Christensen，1997）[1]。这种对在位者陷阱的宽泛定义可以通过摩托罗拉的例子来说明，尽管数字技术已经出现，但摩托罗拉仍试图在现有的模拟通信技术上进行改进。根据 Giachetti（2013）[2] 的研究，即使数字标准因其卓越的技术性能在许多国家迅速普及，但摩托罗拉仍坚持对模拟移动电话技术进行大量投资，因为它相信消费者会接受由领导的技术轨道。针对我国智能手机产业动态演化中涉及的机会窗口，这里主要谈论需求窗口、政策窗口以及小窗口。

（一）大窗口

1. 需求窗口

2009 年起，iOS 和 Android 手机陆续进入中国，进一步激发了中国这一新兴市场对智能手机的庞大需求。作为世界最大的手机销售市场，中国市场分为高端与中低端市场。对手机而言，2000 元的价格门槛可视为中低端市场和高端市场

---

[1] Christensen C M. The Innovator's Dilemma: When New Technologies Cause Great Firms to Fail [M]. Boston:Harvard Business School Press, 1997.
[2] Giachetti C. Competitive Dynamics in the Mobile Phone Industry [M]. London：Palgrave Macmillan,2013.

的分界线，其中中国手机用户的中低端机型是主流（郭磊等，2016）[1]。价格在2000元以下的中低端手机里面主要包括两种机型：一种是中低端的智能手机，另一种是非智能的按键机。因此这里的需求窗口可以从两个方面考虑。其中一个方面是非智能的按键机向2000元以下的中低端智能手机转变带来的需求窗口，并且这个需求窗口几乎已经趋于消失。因为最初使用按键机的这部分群体几乎全部转用智能手机，本土市场对中低端智能手机新需求的井喷式迸发已经实现，中国企业追赶的这一需求窗口已经过去。另一个方面是2000元以下的中低端智能手机市场向2000元以上的高端智能手机市场转变带来的需求窗口，这可能成为我国智能手机企业在目前阶段实现追赶的新的需求窗口。因为现在绝大部分人在首次购买手机时不是在按键机和中低端智能手机之间做选择，而是在中低端智能手机和高端智能手机之间做选择。

目前，随着市场和消费者的需求正在经历着快速的演变，企业需要及时调整其产品和服务以适应这些变化。因此，如今的"机会窗口"中的"需求窗口"已经发生改变。第一类需求窗口是指用户和消费者的需求。这里的机会窗口指的是创造新需求所带来的机会。领先者不会对这种新的需求做出响应，因为它们在现有市场和客户中已经非常成功。如果这种新的需求急速增长，那么所产生的效果将会为后来者的追赶提供较大的可能性。第二类需求窗口指的是国内需求的急速增长，而领先国家或跨国公司的本地化生产并不能满足这种急剧增加的国内需求，进而为国内企业的进入创造了机会。这种情况可以从中国几个部门需求的爆炸式增长中看出来，这些部门需求的爆炸式增长引发了很多中国企业的进入和发展。第三类需求窗口是指商业周期和市场需求的变化。尽管商业周期是经济学长期以来一直研究的主题，但是商业周期与企业（特别是后发企业）策略选择之间的联系一直没有得到充分的探讨。根据Mathews（2005）的研究，需求上升为在位者创造了获取利润、扩大生产和扩张市场的机会，而需求下降则起到了净化清理的

---

[1] 郭磊，周燕芳，蔡虹. 基于机会窗口的后发国家产业追赶研究——中国智能手机产业的案例[J]. 管理学报，2016，13(3):359-365.

作用①。这种情况会迫使实力较弱的企业破产,从而释放资源,以被其他实力雄厚的在位者或者想要进入这个行业的挑战者所利用。需求上升有利于在位者,而需求下降有利于挑战者,并为其提供了一个机会窗口。一般来说,在商业周期中,投资和生产的动态变化,与市场需求的动态变化之间会发生错配。这一情况就要求在位者和后来者需要在时机和总量上做出战略选择,因为如果做不到这一点就可能会被市场淘汰。

需求窗口从根本上来讲并非由手机制造厂商凭空创造出来的,而是手机制造厂商发现了消费者的需求,或者说手机制造厂商意识到了消费者在未来可能需要具备什么功能的手机,进而使手机具备满足这种需求的功能以优化消费者体验,让消费者获得心理上的极大满足,进而引发大量消费者购买带来的需求。例如,当我们使用的手机从按键机向中低端智能手机再向高端智能手机转变的过程中,我们的使用体验越来越棒,但是在更好用的手机生产出来之前并没有谁告诉手机制造厂商我们希望未来的手机具备什么功能。因此从这个意义上来讲,手机只是作为一种使我们作为人而具备的各种基本需求得以更方便满足的工具。所以要想开拓新的"需求窗口"或者抓住新的需求窗口,企业就必须根植于人的需要,以优化用户体验为目标,这样才能刺激需求的增加,扩大市场份额。如今,如果要使手机成为一种更好地满足人的需要的工具,已经不完全取决于手机本身。因为手机只是作为一个搭载各种APP的载体,但使我们的生活更加便利的是那些功能具体且日益完备的APP。例如,美团、淘宝、支付宝、酷狗等软件并非手机制造厂商开发出来的。确切地说,手机制造厂商不完全是APP开发者。但是手机本身的性能会影响其可以搭载的APP的数量和运行效率。人们对智能手机的需求能否实现急速增长,首先取决于它的使用价值,是否能在社交、购物、工作、生活等方面满足人们的需求。对于没有使用价值或者使用价值很小的产品,即使质量再好,也不会刺激需求的增加。因此,根植于人们需要的需求才有增长的可能和空间,才有可能出现需求窗口。

但是,需求窗口并不是凭空被创造出来的,在每一个领域的每一次新的需求

---

① Mathews J A. Strategy and the crystal cycle[J]. California Management Review, 2005, 47(2): 6-31.

窗口呈井喷式爆发的背后，都有新的技术窗口的出现作为支撑。正是因为重大技术的突破与出现，人们日益多样化的需求才能被更好地被满足，进而刺激需求窗口的出现。因此，新的需求窗口能否出现，取决于企业能否意识到新的技术窗口的到来，并抓住这一机会窗口开发出可以更好地满足消费者需求的新产品。

2. 政策窗口

政策窗口可能通过公共政策或者其他制度改革来打开。政府主要通过设立促进国内公司学习过程和能力积累的研发项目，或者通过提供补贴、减税、出口支持、法规和公共标准的方式进行干预。从追赶视角来看，政府能够创造一种不对称的环境，在这种环境里，在位企业至少会在这个国家的国内市场上处于不利地位（在税收、进入限制或市场限制方面）。不对称能够为后来者带来优势，因为它们可以消除与进入相关的初始成本劣势。这些干预通常与公平竞争不符，但有时是合理的，因为在位者经常使用不公平的举措来阻止后来者的进入（Kim and Lee，2008）[①]。其他的例子还有中国电信设备行业中的公共政策，以及中国台湾的行业公共政策。在制度层面，Guennif 和 Ramani（2012）展示了监管体系的变化如何为印度制药企业打开了机会窗口[②]。

机会窗口可能同时或有先后顺序地在同一行业中打开，新技术的出现以及随后对外国公司监管的改革为印度本国公司在 IT 服务领域取得成功提供了机会。Giachetti 和 Marchi（2017）指出，关于数字 GSM 技术相关的机会窗口，与个人用户相关的需求窗口、欧盟对数字 GSM 标准的支持相关的制度窗口都有关系，并使得领先者从美国的摩托罗拉转为欧洲的诺基亚[③]。自制造智能手机在我国兴起以来，中央和地方政府政策就在不断支持本国智能手机制造厂商的发展。实施的一系列政策形成了本国企业追赶的政策窗口。聚焦中国市场，良好的政策环境

[①] Kim Y-Z, Lee K. Sectoral innovation system and a technological catch-up: the case of the capital goods industry in korea[J]. Global Economic Review, 2008, 37(2):135-155.

[②] Guennif S, Ramani S V. Explaining divergence in catching-up in pharma between India and Brazil using the NSI framework[J]. Research Policy, 2012, 41(2):430-441.

[③] Giachetti C, Marchi G. Successive changes in leadership in the worldwide mobile phone industry [J]. Research Policy, 2017, 46(2):352-364.

是促进高科技产业发展的关键因素（雷小苗和李洋，2019）[①]。一方面，高科技企业需要从内部变革其激励创新的制度；另一方面，政府需要从外部积极营造有利于企业创新的政策环境和市场环境。

识别到新技术窗口只是整个赶超过程的第一步。只有政府及相关部门对识别到的技术窗口给予充分重视，为技术攻关企业创造出有利的政策窗口，才能为技术攻关企业抓住技术窗口实现赶超创造有利条件。一般而言，在政府创造的政策窗口与企业识别到的技术窗口的双重作用下，需求窗口的打开就是一个自然而然的结果。因此，技术窗口、政策窗口与需求窗口之间存在某种互为条件的关系。

（二）小窗口

1. 主导设计的概念

阿特拜克在《把握创新》一书中，首次提出了主导设计的概念。主导设计是赢得市场信赖并被竞争对手争相效仿的一种设计，是竞争者和创新者为支配重要的市场追随者而必须奉行的一种设计。主导设计通常会融合多项技术创新，并在技术和市场的相互作用下，以一种令广大消费者满意的新产品形式呈现出来[②]。由于某种产品设计一旦成为主导设计将会占领大部分市场份额，甚至垄断市场，并因此获得高额利润，而在主导设计出现之后，将会出现竞争者的退出浪潮和领先者对其市场地位的巩固。因此，研究主导设计出现的一般规律，抓住伴随主导设计出现的机会窗口，对企业而言就显得极为重要。

主导设计的概念与标准的概念有相似之处，但也有所区别。一个标准的出现在很大程度上被视为不同技术选择之间竞争的结果，而主导设计的概念则更为宽泛。当对标准的概念作广义界定时，例如通过权威、习惯或普遍认可而接受目前的使用标准，这两个概念就更接近了。在这种情况下，主导设计成为行业标准。并且主导设计本身具有强化或促进标准化的作用。在概念上，主导设计可以充当

[①] 雷小苗，李洋. 高科技产业的技术追赶与跨越发展——文献综述和研究展望[J]. 工业技术经济，2019, 38(2):145-152.
[②] 阿特拜克. 把握创新[M]. 高建，李明，译. 北京：清华大学出版社，1999.

行业标准，这不仅仅由技术因素决定，还为其他非技术性因素在推动特定设计成为普遍接受的主导设计中扮演角色敞开了大门，特别是当行业中存在潮流效应时。主导设计不一定是体现最极端技术性能的设计，但是主导设计的出现会改变一个行业的竞争条件，为后来者创造赶超窗口。从公司层面而言，拥有附属资产如市场渠道、良好品牌形象的公司在促使其产品成为主导设计方面与竞争对手相比将更有优势；公司相对于竞争对手所遵循的产品战略也会影响哪家公司的产品成为主导设计。在公司层面之外，行业法规和政府的干预也能够加强一个标准而使其成为主导设计（Suarez et al，1995）[1]。因此，认识到技术、组织干预、公司的附属资产和战略定位等多种因素在促使其产品设计成为主导设计过程中的多重影响于公司而言是极其必要的。

Anderson 和 Tushman（1990）认为，主导设计是一种在同一类产品中建立起来的占主导地位的单一体系结构，是技术周期中的第二个分水岭事件。并且在同一类别的产品中，销售量总是在一个占主导地位的设计出现后达到巅峰。技术不连续会引发一段混乱期，但这段混乱期会因为主导设计的出现而结束。随后是一段时期的增量技术变化，这又被下一次技术不连续打破[2]。因此，由同一类别产品的销量动态变化和主导设计出现时间的关系可以推定，主导设计与企业最佳进入时机之间存在某种内在联系。

吴定玉和张治觉（2006）认为，主导设计作为决定与控制市场的根源性壁垒，具有领先性、主导性和综合性3个特征。领先性主要表现在技术上的领先和市场的开拓两个方面，因为技术变革是进入壁垒强有力的决定性因素，市场是一切经济活动的最终裁判。并且一流的技术往往是许多主导设计的共同特征，主导设计的最终形成也离不开市场的支撑。主导性作为主导设计最核心的特征，主要体现在主导技术轨道方向、主导消费者领域市场偏向和主导生产领域效率方向3个

---

[1] Suarez F F, Utterbak J M. Dominant designs and the survival of firms[J]. Strategic Management Journal, 1995, 16(6): 415-430.

[2] Anderson P, Tushman M L. Technological Discontinuities and Dominant Designs: A Cyclical Model of Technological Change[J]. Administrative Science Quarterly, 1990, 35(4): 604-633.

方面。主导设计一定是赢得市场信赖并为消费者广为接受的满意产品,也会主宰消费者和用户的最终选择[①]。因此,实施早进入战略于企业而言是更为明智的战略选择。因为实施早进入战略可以有效规避主导设计形成后的进入壁垒。

主导设计萌芽于技术发展的不确定时期,由于此时期缺乏统一的技术标准,因此各企业之间存在着激烈的技术竞争,并且此时期的企业多是通过产品创新参与到主导设计的竞争中来。主导设计出现后,紊乱的市场竞争有了统一的技术标准,从而使得企业把焦点转移到产品的市场化推广、降低价格和增量性创新上。因此主导设计出现后,领先企业的市场份额将迅速提高,产品的功能也更加完善(邓龙安,2007)[②]。产品功能的完善得益于主导设计的出现使得企业专注于将更多创新集中于产品功能的渐进性改进,即增量特性创新上(谭劲松和薛红志,2007)[③]。创新之所以由产品技术的颠覆性创新过渡到产品的增量性创新阶段,也是得益于主导设计的出现为该产品类别构建起了居于主导地位的单一技术轨道,使产品创新的不确定性与风险不断降低。更多企业开始以主导设计为基础,将更多精力投入产品的工艺创新、商业模式创新、组织管理创新、市场创新以及降低价格上,并借助其产生的规模经济与网络经济快速回笼资金,使更多的资金用于产品的增量性创新上,进一步稳固市场地位。而主导设计技术轨道之外的其他技术轨道则容易受到市场的排斥,进而从根本上改变企业和产业内部的创新和竞争状况。在主导设计逐渐走向成熟之后,产品设计、生产工艺以及生产流程的标准化程度也将进一步提高,即主导设计的成熟加快了市场上产品生产的标准化步伐。在主导设计的成熟阶段,产品的性能总体上已经满足广大消费者的需求,技术创新的关注点转移到以降低成本和工艺改进为动力的增量性创新上(韩江波,2022)[④]。此时,市场的进入壁垒已基本形成,大部分市场份额被少数几家领先企业牢牢占据。

[①] 吴定玉,张治觉.主导设计:市场进入壁垒理论新范式[J].华东经济管理,2006(4):126-129.
[②] 邓龙安.企业技术联盟与主导设计技术的形成[J].科技进步与对策,2007(8):89-92.
[③] 谭劲松,薛红志.主导设计形成机理及其战略驱动因素研究[J].中国软科学,2007(7):41-53.
[④] 韩江波.战略性新兴产业高质量发展的演化逻辑及治理生态——基于主导设计的视角[J].创新科技,2022,22(5):9-19.

2. 基于"主导设计"变换的小窗口

关于主导设计的形成机制大概可分为 3 种类型，即市场驱动型、政府管制驱动型和社会—政治—组织动态驱动型（马岳红和袁健红，2010）[①]。一种产品设计能否成为主导设计不仅取决于技术因素，也会受到消费者消费习惯的影响。在智能手机消费领域，我国消费者格外关注智能手机各项功能中的摄像功能，如图 3-6 所示。因此，市场驱动在摄像头成为主导设计的过程中将会发挥更大的作用。我国拥有庞大的手机消费市场，并且我国在手机摄像头领域的技术也逐步成熟，这可以为我国在手机摄像头领域小窗口的打开提供市场支撑，即需求窗口的支持。因此成为主导设计的产品一定是获得市场和消费者认可的产品。

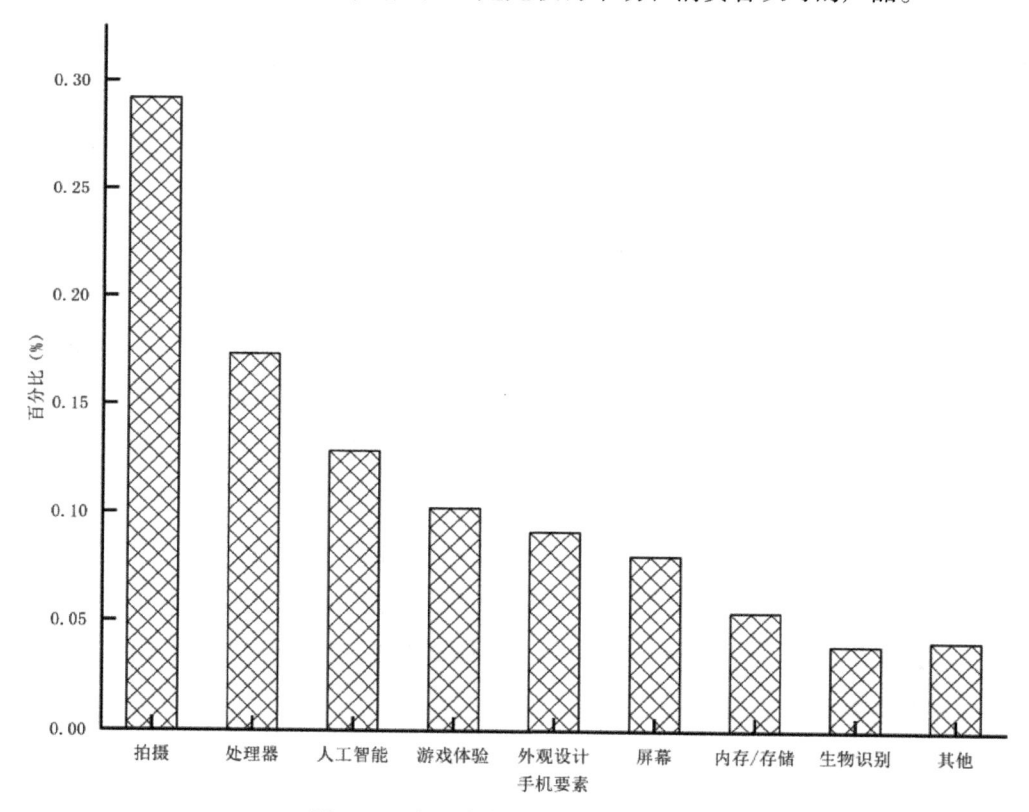

图 3-6 中国消费者最关注的手机要素

数据来源：华经产业研究院

[①] 马岳红，袁健红. 主导设计文献综述[J]. 科技进步与对策，2010, 27(15):151-155.

第三章　手机技术范式变迁、产业动态与我国手机产业发展概况

2021年3月24日，工业和信息化部印发《"双千兆"网络协同发展行动计划（2021—2023年）》，推进"双千兆"网络建设互促、应用优势互补、创新业务融合，进一步发挥"双千兆"网络在拉动有效投资、促进信息消费和助力制造业数字化转型等方面的重要作用，加快推动构建新发展格局。其目标是用3年时间，基本建成全面覆盖城市地区和有条件乡镇的"双千兆"网络基础设施，实现固定和移动网络普遍具备"千兆到户"能力。千兆光网和5G用户加快发展，用户体验持续提升。增强现实/虚拟现实（AR/VR）、超高清视频等高带宽应用进一步融入生产生活，典型行业千兆应用模式形成示范。千兆光网和5G的核心技术研发和产业竞争力保持国际先进水平，产业链供应链现代化水平稳步提升。加速推进终端成熟，鼓励终端设备企业加快5G终端研发，提升5G终端的产品性能，推动支持SA/NSA双模、多频段的智能手机、客户端设备（CPE）以及云XR、可穿戴设备等多种形态的5G终端成熟。推动支持高速无线局域网技术的家庭网关、企业网关、无线路由器等设备研发和推广应用，加快具备灵活多接入能力的手机、电脑、4K/8K超高清设备等终端集成。进一步降低终端成本，提升终端性能和安全度，激发信息消费潜力。《"双千兆"网络协同发展行动计划（2021—2023年）》为我国智能手机产业在摄像头这一小窗口实现赶超提供了政策支持。

自2000年全球第一款带摄像头的手机夏普J-SH04问世以来，手机摄像头经历了单摄、双摄、三摄、四摄的发展过程，出货量也随着消费者对智能手机需求的增加而增加，手机摄像头的像素不仅越来越高，而且手机平均搭载的摄像头数量也逐渐增加。舜宇凭借深厚的技术积淀成为国内的老牌摄像头模块生产厂家，并在双摄上达到自主研发AA设备的水平。2015年，舜宇成功研制出智能手机双摄像头模组，2016年成为华为P9的双摄供应商，2017年成为OPPO R11和华为P10的双摄供应商。丘钛科技作为国内大型摄像头模组厂，也在双摄上巨额投入AA设备，并依靠红米PRO成功量产双摄，并且2022年发布的红米Note 5和VIVO X21的双摄模组也来自丘钛科技。值得关注的是，华为P20 pro首先尝试了后置三摄模组，给用户提供更佳的摄像体验。由此可以看出，手机摄像模组作为智能手机最重要的模块之一，已经受到越来越多的关注。由图3-7可知，自

85

2020年开始，三镜头和四镜头的出货量占全球智能手机各类镜头出货量的比例已经超过了50%，双镜头的出货比例急速下降，而单镜头的出货量占比自2019年开始急速下降。因此，从市场份额角度来看，多镜头已经成为行业的一个主导设计，而后来厂商只有遵循这种设计才能赢得市场地位。

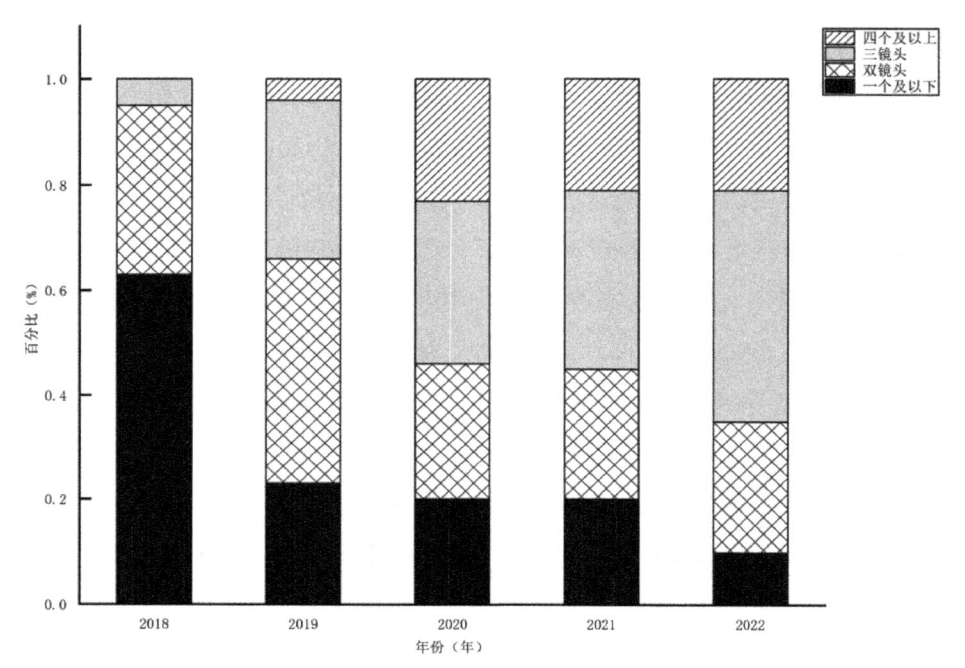

图3-7　2018—2022年全球智能手机各类镜头出货占比

资料来源：Trend Force，华经产业研究院整理

在全球分工日益专业化的背景下，并且考虑到单个企业资金、技术等资源的有限性，仅凭一家企业的力量生产出一部智能手机是不现实的，现实情况是一部智能手机的问世是一条完整的产业链相互配合的结果。在智能手机生产产业链中，摄像头、屏幕这两个关键零部件的研发和生产也愈发成为整条产业链中附加值较高的环节，各大企业对该环节市场份额的竞争也很激烈。从机会窗口角度来看，由于短期内在芯片制造这种核心技术上实现赶超的难度较大，因此把赶超方向聚焦于摄像头、屏幕这两个关键零部件，从小窗口实现赶超，不失为一个可行的选择。从市场需求角度来看，由于消费者对手机摄像功能的要求及其关注度越来越高，因此智能手机的高像素也日益成为吸引消费者眼球的一个亮点，进而成为手机经

销商广告宣传的一个重要组成部分，以获得消费者青睐。因此更高的消费者需求会对现有的摄像技术提出更高的要求，高端手机制造厂商出于提高竞争力、争夺市场份额的考虑也会搭载更高像素的摄像头，这无疑会给摄像头制造厂商创造赶超窗口。手机摄像头作为手机的必要组成部分之一，其销量必然会随着智能手机销量的增加而增加，并且越是高端机越是偏向于搭载更高像素的摄像头来吸引消费者，因此摄像头制造厂商可以通过生产高像素摄像头成为高端智能手机的摄像头供应商，以提高自己的市场份额。

在智能手机摄像镜头的制造成本构成中，CIS 摄像头芯片制造成本占比最高，达到了 50%，其研发和制造流程具有技术密集度高、研发投入大的特点。由于 CIS 技术直接关系到手机摄像头的摄像性能，因此如果能在 CIS 摄像头芯片技术上取得突破，无疑会给消费者带来更好的摄像体验，在手机消费者格外关注智能手机摄像功能这一背景下，无疑会提高智能手机的市场竞争力。随着人们收入水平的提高，高端智能手机的市场份额占比也会越来越高，高端智能手机往往也倾向于搭载更佳摄像性能的摄像镜头以满足消费者越来越高的摄像需求。在中高端智能手机摄像芯片技术领域，索尼和三星掌握着先进的制造技术，凭借着高像素技术成为苹果、三星、OPPO 和 VIVO 的摄像头供应商。而我国从事摄像头生产研发的企业在相关技术方面与索尼、三星这些先发企业还有一定差距，属于追赶型的后发企业。但是，摄像技术自身的技术特点可以为我国企业的追赶创造有利的机会。

不同的技术拥有不同的技术周期，而不同的技术周期往往对应着不同的追赶周期，因此对于追赶者而言，追赶领域的技术周期将会影响到追赶者的追赶效率。长周期的技术更强调已有知识的重要性，如果后发者一味追随先发者长周期的技术轨道，则后发者就需要花费更多时间来学习已有知识。然而，当一个领域的知识变化很快时，短周期的技术会加快现有知识的贬值，后发者就不必花费大量时间来学习和掌握已有的技术和知识。并且短周期技术中往往存在更大的盈利机会。因此，李根（2016）认为后发国家专注于短周期技术，以减少对已被发达国家主导的长周期技术的依赖，可以有效降低后发者的劣势，更有利于后发者的赶超[①]。因此，智能手机作为一个短周期的技术产品，本身可以创造赶超的技术窗口；而在智能手机技术范式既定的情况下，智能手机的摄像头和屏幕作为智能手机行业的细分领域，却呈现出较高频率的技术更新，显现出相比于芯片制造技术更短的技术周期，并且摄像头和屏幕的生产具有较高的附加值，因此不失为一个利于赶超的小窗口。并且，短周期技术往往意味着较低的技术壁垒，更有利于追赶者的进入。

（三）如何对机会窗口做出回应

后来者的赶超通常取决于一个机会窗口的打开，以及后来者的公司和其他系统组成部分的有效响应。后发企业发现一个已经打开的机会窗口，但是想要抓住并利用这个机会，必须借助部门系统中其他因素的支持。后发企业的成功响应通常与高水平的学习、技术吸收和市场营销能力有关。这些能力能够帮助它们识别和抓住新的机会，并为实现自己的利益展开创新活动。在系统层面的学习和技术能力需要支持追赶进程的其他主体、网络和制度的共同参与。特定部门所依赖的集合体包括有效的公共政策与法规体系、具有实力的高等教育机构和公共研发网络、高级人力资源的提供，以及供应商和合作伙伴的网络支持，同时也涉及为创新活动提供必要资金的因素。这些元素共同构成了一个部门的基础设施，对于其发展和运作至关重要。

后来者对机会窗口打开的成功响应需要一些过程和行为。国内公司必须识别并致力于利用已经打开的机会窗口。它们还必须继续加强在学习和创新方面的努力。他们可以专注于特定的技术领域或部分需求，以实现良好的绩效。对于新知识和新技术的投资和获得时机是技术窗口考虑的关键因素。在其他系统组成部分层面，公共政策通常支持国内公司的努力。同样，政府研发基金也必须根据支持的规模和质量做出改变。为增强大学研究和升级已经启动的教育项目，必须随时提供用于新项目的资金。此外，监管和标准化等其他制度的重组，要与新的部

[①] 李根. 经济赶超的熊彼特分析知识、路径创新和中等收入陷阱 [M]. 于飞, 陈劲, 译. 北京：清华大学出版社, 2016.

门设置保持一致。赶超阶段通常由阶段跳跃或路径创造策略触发（Lee and Lim，2001）[①]。阶段跳跃策略指的是，后发企业遵循与在位企业类似的路径，但跳过一些阶段，从而在追赶过程中节省了时间。相比之下，路径创造策略是指利用新的激进创新或新一代技术来探索自己的技术发展路径。这种方法能够使后来者创造自己的道路，这是一条偏离先发者所走的道路（Perez and Soete，1988）[②]。

由于行业主导设计标准出现后，进入该行业的机会窗口会很快关闭，因此企业应该具有及时捕捉主导设计标准的能力，实施早进入战略。在行业主导设计标准出现之前，市场上的产品开发处于混乱和不确定的局面，整个行业的技术创新也缺乏确定的方向和规范，行业中企业的规模都相对较小，尚未出现规模经济，此时行业的进入壁垒较低，容易出现企业的进入浪潮。而在行业的主导设计标准出现之后，行业中率先捕捉到主导设计标准的几家企业会迅速发展起来，竞争力会迅速提高，凭借规模经济和相关附属资产垄断市场，导致市场份额高度集中于少数几家企业，使行业的进入壁垒陡增，此时进入会大大增加失败的风险。一个行业中的先行者虽然可能获得巨大的回报，影响该行业的市场结构，并有可能成为该行业游戏规则的制定者，但同时也会面临巨大的风险。因此企业在搜寻行业主导设计标准时，要注重向行业中的领先企业学习，因为领先企业在捕捉到庞大的市场需求时会提供对制造商很有用的新产品概念和设计信息。并且为提高标准化的效率和效益，企业之间可以结成联盟，共同开发和制定标准（夏保华，2005）[③]。借助联盟在市场中的作用，可以加快标准的推广，使标准更快地向主导设计演进。

在战略性新兴产业形成阶段，有关战略性新兴产业的主导设计趋于定型，但在领先者主导设计的外围，尤其是在领先者核心技术的外围，依然存在有利于追赶者的机会窗口。追赶者可以围绕领先者的核心技术全方位、宽领域、多层次

[①] Lee K, Lim C. Technological regimes, catching-up and leapfrogging: findings from the Korean industries[J]. Research Policy, 2001, 30(3): 459-483.
[②] Perez C, Soete L. Catching-up in technology: entry barriers and windows of opportunity[J]. Maastricht University, Open Access publications from Maastricht University. 1988(1): 458-479.
[③] 夏保华. 行业主导设计标准及其捕捉[J]. 科技进步与对策，2005, (10):105-107.

地塑造以自身创新技术为核心的专利网，以防止领先者依靠核心技术对其进行封锁和打压。"二战"后的日本、韩国和我国台湾地区借助技术引进战略，在掌握全球相对先进、前沿的核心技术的同时，紧紧围绕核心技术不断地开展改进性研究和开发性研究，而这些研究推动了核心技术的应用，并获得了外围专利。而外围专利一般涵盖将核心技术商业化时所可能选择的最佳产品结构，削弱原技术所有者对该技术的充分利用设置壁垒的不利影响[①]。因此在智能手机技术范式轨道上，我国智能手机企业实施了以核心技术和主导设计为中心的配套技术创新、辅助技术创新、产业专用装备创新，密集的科技创新成为智能手机企业这一波"上新"的亮点。2004年，国内智能手机头部企业纷纷发布新产品、新战略，以技术、设计的创新突破向市场释放积极信号。

在全球智能手机市场低迷的大背景下，国产智能手机密集"上新"的支撑，正是中国智能手机企业日益强大的研发能力和先进制造实力。业内专家分析，在迈向高端化的过程中，国内智能手机头部企业展现出多方面优势与创新之处，不仅在供应链管理、生产制造等方面拥有强大实力和经验积累，使之能够快速响应市场需求，降低成本，提升品质，而且在技术创新方面也取得显著成果，这些创新不仅提升了产品的性能体验，也增强了品牌的竞争力。

---

① 韩江波.战略性新兴产业高质量发展的演化逻辑及治理生态——基于主导设计的视角[J].创新科技，2022,22(5):9-19.

第四章　研发投入对企业技术追赶绩效影响的案例研究

第一节　研究设计

一、研究方法

本研究聚焦于分析研发投入对于我国智能手机企业技术追赶绩效的影响,"研发投入怎样影响企业技术追赶绩效",以及"为什么不同企业同样加大研发投入但是追赶绩效却不尽相同"等都在本研究的范围内。显然这些问题属于"怎么样"(how)和"为什么"(why)的问题,这两类问题适合使用案例研究方法(罗伯特,2017)[①]。我国智能手机企业的技术追赶发生在当代,但是研究者无法像做实验一样对相关因素进行控制,这种情况下案例研究方法更合适(罗伯特,2017)[①]。我国智能手机企业在技术轨道已经形成后进入并迅速发展,全球市场份额占比与专利数不断增加,这与传统的技术轨道变迁产生机会窗口的理论不符,这类反直觉的案例对于发现现有文献研究的盲点以及完善理论具有意义(李高勇和毛基业,2015)[②]。多案例研究可以提高案例研究结论的普适性以及可靠性(罗伯特,2015)。跨案例研究使得不同的案例进行对比,可以确定该研究情况会在哪些特定条件下发生,而且还可以帮助研究者理解那些特定条件的具体联系(迈尔斯和

[①] 罗伯特.案例研究:设计与方法[M].周海涛,史少杰,译.重庆:重庆大学出版社,2017.
[②] 李高勇,毛基业.案例选择与研究策略——中国企业管理案例与质性研究论坛(2014综述)[J].管理世界,2015,257(02):133-136+169.

休伯曼，2008）[1]。本书基于扎根理论方法对资料进行编码分析，从下到上不断地螺旋式提取概念及其关系，最后总结理论。同时对于多案例的处理，本书遵循复制法则先对单案例进行完整的研究并提取理论，再对不同的单案例分析报告进行结合、对比，完成完整的案例研究。

二、案例选择

有趣的案例研究一般都具备如下特征：①案例所展示的结果出乎意料或者说是反直觉的；②现有理论不能解释该案例或认为该案例不可能存在；③能够为以往没有研究过的现象提供启示（Murmann，2014）[2]。结合研究问题与我国智能手机企业的现实情况，华为、小米等后发企业在国外高端机占据的市场中仍然能在很多方面完成赶超本身就带有"反直觉的意味"。华为、小米等企业都非常重视研发的作用：不论是每年递增的研发投入，还是研发结果，比如华为的摄像、芯片以及通信技术，小米的充电技术以及其与生态链企业合作完成的工艺以及流程创新等，都说明了华为、小米等符合"有趣案例"的条件，同时也符合本书的研究主题——研发投入对于我国智能手机企业技术追赶绩效的影响。

华为作为国产智能手机的领军品牌，在通信行业中能较好地代表我国智能手机企业发展的前沿方向和水平。目前，华为在我国智能手机行业市场中占据很大比例的份额，并且在欧盟委员会每年公布的《欧盟工业研发投资排名》中常年稳居前5名，在我国智能手机行业中已经形成了很高的市场认可度，同时也在消费者的心目中形成了良好的品牌知名度。

对于小米来说，技术是其实现商业模式运转的基础，2015年的销量危机让其意识到了自有技术的重要性。2015年开始，小米的研发投入与市场份额同时增长，这在一定程度上反映了研发投入与技术追赶绩效的相关性。关于小米的技术创新动态能力主要有两个方面的体现。一方面是其对资源的高效利用，通过提

---

[1] 迈尔斯，休伯曼. 质性资料的分析：方法与实践 [M]. 张芬芳，译. 重庆：重庆大学出版社，2008.

[2] Murmann J P. What Constitutes a Compelling Case Study?: 中国企业管理案例与质性研究论坛（2014）主题报告 [R].[2014-11-08].

高管理效率、制定创新策略等方式提高研发投入等资源的利用率。另一方面是其动态调整能力，包括环境识别能力与组织调整、资源配置转换的能力。总体来看，小米的研发投入对于其技术追赶产生了重要作用，技术创新动态能力在研发投入到技术追赶绩效的转化中发挥了重要的作用。

本研究尝试从技术创新动态能力视角剖析研发投入对技术追赶绩效的影响，重点研究与阐述"研发投入与技术追赶绩效的关系""技术创新动态能力在技术追赶中的作用"两个问题。出于对研究完整性与资料可得性的考虑，对于华为的研究限定于2007—2022年，对于小米的研究限定于2010—2022年。

三、数据来源

为保证数据以及分析的可靠性，本书尽量选择多种渠道和方式获取数据。公开渠道获取数据包括：①关于研究对象的相关文献，包括书籍、期刊、报纸等；②企业的内部刊物、高管的公开演讲、企业年报、招股说明书等；③一些相关的数据库以及分析咨询公司数据，如IDC、前瞻产业研究院、canalys、中国通信院、counterpoint、国泰安等；④数码媒体以及社交媒体中的数据。

本研究中的相关数据包括：①华为小米官网公开发表的资料、内部刊物，领导人讲话、相关新闻报道、电视访谈；②有关华为发展历程、研发经历、企业成长经历的书籍《从偶然到必然：华为研发投资与管理实践》《华为研发》《华为传》《华为没有秘密》等，有关小米发展历程、研发经历、企业成长经历的书籍《小米创业思考》《参与感》《勇往直前》《小米生态链战地笔记》等；③在中国知网上关于华为、小米发展、追赶过程、研发投入的经济学、管理学相关文献；④其他权威机构发布的有关华为、小米的相关数据。

四、分析策略

分析策略是研究者与资料互动的思维策略，使用分析策略可以促进归纳过程，在一定程度上避免研究者"想当然"，是推进研究进行的技巧（科宾和，

2015）[1]。本研究运用程序化扎根理论（Strauss，1987）[2]，从资料入手，对资料进行概念化、抽象化，自下而上地建立实质性理论（陈向明，1999）[3]，并结合中国管理扎根研究范式（贾旭东和衡量，2016）[4]开展案例分析。首先将收集到的资料按照时间顺序进行汇总，构建案例分析的数据库，接着把收集到的文本资料进行开放性编码处理，即将杂乱无序的华为、小米研发资料、发展资料归类整理，得到初始的概念和范畴。随后将标签化的编码节点进行主轴式编码处理，细化整理数据资料，把编码分组归为前文所述的理论范畴，最后把理论范畴归为聚合维度，进行研发投入对企业技术追赶绩效的影响分析。

具体地，本书借鉴科宾和施特劳斯提出的分析策略，不断地提问、比较、总结个人经验，同时注意保持个人主观性与资料事实的距离等。通过备忘录的撰写以及对资料的整理不断地跟资料进行互动。关于双案例的完成，本研究采取两人各负责一个的方式，同时进行案例研究设计与最终的对比与分析，而且两人分别对一个案例进行完整的单案例分析，以期分析过程更加客观以及最后的对比分析能有更有趣的发现。

第二节　华为案例分析

一、华为案例描述

（一）华为简介

通信技术行业是技术密集型产业，后发企业要想实施赶超通常面临着高资本

---

[1] 科宾，施特劳斯.质性研究的基础：形成扎根理论的程序与方法 [M].朱光明，译.重庆：重庆大学出版社，2015.

[2] Strauss A L.Qualitative analysis for social scientists[M].United Kingdom:Cambridge University Press, 1987.

[3] 陈向明.扎根理论的思路和方法 [J].教育研究与实验，1999, (4):58-63.

[4] 贾旭东，衡量.基于"扎根精神"的中国本土管理理论构建范式初探 [J].管理学报，2016, 13(3):336-346.

投入、高技术门槛的壁垒。成立于1987年的华为是全球领先的ICT（信息与通信）基础设施和智能终端提供商，它致力于把数字世界带入每个人、每个家庭、每个组织，构建万物互联的智能世界[1]。

华为建立初期，正是美国的苹果手机蓬勃发展期。苹果通过大量研发投入，使第一代iPhone4成功问世，便捷的操作系统和高端的使用体验使得华为的市场份额进一步被挤压。华为虽然在技术上与其他企业还有一定的差距，但是其不断调整追赶战略，不断提升追赶速度，取得了一定的追赶成效。目前华为已经成为全球最大的专利持有企业之一，截至2021年年底，华为在全球共持有有效授权专利4.5万余族（超过11万件），90%以上专利为发明专利[2]。近年来，华为的市场份额不断增大，消费者业务收入也不断提高，显示出华为不断加大研发投入所取得的成绩。

（二）华为智能手机发展概况

华为始终坚持以用户需求为出发点进行创新，促进公司发展。2007年，华为与其他国家运营商成立联合创新中心，立志给用户提供更好的服务，在WCDMA基础专利方面，华为跻身全球前5[3]。华为持续扩大其在国际上的影响力，与其众多合作伙伴保持密切联系。2008年，华为CDMA手机出货2000万部，成为全球第三大供应商[4]，并且被《商业周刊》评为全球十大最有影响力的公司之一。华为始终保持着高速发展的态势，在CDMA领域，华为已成为全球CDMA产业新领军者[5]。虽然世界形势在不断变化，但是华为积极调整其战略，保持敏锐的市场触觉和市场灵敏性，华为在2009年推出首款Android高

---

[1] 华为.华为投资控股有限公司简介[EB/OL].深圳：华为技术有限公司，[2023-03-28].
[2] 华为.华为投资控股有限公司2021年年度报告[R/OL].深圳：华为技术有限公司，2022：55[2023-03-29].
[3] 华为.华为投资控股有限公司2007年年度报告[R/OL].深圳：华为技术有限公司，2008：8[2023-03-29].
[4] 华为.华为投资控股有限公司2008年年度报告[R/OL].深圳：华为技术有限公司，2009：22[2023-03-29].
[5] 华为.华为保持全球移动市场主导地位：华为人报.[EB/OL].(2008-08-05)[2023-03-29].

端智能手机便引起强烈的反响。2009年，华为手机产品发货超过3000万部，其中CDMA手机全球市场份额排名第三，中国市场份额排名第二，CDMA中高端智能手机在中国电信也取得了规模突破，市场份额和格局进一步提升。同时，华为还是美国Fast Company杂志评选的最具创新力公司前五强[①]。随后，在全球手机高速发展的阶段，华为不断加大研发投入，调整公司战略，先后发布荣耀系列、Mate系列手机，2021年，华为还发布旗舰折叠屏手机，手机技术不断提高。

从华为的发展历程中可以看出，在初创时期，华为主要采取引进国外产品，并且在国际予以推广的策略，一直承担着"中间商"的角色，但是随着几家巨头电信公司，例如爱立信、诺基亚等逐步占据绝大部分市场份额，华为逐步感知到核心技术对于企业长远发展的重要性，开始向自主研发核心技术的阶段迈进，但并不是一味地进行模仿，否则无法产生实质性的超越。

本研究从华为手机产业发展过程的关键事件出发，划分出华为相应发展阶段，利用扎根理论进行案例分析，构建出企业技术创新动态能力视角下研发投入对企业追赶绩效的影响机制。

二、分析过程

（一）案例阶段划分

在纵向案例研究中，先要进行时期的划分（彭新敏等，2011；徐娜娜等，2020）[②]。本研究选取第二次手机技术范式发生变迁的开端（2007年）作为案例研究的开始时间节点，通过收集整理2007—2022年华为智能手机产业发展资料，梳理其发展过程中手机行业的关键事件和时间节点，将发展过程划分为3个阶段。

一是技术引进阶段（2007—2012年）。在该阶段，华为已迈向自主研发阶段，但技术水平仍有较大的提升空间。华为在该阶段以生产低成本手机为主，不断调

[①] 华为.华为投资控股有限公司2009年年度报告.[R/OL].深圳：华为技术有限公司，2010:11[2023-04-05].
[②] 彭新敏，吴晓波，吴东.基于二次创新动态过程的企业网络与组织学习平衡模式演化——海天1971—2010年纵向案例研究 [J].管理世界，2011(4):138-149+166+188.

整自身战略，勇敢抓住 4G 技术发展的态势，加大研发投入，提升自身创新优势。2007 年，华为成为全球 CDMA 手机第三大供应商，随后华为尝试 3G 技术的大规模商业发布并推出首款 Android 手机，不断迈向技术进步新台阶。

二是蓬勃发展阶段（2013—2016 年）。在该阶段，华为不断增强自身的研发能力，开始涉足更高端的技术研发，围绕用户需求展开设计，开始走精品化发展路线，市场份额不断扩大。华为在 2013 年推出荣耀品牌，以产品竞争力和最佳性价比来吸引消费者，与消费者建立直接联系，进行精准的市场定位。同时在该阶段，华为成立了集合运营商、技术提供商和业务合作伙伴的研发平台——X Labs，推动和全球合作伙伴的创新变革。在该阶段，华为始终根据用户需求，有针对性地进行手机业务创新，在成立子品牌荣耀后还发布旗舰机 Mate 系列手机。2015 年，华为牢牢守住全球第三大手机制造商的地位，当年手机销量超过 1 亿部，仅次于苹果和三星，占据全球近 8% 的市场份额。2016 年，华为宣布与光学和摄影顶尖企业徕卡合作，进一步提高产品质量和性能，提升了用户体验（迪克雷，2020）[①]。

三是高速发展阶段（2017—2022 年）。在这个阶段，华为迈向智慧手机探索阶段。2017 年，华为推出其首款搭载人工智能芯片的手机 HUAWEI Mate 10，引领智能手机新潮流。2019 年发布的 Mate 30 系列搭载了麒麟 990 系列芯片、超感光徕卡电影四摄及全球领先的 889 超曲面环幕屏，突破了智能手机固化的边界，探索了科技与美学、极致简约设计和未来影像，更以分布式技术聚合多终端的能力，重构了智慧手机想象。2020 年，华为手机技术再次升级，Mate 40 系列再次实现强悍性能、全能影像和创新交互的重大突破，让人们对未来全场景智慧生活的构想更进一步。随后，华为发布了新一代折叠屏手机，折叠技术使手机折叠时近乎无缝。种种技术的创新与突破，无不体现着华为日渐强大的研发投入能力。

华为发展大事记如图 4-1 所示。

[①] 樊尚·迪克雷. 华为传 [M]. 张绚，译. 北京：民主与建设出版社，2020.

```
        成为首个         新推出的
        在中国市         HUAWEI
  发布全球  场正式发  发布里程      Mate 20        发布
CDMA手机 首款with  布Android 碑式的  华为P9在  系列手机,  发布    HarmonyOS
出货2000 Google的An 4.0商用版 HARMONY 业界首发  搭载新一代 HUAWEI  已成为
万部,成为 droid2.2普 的手机   Mate 7  徕卡黑白  人工智能  Mate 10 拥有强大
全球第三  及型智能   品牌   智能手机  彩色双摄  芯片麒麟980 系列旗  生命力的
大供应商  手机IDEOS         像头手机       舰手机  生态底座
```

```
 2007 2008 2009 2010 2011 2012 2013 2014 2015 2016 2017 2018 2019 2020 2021 2022 →
```

```
成为WCDMA 展出首款  发布全球       成立荣耀  发布新一     发布HUA    发布2019  发布全新
手机ODM  Android  首款云手机      子品牌   代旗舰机     WEI Mate 10 年度旗舰  旗舰折叠屏
主流厂商  高端智能  华为远见              Mate 8               手机Mate  手机HUAWEI
       手机                                              30系列   P50 Pocket
```

图 4-1 华为发展大事记

资料来源：华为官网

（二）案例编码过程

对研究资料进行收集与分析是扎根理论研究方法的核心，该过程既包含理论演绎又包含理论归纳。资料的收集与分析是同时发生、同时进行的。在运用扎根理论研究过程中，资料收集的方法与其他定性研究相同，而资料分析要求更加严格（白长虹和刘春华，2014；李志刚和李兴旺，2006）[1]。本研究利用程序化扎根理论的编码过程，通过对收集整理得来的华为相应文本资料进行开放性编码、主轴性编码、选择性编码来进行理论构建。

1. 开放性编码

开放性编码指的是对分析资料进行没有理论预设、完全开放的编码（贾旭东和衡量，2020）[2]。该阶段强调在数据的不断比较的过程中，发现核心范畴。开放式编码主要分为贴标签、概念化、范畴化3个步骤。本研究首先将收集到的华为有关资料进行整理，在样本原始资料中提取涉及"企业研发投入""企业技术追赶绩效""企业技术创新动态能力""企业追赶绩效""企业技术创新"等与研究主题有关词语的句子并贴上标签，得到有实质意义的样本资料。其次结合前文所述的理论，剔除出现频率较低的标签，将已有的标签初步概念化，得到技术

---

[1] 白长虹，刘春华. 基于扎根理论的海尔、华为公司国际化战略案例相似性对比研究 [J]. 科研管理，2014,35(3):99-107.

[2] 贾旭东，衡量. 扎根理论的"丛林"、过往与进路 [J]. 科研管理，2020, 41(5):151-163.

创新机制、加大在技术创新上的投入、坚持技术创新、全面云战略、推动技术创新、持续创新、共同成长、与合作伙伴联合创新等357个概念标签。最后将概念化的资料继续进行提炼和浓缩,进一步范畴化,提炼出40个范畴。由于详细的编码过程较为冗长,本研究只截取部分编码资料作为例证,具体的文本资料示例及编码见表4-1。

表4-1 华为开放性编码分析举例

华为原始资料记录(贴标签) (截取部分资料作为例证)	概念化	范畴化
荣耀智慧屏系列不仅采用华为全新发布的分布式操作系统鸿蒙OS,还搭载鸿鹄818智慧芯片,具备协同智慧能力;内置升降式AI摄像头,首创系统级视频通话功能;开创了大屏和手机的交互新方式,能实现魔法闪投、魔法控屏等功能;还可以联控智能家居,创新打造"我家"生活空间,通过智慧屏全局操控。这些创新的技术,让荣耀智慧屏拥有了全面超越传统电视的体验	产品(自研)创新	技术创新
早在1999年就已设立"华为高校基金",意在建立与国内高校长期合作进行技术创新的机制,到2014年,已有数十所高校和科研机构的上千名教授和学者参与到合作项目中,涉及无线通信、光通信、工程技术、网络与安全、软硬件等多个技术领域	技术创新机制	技术创新
华为发布了全球首部5G折叠屏手机MateX。我们相信折叠屏、大屏的手机,再加上5G网络,将是杀手级应用,将在游戏和在线学习等领域带来颠覆式创新	首部5G折叠屏手机	技术创新
华为要吸引新客户、留住老客户,不能靠追随,只能靠创新响应客户需求。客户需求是华为创新的来源,也是创新的目标	基于客户需求的创新理念	机会识别

99

续表

华为原始资料记录（贴标签） （截取部分资料作为例证）	概念化	范畴化
华为对人工智能的投入主要是两部分。首先是公司内部，用在了技术服务领域和财务领域。还有网络故障处理，也通过机器学习进行训练，人机协同来处理故障，既能快速响应客户，也能提升内部效率和服务质量	人工智能投入	机会识别
继续加大研发投入，减少机型聚焦精品抓盈利，重视用户体验	重视用户体验	注重客户需求
我们要更紧密地与客户站在一起，深刻理解客户面临的挑战，积极帮助客户，抓住不断涌现的新机会，实现商业成功；我们要持续提升能力、夯实基础，充分发挥华为的独特优势，更好地满足客户对联接与云的需求，抓住企业数字化转型的契机	抓住客户需求	注重客户需求
在2011年LTE北美峰会上，华为荣获"LTE研发最佳贡献"和"LTE标准最佳贡献"两项大奖	LTE研发最佳贡献奖	技术领先
华为发布了全球首部5G折叠屏手机Mate X	发布5G折叠屏手机	技术突破
华为和巴帝电信（Bharti Airtel）就非洲网络升级和扩容协议达成合作意向，该协议将使巴帝电信迅速扩展在该地区的移动服务和移动宽带业务覆盖	创新资源利用	整合内外部创新资源
华为在英国伦敦时尚中心巴特西公园发布了全新旗舰华为P9手机，该款手机是科技与艺术的完美结合，闪耀全场。华为与德国百年传奇相机品牌徕卡跨界合作，联合设计和开发了全新拍照系统，采用黑白+彩色双摄像头组合	创新资源利用	整合内外部创新资源

续表

华为原始资料记录（贴标签） （截取部分资料作为例证）	概念化	范畴化
华为将多年来在ICT行业中积累的经验、技术、人才培养标准等贡献出来，联合教育主管部门、高等院校、教育机构和合作伙伴等各方生态角色，通过制定人才标准、建设人才联盟、传播人才价值，构建开放、合作与共赢的良性ICT人才生态	持续投入，构建完善的人才生态	人才培养
华为重视研究与创新投入，走开放式创新道路，积极吸纳世界范围内的专业人才共同创新	积极吸纳专业人才	人才培养

2. 主轴性编码

在主轴性编码的过程中，需要不断分析和挖掘范畴间的关系。主轴性编码要求将副范畴依据逻辑关系归结为更高级的类属（杨瑾和李蕾，2022）[①]。本研究将开放性编码中提炼的范畴通过比较、筛选，进一步提炼出核心范畴。经过筛选和提炼，参考徐宁和徐向艺（2012）关于企业技术创新动态能力的定义和分类，最后得到企业技术创新投入能力、企业技术创新整合能力、企业技术创新应用能力[②]、市场份额提高、品牌知名度提高、消费者主营业务增长、专利数据被认可、研发投入经费增加、研发人员数量提高、研发规模扩大10个核心范畴。

3. 选择性编码

选择性编码的目的在于找出核心范畴与其他范畴之间的相互关系，形成能够说明整个研究内涵的"故事线"，即形成"扎根"的理论（王华等，2023）[③]。本研究围绕企业技术创新动态能力视角下研发投入对企业追赶绩效

[①] 杨瑾，李蕾.数字经济时代装备制造企业颠覆式创新模式——基于扎根理论的探索[J].中国科技论坛，2022,316(8):89-99.

[②] 徐宁，徐向艺.控制权激励双重性与技术创新动态能力——基于高科技上市公司面板数据的实证分析[J].中国工业经济，2012,295(10):109-121.

[③] 王华，杨曦，赵婷微，等.基于扎根理论的创新生态系统构建研究——以中国人工智能芯片为例[J].科学学研究，2023,41(1):143-155.

的影响机制这个核心命题，通过对华为核心范畴的深入分析，同时结合原始资料对华为发展历程进行相互比较，在编码过程中不断对资料进行调整和完善，直到资料分析中没有涌现出对研究有用的新标签，达到理论饱和（孙新波和孙浩博，2022）[①]。

三、案例分析及发现

通过华为年报可知，华为坚持每年将 10% 以上的销售收入用于研究与开发，2022 年，研发费用支出约为 1615 亿元，占全年收入的 25.1%。无论是在传统的数据通信领域，还是在新兴的无线通信领域，华为的年专利产出都已从行业垫底发展到行业领跑，意味着其总体技术能力已经成功实现追赶，达到业内领先（郭磊等，2016）[②]。根据文本资料（详见表 4-2 和表 4-3），无论是在发展的哪个阶段，华为所占的市场份额都在不断增加、品牌知名度也得到提高，这表明华为与先发企业的技术差距在快速缩小，企业技术追赶绩效也在不断增大。

表 4-2　华为 2007—2022 年企业技术追赶绩效编码统计

年份	事件描述	概念化	范畴化
2007	华为 CDMA 新增合同市场份额为 44.8%，居业界第一。手机发货量超过 2000 万部	手机发货量	市场份额提高
2008	作为手机定制专家，华为已成为 WCDMA 手机 ODM 主流厂商。华为全球销售额达到 233 亿美元，同比增长 46%，国际市场销售额所占比例超过 75%。华为主流产品已规模服务欧洲、北美和日本等发达市场的领先运营商，在中国及广大新兴市场的份额稳步提升	主流厂商、优势	市场份额提高

[①] 孙新波，孙浩博. 数字时代商业生态系统何以共创价值——基于动态能力与资源行动视角的单案例研究 [J]. 技术经济，2022, 41(11):152-164.

[②] 郭磊，蔡虹，徐露莹. 转型阶段后发企业的双元技术追赶绩效——专利的视角 [J]. 科技管理研究，2016, 36(11):139-144+155.

续表

年份	事件描述	概念化	范畴化
2009	手机产品发货超过 3000 万部，其中 CDMA 手机全球市场份额第三，中国市场份额第二；CDMA 中高端智能手机在中国电信也取得了规模突破；TD-SCDMA 产品突破发展瓶颈，T2211 手机率先成为中国移动深度定制优质机型，TD-SCDMA 终端销售增长了十几倍；成功配合 T-mobile 推出了全球首款基于 Android 平台的预付费手机 Pulse，在英国、德国等高端市场三周零售过万部；在北美市场推出的 Touch 手机 U7519，成为美国圣诞季周销量冠军	手机发货量、市场份额	市场份额提高
2010	得益于领先的技术和一流的产品竞争力，华为实现稳健增长，市场份额占全球 20%，巩固了全球领先的市场地位。智能手机快速增长，全球出货超过 300 万部，迅速打入包括日本、美国和西欧在内的 70 多个国家和地区。9 月初，发布了全球首款原生 Android2.2 的 with Google 智能手机 IDEOS，同时也是全球首款普及型智能手机	快速增长	市场份额提高
2011	在运营商 IP 领域，华为新进入并服务于 20 多家欧洲主流运营商，在全球运营商市场份额保持领先优势	保持领先	市场份额提高
2012	华为在 2012 年 Q4 首次出现在智能手机全球排名前三的厂商之列。随着全球智能终端的迅速普及，华为消费者业务稳步增长。华为消费者 BG 实现全球销售收入 48376 百万元，同比增长 8.4%。全年整体发货量 1.27 亿部，其中智能手机发货量 3200 万部，同比增长 60%	消费者业务增长	消费者主营业务增长
2013	基于 SDP 的数字业务转型的合营模式收入规模增长 67%，SDP 市场份额领跑全球；数字家庭以视频为核心，通过加强多屏体验满足市场需求，成功突破欧美高端市场；数字企业 2013 年 IPCCBPO 实现 100% 增长。在智能手机为代表的终端市场极大地提升了产品品质和品牌竞争力，赢得了消费者的喜爱和认可。智能手机业务获得历史性突破，进入全球 TOP3，华为手机品牌知名度全球同比增长 110%	智能手机业务突破	消费者主营业务增长

续表

年份	事件描述	概念化	范畴化
2014	华为品牌旗舰智能手机的市场份额大幅提升：P7全球发货400多万部，畅销100多个国家和地区；Mate 7在高端旗舰领域人气攀升，供不应求；荣耀品牌手机以互联网为渠道，全球销量超过2000万台，一年来增长近30倍	市场份额	市场份额提高
2015	在消费者业务领域，得益于中高端产品、海外高端市场和荣耀模式的长足发展，年销售收入增长超70%，市场份额稳居全球TOP3阵营。继Mate 7、P7等精品智能手机的成功，P8、Mate 8进一步夯实中高端地位；荣耀品牌以亲和力与活力正连接起更多的消费者，收入翻番	收入增长	品牌知名度提高
2016	华为智能手机全球市场份额提升至11.9%，稳居全球前三；旗舰产品影响力进一步扩大。华为在欧洲市场实现跨越式突破，并在全球多个区域实现均衡稳健增长。GfK数据显示，华为智能手机在东北欧和西欧的市场份额分别突破15%和10%，在部分北欧市场，华为智能手机受到了消费者的热烈追捧，市场份额保持领先。截至2016年12月，华为在全球有33个国家市场份额超过15%，其中有22个国家市场份额超过20%，接近半数为欧洲国家。华为智能手机在欧洲高端市场份额迅速提升，GfK数据显示，在HUAWEIP 9系列发布后，华为智能手机在西欧地区500~600欧元挡位智能手机市场份额提升了6个百分点，在东北欧地区提升了8个百分点。2016年，华为智能手机市场份额提升至18.1%，在3000~4000元高端市场占据绝对领先地位。在拉美、非洲、中东等地区，华为智能手机市场份额均接近或超过15%	市场份额、影响力	市场份额提高、品牌知名度提高
2017	华为（含荣耀）智能手机全年发货1.53亿部，全球份额突破10%，稳居全球前三，在中国市场持续保持领先	手机发货量	消费者主营业务增长

104

续表

年份	事件描述	概念化	范畴化
2018	基于在性能、摄影、人工智能、通信、设计等领域的多项突破性创新，消费终端产品竞争力和产品体验大幅提升，智能手机份额稳居全球前三。2018年，华为（含荣耀）智能手机发货量2.06亿部，同比增长35%。市场研究机构IDC报告显示，2018年华为（含荣耀）智能手机市场份额达到14.7%，稳居全球前三	市场份额、手机发货量	市场份额提高
2019	华为云在IaaS+PaaS市场连续3个季度的增长超过300%，华为云IaaS+PaaS和IaaS市场份额都超过7%，排名均上升到第四。市场研究机构IDC和Strategy Analytics的报告分别显示，2019年华为（含荣耀）智能手机市场份额达到17.6%，稳居全球前二；5G手机市场份额全球第一	市场份额	市场份额提高
2020	华为云坚持创新，践行技术普惠，云服务能力和市场份额不断提升，是增速最快的主流云服务厂商，持续赋能千行百业智能升级	市场份额	市场份额提高
2021	在手机业务领域，华为取得了一系列成就：P系列累计出货量突破1亿部，全球nova用户更突破了1.9亿。同时，华为在手机的诸多技术领域，尤其是影像技术上，取得了新的突破。HUAWEI P50 Pro设计了超前的双影像单元系统，实现了功能与形式的巧妙融合，原色影像、超清画质和超高动态范围等面面俱到；HUAWEI P50 Pocket继承了HUAWEI P系列强大影像的基础，创造了超光谱超级影像单元，在成像中捕捉更多细节信息，提供更清晰、更精准的影像还原能力，还具有防晒检测的功能	手机发货量	市场份额提高
2022	作为折叠屏手机赛道的领跑者，华为不断突破技术瓶颈，赢得消费者信赖和支持。2022年发布的超轻薄、超平整、超可靠的折叠大屏旗舰手HUAWEI MateXs 2，采用了业界首创的双旋鹰翼铰链、复合强化结构屏幕和自适应UI引擎，推动折叠屏手机品质的全方位提升	消费者信赖	品牌知名度提高

表 4-3　华为 2007—2022 年研发投入编码统计

年份	事件描述	概念化	范畴化
2007	华为坚持将不少于销售收入 10% 的费用投入研究开发，并将研发投入的 10% 用于前沿技术、核心技术及基础技术的研究	研发投入	研发投入增加
2008	华为坚持将不少于销售收入 10% 的费用投入研究开发，研发投入的 10% 用于前沿技术、核心技术及基础技术的研究。华为在全球设立了 14 个研究所，充分利用全球优秀人才与技术资源平台，构筑强大的研发优势		
2009	研发费用率上升 0.5 个百分点；华为长期致力于研发投入，持续构建产品和解决方案的竞争优势，2009 年研发费用达到 13 340 百万元，同比增加 27.4%		
2010	年度研发费用达到 16 556 百万元，同比增加 24.1%		
2011	华为对消费者、企业业务的未来发展加强投入，总期间费用率上升 1.2 个百分点，主要体现在研发费用率上升 1.9 个百分点。2011 年，华为研发费用支出为 23 696 百万元，近 10 年投入的研发费用超过 100 000 百万元		
2012	华为加大研发投入，总期间费用率上升 2.3 个百分点，其中研发费用率上升 2.1 个百分点。华为研发费用支出为 30 090 百万元，占收入的 13.7%，其中研究投入为 1 300 百万元，近 10 年投入的研发费用超过 130 000 百万元		
2013	华为研发费用支出为 30 672 百万元，占收入的 12.8%，近 10 年投入的研发费用超过 151 000 百万元		
2014	华为坚持每年将 10% 以上的销售收入投入研究与开发。研发费用支出为 40 845 百万元，占总收入的 14.2%。近 10 年累计投入的研发费用超过 190 000 百万元		

续表

年份	事件描述	概念化	范畴化
2015	研发费用支出为 59 607 百万元，占总收入的 15.1%。近 10 年累计投入的研发费用超过 240 000 百万元。由于加大了面向未来技术、研究与创新和研发平台与能力提升等方面的投入，研发费用率上升 0.9 个百分点	研发投入	研发投入增加
2016	华为坚持每年将 10% 以上的销售收入投入研究与开发。研发费用支出为 76 391 百万元，占总收入的 14.6%。近 10 年累计投入的研发费用超过 313 000 百万元		
2017	华为坚持每年将 10% 以上的销售收入用于研究与开发，持续推动 5G、云计算、人工智能、物联网等基础智能技术的突破，并积极将领先技术转型为更优、更有竞争力的产品和解决方案，为各国数字经济发展打造云、网、端协同的 ICT 智能平台		
2018	华为在研发方面投入了 1,000 多亿元，在《2018 年欧盟工业研发投资排名》中位列全球第五。华为坚持每年将 10% 以上的销售收入投入研究与开发。2018 年，研发费用支出为 101 509 百万元，约占全年收入的 14.1%。近 10 年累计投入的研发费用超过 480 000 百万元		
2019	华为坚持将年收入的 10% 以上投入研发，近几年的投入比例超过了 14%。正是得益于长期的研发投入，华为才能在很多技术领域持续领先，才能在外界巨大的压力下赢得客户的尊重和信任。华为持续加大面向未来的前沿技术探索和基础研究投入，每年投入 30~50 亿美元，坚持每年将 10% 以上的销售收入投入研究与开发。研发费用支出为 131 659 百万元，约占全年收入的 15.3%，近 10 年累计投入的研发费用用超过 600 000 百万元		

续表

年份	事件描述	概念化	范畴化
2020	持续加大研发投入，推动创新升级坚持每年将 10% 以上的销售收入投入研究与开发。近 10 年累计投入的研发费用超过 720 000 百万元。研发费用支出为 141 893 百万元，约占全年收入的 15.9%	研发投入	研发投入增加
2021	华为加大了研发投入，研发费用为 1,427 亿元，占销售收入的 22.4%，研发费用额和费用率均处于近 10 年的最高位。目前，华为研发投入在全球企业中位居第二。近 10 年累计投入的研发费用超过 8 450 亿元		
2022	研发费用支出为 1 615 亿元，占全年收入的 25.1%。近 10 年累计投入的研发费用超过 9 773 亿元		

（一）研发投入与企业技术创新动态能力的融合

企业技术创新动态能力在企业从研发投入到技术追赶绩效显现的过程中发挥着重要作用。研发投入促进企业技术积累，创新资源的增加促使企业运用动态能力进行资源整合配置，实现自主创新。企业不同的发展阶段伴随着相应的技术积累过程，技术创新从投入到产出需要一定的转化。为充分利用全球优秀人才与技术资源平台，华为在 2008 年在全球设立了 14 个研究所，在 2022 年建立了 86 个基础技术实验室，构筑其强大的研发优势。华为研发员工在 2022 年年底超过 11.4 万名，占总员工数量的 55.4%，在 2007 年占比仅为 43%。可以看出，华为在研发经费投入增加的同时，研发员工比重也在增加，体现其对研发投入的重视。与此同时，华为大力建设研发中心，实现创新资源的有效利用。

通过案例资料分析可知，华为研发投入增加主要体现在研发中心数目增加、研发员工占比提高、研发投入经费增加这 3 个方面。《华为基本法》提出，华为不仅要追求规模扩张，更要注重资源的最佳配置与获利能力提升，努力使自己更强大（许秀梅，2017）[①]。研发中心、联合创新中心的投入建设，让华为有更多

---

① 许秀梅. 技术、技术资本与价值驱动：基于华为的案例分析[J]. 财会月刊，2017, 789(5):68-73.

开展创新合作、获取创新资源的机会,这也意味着华为需要企业技术创新动态能力帮助其识别机会、调整战略。

企业研发投入为企业技术创新动态能力提供技术资源(李晓莉和于渤,2017)[①],使企业产生技术进步,企业进一步感知和识别外部创新机会实现技术创新、技术领先及技术突破,促进企业进行环境性的组织变革,将创新成果再配置的同时改善创新环境,企业技术创新应用能力得到提高。华为在技术引进阶段以聚焦客户为主,通过抓住目标客户来稳定其市场地位。在该阶段,华为的主要目标为不断加大研发投入,进行技术积累,努力实现技术领先。此时,研发投入促进企业技术创新投入能力提高。

创新资源不断积累,需要企业进一步有效利用,才能发挥其最大的效用。通过前一阶段的技术积累,在蓬勃发展阶段,华为调整企业战略,对人力资源、创新资源进行整合和配置,与业界开放合作、协同创新,通过提升企业技术创新整合能力使企业创新能力保持在领先地位。在高速发展阶段,随着市场环境的变化,企业国际化进程加快,企业规模、研发规模也不断扩大,华为需要对其能力进行全面提升。在前面的成长阶段中,华为在研发投入、资源整合上都有了一定的积累,在该阶段,如何通过企业技术创新动态能力实现企业技术的追赶和跨越成为华为首要考虑的问题。华为调整内部组织结构,通过变革管理体系、利用企业技术创新应用能力,将研发创新成果应用到企业发展进程中,以实现自身竞争力的提升。

另外,研发投入的不断增加给企业带来相应的技术进步,促使企业对创新资源加速整合,调整战略结构,企业技术创新整合能力得到增强,促进企业技术创新成果的再利用,企业技术创新动态能力的提高。企业不断增加的研发投入促使企业产生技术进步,企业技术创新应用能力得到增强,进一步通过加大投入、加速整合让企业技术创新动态能力在企业发展进程中得到动态调整,促使企业不断进行技术创新。

基于以上分析和案例资料,本研究提出命题1:企业研发投入促进企业技术创新动态能力的提高。

---

① 李晓莉,于渤.面向技术跨越的后发企业技术创新战略与技术创新能力动态演化仿真研究[J].科学学与科学技术管理,2017,38(11):83-100.

（二）企业技术创新动态能力的作用机制

1."机会窗口＋双轮驱动",进行企业技术创新投入

华为在技术引进阶段,技术基础比较薄弱,以白牌、低端定制的业务模式为主,主要通过感知和识别技术机会,购买先进技术,不断进行技术积累,缩短与先发企业的技术差距,实现企业技术追赶绩效的提高。

2008年,全球经济危机出现,华为根据其敏锐的市场触觉和对机会窗口的准确判断,建立了业界第一个LTE/SAE商用网络,推动了其全球销售额的高速增长以及产品从国内向国际的转移（杜丹丽等,2022）[1]。在手机产业战略上,华为实行精品战略,适当减少机型,根据客户需求,有针对性地在摄像、音频、功耗等功能上投入研发,实现企业技术创新动态能力的有机利用。2012年,华为发布TD版HUAWEI Ascend P1,为TD高端智能手机用户带来了新选择,同时也将时尚、便捷的掌上宽带体验带给了广大移动3G消费者。

华为用精锐的眼光识别和感知市场机会窗口,用低价来吸引消费者的注意力,设计开发出入门级产品,打入市场。为进一步抓住客户需求,华为还推出专为年轻一代设计的手机品牌——荣耀,以高性价比的优势占据了一定的市场份额。华为通过不一样的品牌定位,连接不同的消费群体,实现市场份额的不断提高。此外,华为还捕捉到技术发展的机会窗口,在2013年就提出要在2018年前至少投入6亿美元进行5G技术的研究和创新。

一个公司的动态能力的强弱决定了该公司的资源可以被调整和重新调整的速度和程度。组织必须能够不断地感知和抓住技术创新的机会,并进行周期性的转变（Teece,2016）[2]。华为充分利用企业技术创新投入能力识别技术投入、创新投入所带来的机会,使技术达到领先水平,技术积累得到突破,实现企业技术创新应用能力的提升,使与其他企业的距离不断缩小,实现自身的追赶绩效提升。

华为核心范畴"企业技术创新投入能力"资料示例如表4-4所示。

---

[1] 杜丹丽,赵丹,简萧婕.整合式创新范式下后发企业如何实现追赶性成长——基于华为纵向案例研究[J].中国科技论坛,2022,310(02):115-124.

[2] Teece D J.Dynamic capabilities and entrepreneurial management in large organizations:Toward a theory of the(entrepreneurial) firm[J].European Economic Review,2016,86:202-216.

表4-4　华为核心范畴"企业技术创新投入能力"资料示例

事件描述 （截取部分资料作为例证）	概念化	范畴化
华为建立了客户需求导向的"集成产品开发"（IPD）流程体系，将客户需求快速、准确地纳入产品版本路标规划，同时广泛采用构件化、标准化和技术共享，在产品开发过程中构筑了"速度、质量、成本"的综合优势，从而帮助客户在竞争中获得优势地位	客户需求导向	技术机会的感知和识别
华为坚持贴近客户的组织建设战略，将销售、财务和供应链等决策中心前移至各地区部，以快速响应客户需求	快速响应客户需求	技术机会的感知和识别
华为以客户需求为牵引，驱动产品开发流程，围绕提升客户价值进行技术、产品、解决方案及业务的持续创新	以客户需求为牵引	技术机会的感知和识别
为了更好地理解并满足客户需求，华为与沃达丰、英国电信、意大利电信、法国电信、西班牙电信和德国电信等多家领先运营商成立联合创新中心，把领先技术转化为客户的竞争优势	满足客户需求	技术机会的感知和识别
华为成立了专门的专业服务团队，并在全球建立了7个管理服务中心，为客户全面提供管理服务、网规网优、咨询和代维等专业服务，以帮助运营商创新业务模式，奠定竞争优势	为客户提供管理服务	技术机会的感知和识别
华为坚持客户需求驱动的持续创新，为运营商提供有针对性、有竞争力的产品与解决方案，提升TVO（总拥有价值）；此外，华为始终保持开放的心态，积极与产业链伙伴合作，营造以运营商为核心的共赢商业生态圈，确保客户的长期竞争优势	客户需求驱动	技术机会的感知和识别
通过快速捕捉客户需求和对新技术的快速掌握，华为为客户快速提供服务解决方案，并快速高质量地交付，与客户共同应对瞬息万变的市场挑战	为客户提供服务解决方案	技术机会的感知和识别

续表

事件描述 （截取部分资料作为例证）	概念化	范畴化
在新的形势下，要求企业在更高层面上来实现"以客户为中心"，不是简单地听取客户需求、解决客户的问题，更重要的是让客户参与到商业链条的每一个环节，从需求收集、产品构思到产品设计、研发、测试、生产、营销和服务等，汇集客户的智慧，企业才能和客户共同赢得未来	客户参与	技术机会的感知和识别
5G 技术开拓了运营商新蓝海，为了满足消费者不断提升的体验需求，并保护运营商的投资，华为在业内率先提出 4.5G 理念，基于现有的 4G 网络设施，引入 5G 技术进行优化，不断提升网络速率、改善用户体验，助力运营商创造蓝海，开拓更多新业务	引入 5G 技术	技术领先
华为作为唯一全部完成由 IMT-2020(5G) 推进组组织的中国 5G 技术研发试验第二阶段测试内容的厂家，以全面领先的测试成绩亮相 2017 年中国国际信息通信展览会。在过去的近两年的时间内，华为在第一阶段和第二阶段测试中均取得领先成绩。华为将继续努力，全力投入第三阶段 5G 系统验证，为 5G 在 2020 年商用的目标达成做出贡献	华为全面领先中国 5G 技术研发试验	技术领先
2012 年 1 月 18 日，华为与联通华盛联合举办"荣耀绽放极智畅享——华为荣耀 Android 4.0 暨优雅白版本首发仪式"，华为成为首个在中国市场正式发布 Android 4.0 商用版的手机品牌。华为终端 CEO 万飚出席发布仪式时说："华为荣耀能在众多明星机型中脱颖而出，率先发布 Android 4.0 商用版，让消费者体验到更人性化、更流畅、更高效的智能手机，这充分彰显了华为以用户体验为中心的核心商业理念。"	更人性化、更流畅、更高效的智能手机	技术领先
华为已实现全系列业界领先自研芯片的规模商用，包括全球首款 5G 基站芯片组天罡、5G 终端基带芯片巴龙以及终端处理器芯片麒麟 980	自研芯片规模商用	技术领先

续表

事件描述 （截取部分资料作为例证）	概念化	范畴化
在德国慕尼黑，华为正式发布HUAWEI Mate 10系列，将打开人工智能在端侧应用的大门，通过麒麟970芯片与新一代EMUI 8.0的软硬件结合使端侧智能更进一步，还配备了HUAWEI Full View Display全面屏，继承徕卡双摄优良基因并再度自我突破将光圈提升到双f/1.6	Mate 10开启智慧手机时代	技术领先
在全球ICT行业权威咨询机构GlobalData发布的2021年下半年《5GRAN竞争力分析评估报告》中，华为蝉联"领导者"桂冠。该报告对全球主流设备商的5GRAN产品进行竞争力综合排名。报告显示，华为5G产品在射频组合、基带能力、部署灵活性、技术演进四大评估维度，均以满分优势排名全球第一，这也是继2019年以来，华为5G三年蝉联全球领导者	华为5G蝉联领导者	技术领先
HUAWEI Mate X创新采用鹰翼式折叠设计，通过华为自研的革命性铰链技术，实现一体化的完美折叠形态，折叠自如，张弛有道，设计精巧，浑然一体，颠覆手机固有形态，引领科技创新方向，是一款整合了5G、可折叠屏、AI、未来交互等前沿黑科技的新物种，为消费者带来前所未有的智慧生活体验。HUAWEI Mate X将成为消费者开启5G智慧生活的第一把超级钥匙	首款5G折叠屏手机全球发布	技术领先

2. "整合资源+开放合作"，完善企业技术创新整合

经过一段时间的技术积累，华为主要通过整合创新资源，动态调整创新战略，提高竞争优势，实现企业技术追赶绩效的提高。企业技术创新动态能力有利于企业不断适应变化的动态环境。企业竞争优势的真正来源是对资源的持续不断的整合能力，资源重构能够提高企业的战略柔性，有利于企业适应环境变化以取得竞争优势（沈锭荣和王琛，2012）[①]。

---

① 沈锭荣，王琛. 企业动态能力与技术创新绩效关系研究[J]. 科学管理研究，2012, 30(2):54-58.

华为组建 2012 实验室，聚焦关键领域投入，提高智能手机产业核心竞争力，该实验室担负着提高公司研发能力、研发效率的使命。2013 年，华为智能手机业务获得历史性突破，进入全球 TOP3，手机品牌知名度全球同比增长 110%。随后，华为逐步对业务组织架构进行调整，进一步提高自身创新和技术领先的优势。在该阶段，华为与合作伙伴开放创新、共同协作，通过共建实验室、创新中心等方式，增强与合作伙伴的交流，实现更深层次的协同创新。

当企业技术积累到一定阶段时，企业技术能力会促进企业成长，企业创新资源不断增加，会挤压其他创新投入，需要对创新资源不断整合、合理配置（沈达勇，2017）[1]。华为坚持开放合作的生态理念，与徕卡合作推出双摄像头手机，引领手机摄影新潮流。以领先的合作伙伴生态为依托，华为确保自己的领先地位，开启进入互联新时代的战略模式。开放和协作的理念加快了技术的进步，华为与思爱普、谷歌、微软、英特尔等西方知名 IT 企业携手合作，其中也包括 Orange、布依格电信（Bouygues Telecom）、SFR（Altice Group）、Iliad（Free）和 TF1 等法国企业（迪克雷，2020）[2]。

创新企业与纵向合作企业的密切合作有助于其获取外部市场信息资源、技术资源。为弥补企业内部技术能力的不足，创新企业还需要与大学/研究机构、技术中介组织、知识产权机构保持密切合作，获取技术资源。虽然企业外部创新资源的获取与创新绩效有显著的正相关关系，但内部的创新资源仍是重要的创新要素（陈钰芬和陈劲，2009）[3]。华为在保持关注用户需求的同时，与业界伙伴持续开放合作、创新，保持自身的创新活力。企业需要进行高强度的投入保证技术的及时更新，华为保持创新资源利用最大化的战略，对创新投入进行合理配置，高效利用资源，保持技术创新活力（张学文等，2023）[4]。

---

[1] 沈达勇. 基于技术创新能力的中小企业内生性成长性研究 [J]. 当代经济科学，2017, 39(3): 116-123+128.
[2] 樊尚·迪克雷. 华为传 [M]. 张绚，译. 北京：民主与建设出版社，2020.
[3] 陈钰芬，陈劲. 开放式创新促进创新绩效的机理研究 [J]. 科研管理，2009, 30(4):1-9+28.
[4] 张学文，靳晴天，陈劲. 科技领军企业助力科技自立自强的理论逻辑和实现路径：基于华为的案例研究 [J]. 科学学与科学技术管理，2023, 44(1):38-54.

华为核心范畴"企业技术创新整合能力"资料示例如表 4-5 所示。

表 4-5 华为核心范畴"企业技术创新整合能力"资料示例

事件描述 （截取部分资料作为例证）	概念化	范畴化
积极扶持开发者，面向运营商和企业市场，召开首届开发者大会，并发布开发者生态战略，坚持聚焦 ICT 基础设施，向开发者开放创新领先的 ICT 能力，支持和帮助开发者业务创新，快速响应和满足客户业务需求，实现商业成功	聚焦 ICT 基础设施	整合创新资源
在公司战略指引下，华为在公司范围内推行并有效落实管理体系要求，不断强化以客户为中心、基于业务流程集成的管理体系建设，有效支撑业务的发展和持续改进。2015 年，华为聚焦 ICT 基础架构，围绕客户业务痛点与战略诉求，与合作伙伴在技术、硬件、软件、服务、上市等领域全面合作、联合创新，为客户提供创新、差异化和领先的产品与解决方案，帮助客户实现商业成功	与合作伙伴全面合作	整合创新资源
华为大力投资软件工程能力变革，打造安全可信的高质量产品。尽可能地简化产品和解决方案，落地最新的安全架构和开发思路，并逐步采用最新思路、技术组件，联合合作伙伴，升级相应的产品和解决方案。通过系统地构建韧性架构，推出分布式二进制漏洞自动挖掘平台，不断完善安全设计工具、安全编码检查云、安全测试云、Fuzz 云等工具平台，持续夯实安全工程能力，帮助客户安全地实现数字化，为客户创造价值	投资软件工程能力变革	整合创新资源
华为消费者业务稳扎稳打，率先采用最新技术成果，不断强化时尚领先的工业设计与架构设计优势，与供应链伙伴合作创新，以全面构建核心能力的耐力长跑方式，实现追赶和超越	与供应链伙伴合作创新	整合创新资源

续表

事件描述（截取部分资料作为例证）	概念化	范畴化
华为研发组织包括位于深圳的研发部门，以及全球17个研发中心。华为还与领先运营商成立了20多个联合创新中心，开放合作，不断提升解决方案的竞争能力	联合创新	整合创新资源
坚持开放式技术创新，促进产学研合作共赢，将技术创新与标准相结合，通过开放、合作逐步融入全球标准及产业体系	促进产学研合作共赢	整合创新资源
充分利用全球创新资源，走开放式创新道路，吸纳世界范围内的专业人才共同开展研究工作，整合工业界的问题、学术界的思想、风险资本的信念，共同创新，让创新成果为全人类、全产业共享，照亮世界，也照亮华为	充分利用全球创新资源	整合创新资源
华为将多年来在ICT行业中积累的经验、技术、人才培养标准等贡献出来，联合教育主管部门、高等院校、教育机构和合作伙伴等各方生态角色，通过制定人才标准、建设人才联盟、传播人才价值，构建开放、合作与共赢的良性ICT人才生态	构建人才生态	整合创新资源

3. "组织变革+战略聚焦"，实现企业技术创新应用

随着环境的不断变化，企业相应的创新战略也要进行动态调整。华为在尊重中国企业文化的前提下，学习、适应和整合美国的方法[①]，调整公司结构，改善公司治理，通过组织结构渐进性变革，将企业创新资源动态整合，实现企业技术创新应用能力的提升。华为对内通过横向组织、纵向管理、技术资源管理和项目管理，对人员进行垂直循环和横向循环，得到成长；对外与上下游供应商构成开放型矩阵式的管理模式；通过管理，形成流程标准化、制度化、简单化的内部组织，使华为的主业务流程更加流畅（王喆，2021）[②]。企业在各个发展阶段都倾向于

[①] 樊尚·迪克雷. 华为传[M]. 张绚，译. 北京：民主与建设出版社，2020.
[②] 王喆. 创新生态系统构建视阈下创新型企业的技术决策、技术突围与竞争优势培育——基于华为的技术战略研究[J]. 科学管理研究，2021, 39(3):91-99.

维持其现有的能力水平，能力不会自动提升，企业需要制定相应的战略来发展自身的技术能力（王芳和赵兰香，2015）[①]，企业技术创新动态能力的作用是提升企业的技术变革能力（熊胜绪等，2016）[②]。华为紧紧抓住技术变革契机，在经历一段时间的积累发展后，完善员工激励保障体系、推动计算创新和变革、完善生态链体系、优化公司组织运营管理体系，以适应不断变化的外部环境，促进企业技术创新与企业技术创新动态能力的相互融合。为顺应 ICT 行业技术融合，华为进一步推进组织变革，从客户、产品、区域三维度为客户创造价值。

当发展遭遇瓶颈或需要战略调整来应对外界环境的变化时，企业可通过优化组织结构满足组织创新和变革的要求，使组织架构适应新业务需求，为企业注入新的活力（张学文等，2023）[①]。华为在发展关键阶段，都根据动态变化的环境调整组织结构，实现环境适应性的组织变革。2012 年，华为开展项目管理和知识管理变革，建立以项目经营为基础的管理文化，对相关流程、组织、资源分配机制、考核机制等进行调整，使每个项目成为自主经营的个体，推行功能部门和项目间的资源"买卖机制"，提升组织效率。同时，华为在全球 13 个国家建立了 12 个能力中心和 22 个共享中心，支撑公司全球化战略和卓越运营。2017 年，华为进一步优化管理体系，推动流程运作与过程管理的简化，差异化管理人才，构建公司与人才同创共赢的事业平台。为应对新技术的广泛应用所带来的风险，华为拓展现有流程和治理体系，提高应对风险的能力同时，通过改善创新环境助力企业技术创新应用能力提升。

华为不断优化公司管理、研发机构、组织运营体系，组织的优化调整，让华为持续不断的研发投入得到高效的利用，激发组织创新活力。创新不只是研发部门的责任，需要将其纳入企业整体发展的战略规划，用战略创新引领技术创新和

[①] 王芳，赵兰香. 后发国家（地区）企业技术能力动态演进特征研究——基于潜在转换分析方法 [J]. 中国软科学，2015, 291(3):105-116.
[②] 熊胜绪，崔海龙，杜俊义. 企业技术创新动态能力理论探析 [J]. 中南财经政法大学学报，2016, 216(3):32-37.
[①] 张学文，靳晴天，陈劲. 科技领军企业助力科技自立自强的理论逻辑和实现路径：基于华为的案例研究 [J]. 科学学与科学技术管理，2023, 44(1):38-54.

管理创新（尹西明等，2019）[①]。华为在企业技术追赶绩效的不断提升过程中，通过战略调整、组织结构优化不断产生环境适应性的组织变革，企业技术创新动态能力始终在发挥作用。

华为核心范畴"企业技术创新应用能力"资料示例如表4-6所示。

表4-6 华为公司核心范畴"企业技术创新应用能力"资料示例

事件描述 （截取部分资料作为例证）	概念化	范畴化
优化公司组织运营管理体系，形成了以ICT基础设施业务管理委员会、消费者业务管理委员会、平台协调委员会为主体的业务与平台管理机制，进一步精简职能机关组织，加大对区域、研发及各层组织的组织调整、干部任用的授权，激发一线组织的创造活力	优化公司组织运营管理体系	环境适应性的组织变革
持续优化公司治理架构，完善相关治理组织和角色的设计，理顺公司治理运作机制，构建"能坚持以客户为中心、能促进公司业务持续发展、能有效管理内外重大风险"的安全底座	持续优化公司治理架构	环境适应性的组织变革
顺应ICT行业技术融合的大趋势，进一步推进组织变革，简化管理，下移管理重心，实现客户、产品和区域三个维度组织共同为客户创造价值，对公司的有效增长、市场竞争力的提升和客户满意度负责	为客户创造价值	环境适应性的组织变革
在公司年度业务计划与预算过程中，以平衡计分卡为组织绩效管理工具，通过战略解码，将公司战略目标转变为各层组织的组织绩效目标，并通过层层述职、员工个人绩效承诺管理、加强组织及个人绩效结果运用等方式，保证公司、组织、个人目标的一致性和全体员工对战略的有效理解和支撑落实	组织绩效管理	环境适应性的组织变革

[①] 尹西明，陈劲，海本禄. 新竞争环境下企业如何加快颠覆性技术突破？——基于整合式创新的理论视角 [J]. 天津社会科学，2019，228(5):112-118.

续表

事件描述（截取部分资料作为例证）	概念化	范畴化
基于各业务的优秀实践，华为构建了包括运营流程、使能流程和支撑流程在内的完整流程体系，通过流程确保质量、内控、网络安全、信息安全、业务连续性，以及环境、健康、员工安全、企业社会责任等要求融入市场、研发、交付和服务、供应链、采购等各领域业务，并实现全流程端到端贯通；通过发展领导力、全员参与、六西格玛推行、质量度量与内外部审核评估，推动各业务体系持续改进	构建运营体系	环境适应性的组织变革
经过多年的持续建设，华为已在采购、制造、物流及全球技术服务等领域建立了从供应商到华为、从华为到客户的端到端业务连续性管理（BCM）体系，并通过建立管理组织、流程和IT平台，制定业务连续性计划及突发事件应急预案，开展员工BCM培训及演练，提升各组织BCM意识和应对突发事件的能力，确保对日常业务风险的有效管理	提升应对风险的能力	环境适应性的组织变革

由上述分析可知，华为在企业技术追赶过程中通过企业技术创新投入能力、企业技术创新整合能力、企业技术创新应用能力这3个子能力之间的相互推进，使研发投入获取的创新资源得到整合、利用，使企业的技术创新能力得到整体提升，促使企业技术追赶绩效的不断提升，使企业得到成长。

华为持续加大研发投入，通过构建开放创新的科研人才培养平台，吸收外部创新知识，推动行业联合创新，同时吸收、整合内外部创新资源，提升整合内部产品能力，实现自身商业价值的提高，从而提高企业技术追赶绩效。企业可以通过技术创新获得新的知识和能力（史宝娟和索贵彬，2007）[1]。吸收能力对技术创新和创新绩效有促进作用，同时企业可以加大科研经费投入，改善经费投入结

---

[1] 史宝娟，索贵彬.基于动态能力的中小企业技术创新战略选择[J].工业技术经济，2007，165(7): 96-98.

构来提高吸收能力（陶锋，2011）[①]。较强的企业技术创新动态能力可以让企业在技术创新机会的识别、创新资源的利用、创新知识的吸收上更具优势，而不断加大的研发投入能让企业获得更多的学习机会。

基于以上分析和案例资料，本研究提出命题2：企业技术创新动态能力对企业技术追赶绩效有促进效应。

通过核心范畴间的逻辑分析及上述分析，本研究得出了企业技术创新动态能力视角下，研发投入与企业技术追赶绩效的影响机制，如图4-2所示。

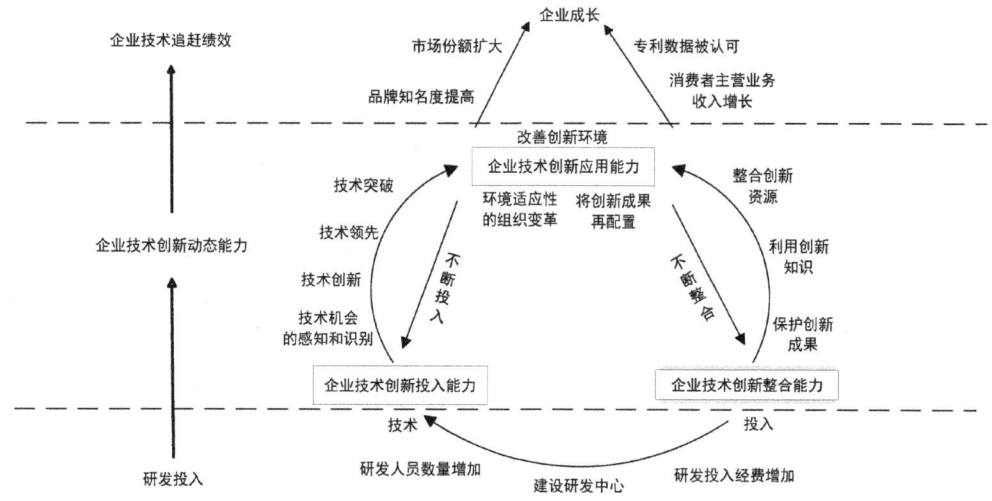

图4-2 研发投入与企业技术追赶绩效的影响机制

四、小结

本研究运用单案例分析方法，探究企业技术创新动态能力视角下，研发投入与企业技术追赶绩效的影响机制。本研究选取华为作为研究对象，利用扎根分析的有关理论，通过案例分析归纳出企业技术创新动态能力的核心范畴，并提出有关命题、构建影响机制（图4-2），得出以下两个主要结论。

一是企业技术追赶绩效提升的前提是研发投入与企业技术创新动态能力的融合。经过多年的发展，华为凭借敏锐的市场洞察力和开拓进取的创新精神，已

[①] 陶锋. 吸收能力、价值链类型与创新绩效——基于国际代工联盟知识溢出的视角[J]. 中国工业经济，2011, 274(01):140-150.

经成为我国领先的科技企业。在面临较大经营压力的情况下，华为持续加大研发投入，加强多种技术的协同创新，通过研发投入与企业技术创新动态能力的融合，提升自身产品的核心竞争力，逐步实现企业的追赶。

二是企业技术追赶绩效提升的动力是企业技术创新动态能力的积累。企业只有充分利用技术创新动态能力才能促进技术追赶绩效的最大化提升。华为通过企业技术创新投入能力感知和识别技术机会，实现技术创新，达到技术突破和领先，同时企业技术创新整合能力有利于华为整合丰富的创新资源、利用创新知识和保护创新成果。研发投入的增加，企业研发创新资源不断累积，企业进一步改善创新环境，将创新成果再配置，同时进行环境适应性的组织变革。通过企业技术创新动态能力3个子能力的相互作用，推动企业技术追赶绩效提升。

第三节　小米案例分析

一、小米案例描述

（一）小米简介

小米成立于2010年4月，由有丰富的互联网领域创业及投资经历的企业家雷军创立。雷军的成长史与创业史正好与中国互联网发展脉络相契合，雷军是一位极富企业家精神的企业家（雷军等，2022）[①]，他看到了移动互联网发展的趋势，以及作为移动互联网终端的智能手机的前景，同时致力于借助技术创新与商业效率的提升将手机相关科技产品普及。

2007—2010年是传统手机到智能手机技术范式的转变时期。2010年，出于对移动互联网发展趋势的判断，小米决定从手机这个移动互联网最重要的终端入手构建自身商业体系。小米定位为以智能手机、智能硬件和IoT平台为核心的消费电子及智能制造公司。作为一家科技公司，小米创立仅7年时间，年收入就突破了千亿元。截至2022年，小米的业务已经进入全球100多个市场。截至2021

---

① 雷军，徐云洁. 小米创业思考[M]. 北京：中信出版社，2022.

年9月底，小米的5G标准专利声明份额全球排名第13位[①]。截至2022年9月30日，小米在全球范围内拥有的专利超过2.9万项。这些成就的背后体现的是其对有限资源高效利用的能力，其中最重要的是借助技术创新动态能力将有限的研发投入转化为更高的技术创新绩效与技术追赶绩效的能力。

在互联网科技公司的定位下，小米专注于通过技术的改进与应用给手机业务带来竞争优势。在内部，小米重视管理效率的提升、技术创新文化的引导以及创新规划；在外部，小米通过跟用户、政策以及供应链的交互进行获取充分需求和技术信息，减少其研发成本，提高技术创新的成功率。

小米发展大事记如图4-3所示。

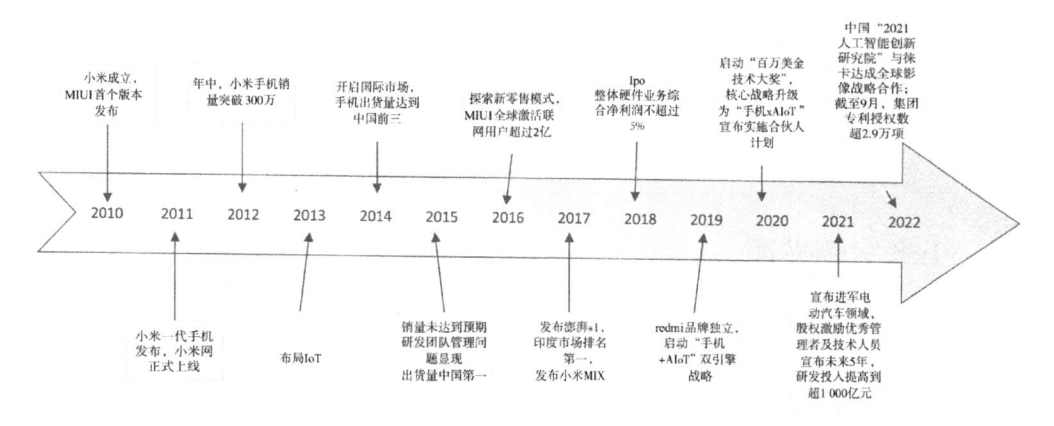

图4-3 小米发展大事记

资料来源：根据观察资料以及小米官网数据整理

（二）小米发展阶段划分

有学者将后发企业追赶分为市场追赶与技术追赶两种类型（Lee and Lim，2001）[②]，经过对小米资料的分析，结合本章研究问题，即研发投入对后发企业技术追赶绩效影响研究，本书主要从研发投入、市场份额、技术能力3个维度将小米的发展阶段分成了3个阶段。第一个阶段是2010—2014年。在这一阶段，

[①] Lplytics.Who is leading the 5G patent race?[R/OL].Berlin：Lplytics,2021:3[2023-5-10].

[②] Lee K, Lim C. Technological regimes, catching-up and leapfrogging: findings from the Korean industries[J]. Research policy, 2001, 30(3): 459-483.

小米依靠商业模式的创新在 4 年之内取得很多成绩,从 2012 年手机销量破百万到 2014 年手机出货量达到中国前三,销量一路飙升。在这个阶段,小米利用其互联网思维形成一套商业模式,运用资金以及供应链优势打造"性价比",吸引了大量的注意力,同时形成了被称作"米粉"的独特群体。但是这个阶段的小米研发投入不高,技术能力还比较孱弱。第二个阶段是 2015—2020 年。在 2015 年遭遇销量危机差点进入"死亡螺旋"后。逐渐发现商业模式是可以被人模仿的、供应链并不完全可靠、自身的技术能力是决定公司存在与发展的核心(雷军和徐云洁,2022)[①]。从 2015 年开始,小米的研发投入不论是绝对值还是占营业收入的比例都在逐步增加(图 4-4),其创新开始由利用性创新向探索性创新转变(吴晓波等,2019)[②]。第三个阶段是 2021 年至今。在这个阶段,智能手机业务已呈现出疲软之态,小米手机市场份额基本稳定,研发投入突破百亿元,已经构建了一定的技术体系并拥有了自主研发能力,进入稳定探索期。

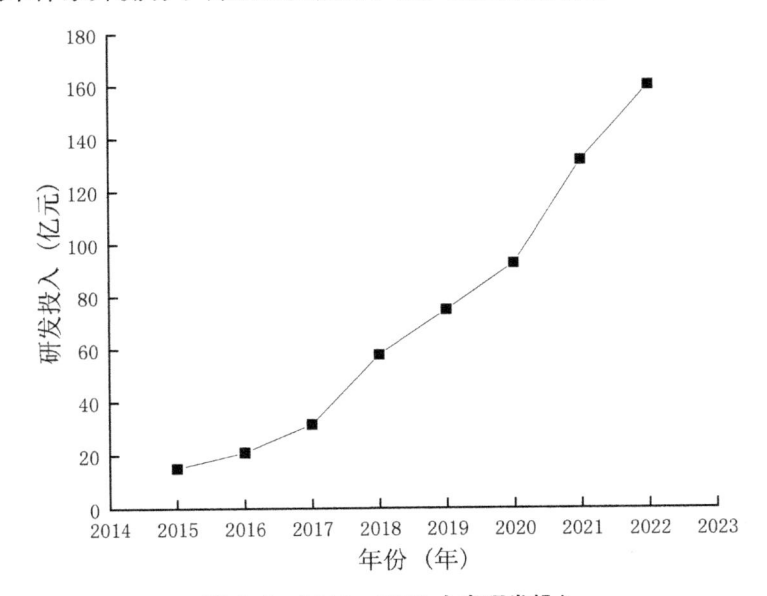

图 4-4　2015—2022 小米研发投入

数据来源:根据公司年报以及招股说明书数据整理

[①] 雷军,徐云洁. 小米创业思考 [M]. 北京:中信出版社,2022.
[②] 吴晓波,付亚男,吴东,等. 后发企业如何从追赶到超越?——基于机会窗口视角的双案例纵向对比分析 [J]. 管理世界,2019,35(2):151-167+200.

二、分析过程

为了从技术创新动态能力视角探究研发投入对小米技术追赶绩效的影响,本书采用扎根理论方法对资料进行深层次的编码分析,自下而上地不断识别概念,抽象出可以统领全局的高层次概念并识别出这些高层次概念之间的联系,从而进行实质性理论的建构。为保证研究的便利与研究过程的记录,本书主要借助质性分析软件 Nvivo12 进行编码与备忘录撰写记录。

(一)开放性编码

开放性编码是对资料中的现象贴概念标签并将概念标签,进一步抽象、聚合形成范畴。在开放式编码过程中,要不断地进行概念与资料、概念与概念、概念与理论的比较与分析,从而发展出主范畴。通过对小米资料的分析,本次开放式编码共识别出 240 个现象标签,又将现象标签对比、聚合形成了"用户交互""组织力量""技术立业"等 97 个概念,再对概念进行梳理对比形成了 64 个范畴。开放性编码示例如表 4-7 所示。

表 4-7 开放性编码示例

资料	现象标签	概念化	范畴化
小米极度重视与用户的交互,拥有独特的粉丝文化。被称为"米粉"的用户遍及全球,数量巨大,具有高度黏性,能够积极参与小米产品开发和改进。(小米知识产权与创新白皮书与观察资料)	粉丝文化	跟用户交互	开放式创新
从创业之初,小米就在美国圣迭戈派驻团队跟高通总部研发团队进行联调开发。(小米创业思考) 我们会和上游生产企业一起投入研发新的工艺,对生产线进行改造,甚至还会投资,帮助其建立新的生产线。(书籍资料:小米生态链战地笔记)	跟上游厂商合作研发	合作创新	

续表

资料	现象标签	概念化	范畴化
因为于澎涛而设立的硅谷办公室，后来成为华米的人才宝库，那里汇聚了一批在硅谷的优秀华人。（书籍资料：小米生态链战地笔记）我（雷军）觉得（技术积累）其实主要是在人身上。我觉得小米的8个创始人平均年龄43岁，平均20年工作经验。其中8个里面有5个在国外和跨国公司工作，生活15年以上。在国外啊，我觉得大家严重低估了我们在技术上的积累，整个公司除了客户服务以外，几乎80%的人都是工程师，所以在我们这里技术是最被重视的。（访谈）	重视人才	重视技术人才	技术文化
因为对"快"的片面追求，而没能下决心及时对团队进行调整，解决当时已经存在的硬件研发团队管理问题，由此造成了产品规划、交付等系统能力的严重落后，这是我们犯下的最严重、最致命的错误。小米早期忽视了品牌的系统性建设，一些关键决策做得比较轻率。比如，红米手机的命名，在2018年我们进行复盘时，发现这是个极其严重的错误。（小米创业思考）	问题识别	问题识别	内部环境识别
小米自2020年开始设置"百万美金技术大奖"。2022年2月，北京小米公益基金会宣布正式启动"小米青年学者"公益项目，计划捐赠5亿元，分5年覆盖100所高校。本项目致力于资助高校青年教师及科研人员，稳定支持在科学领域取得突出成绩且具有明显创新潜力的青年人才，鼓励他们潜心从事科研与教学工作。小米内部有"青年工程师股权激励计划"用来激励青年工程师进行技术创新。（小米官网）	奖励技术人员	激励技术创新	激励技术创新

续表

资料	现象标签	概念化	范畴化
小米工程师文化鼓励创新，对各种创新成果给予奖励。公司内部设有黑客马拉松、技术嘉年华等丰富的工程师文化活动，并设置"年度百万美金大奖"，对年度创新团队予以奖励。2021年，小米启动"青年工程师激励计划"，700余名青年工程师通过该计划获得共计1604.2万股股票。（小米知识产权与创新白皮书）	奖励技术人员	激励技术创新	激励技术创新
我们仔细分析了能为这个社会做什么。12年前的中国已经成了世界工厂，但当时国货的品质还不够好，偶尔有做得好的，价格却贵得离谱。那个时候的我们也的确无知无畏，尽管没有任何硬件经验，依然觉得自己能做点事情推动中国制造业的转型升级。梦想如何落地？我们看到了一个巨大的机会：智能手机2007年iPhone发布，智能手机时代真正拉开帷幕。2009年，谷歌发布了开源的手机操作系统安卓，同年9月，第一款安卓手机G1发布。尽管当时安卓手机体验还很粗糙，但我认为安卓一定会成功，因为我看好开源。于是，我们决定在安卓操作系统基础上做智能手机。（小米创业思考）	看到智能手机的机会	机会识别	外部环境识别
所以我有一个观点啊，所有世界上的互联网巨头都是人工智能公司。嗯，今天你去问每家公司都在做这个，今天每个啊大规模、大一点规模的互联网公司都在做人工智能。因为不做不行，不做你就会被弄，你就会被淘汰。所以今天呢我们啊特别像六七年前几乎每家公司都要做移动互联网一样的。嗯，就这个技术革命来的速度远超想象。（乌镇访谈）	技术趋势	技术趋势识别	

续表

资料	现象标签	概念化	范畴化
在 2013 年年底，我看到了智能硬件和 IoT 的发展趋势。当然，那个时候只是看到发展趋势，而 IoT 成为真正的现实至少还需要 5 年或是 8 年。我们决定，用小米做手机成功的经验去复制 100 个小小米，提前布局 IoT。……在我们布局 IoT 的同时，也是为绕开 BAT 这三座大山。（小米生态链战地笔记）	万物互联趋势	商业趋势与技术趋势	外部环境识别
2016 年左右，基于对 AI 技术的理解和判断，小米迅速集中"兵力"投入 AI 赛道。小米 AI 实验室目前拥有计算机视觉、声学、语音、自然语言处理、知识图谱、机器学习等 6 个研究方向的团队。（小米创业思考）	进入 AI 赛道	机会开发	
"小米畅快连"使用户上网体验大幅提升。"小米妙享"技术打通小米智能设备间协同互动功能，用户的小米手机成为智能生活控制中心，家庭内不同设备间内容可以顺畅流转，体验获得极大升级。为打造更稳定的联通能力，2020 年 11 月，小米发布了物联网嵌入式软件平台 Xiaomi Vela。Xiaomi Vela 在各种物联网硬件平台上提供统一的软件服务，打通碎片化的物联网应用场景，使得不同的智能设备与小米 AIoT 平台具有更好的连接性。 在万物互联业务起步之前，2012 年，小米就在互联互通领域进行专利布局。2013 年，小米进入管理、接入控制等领域的研究。2014 年及之后，随着智能设备扩展，小米针对多个智能硬件的管理、多设备用户控制等方面进行专利布局。截至 2022 年 9 月 30 日，小米在全球范围内拥有互联互通领域相关专利超 2000 项。核心技术自研和知识产权保护，充分巩固了小米在万物互联领域的领跑地位。（小米知识产权与创新白皮书）	提前布局 AIoT	机会开发	机会开发

续表

资料	现象标签	概念化	范畴化
截至目前，小米技术研发进入12个技术领域，包括5G移动通信技术、大数据、云计算及人工智能，同时基于智能制造，进入机器人、无人工厂、智能电动汽车等领域，总体细分领域达98项。依据第三方报告，截至2021年9月底，5G标准专利声明份额全球排名第13位。截至2022年9月30日，小米在全球范围内拥有的专利超过2.9万项。（小米知识产权与创新白皮书） 时至今日，基于庞大的业务布局，小米已经建立起一个覆盖极广、跨度极大、深度极深的技术体系。其中，最基础、最关键、技术密度最大的有五大板块。（小米创业思考）	知识产权成果	技术成果	技术能力

（二）主轴性编码

主轴性编码主要是通过不断的比较，发现初始范畴之间的因果、时间顺序、情境、过程等关系，进而使得初始范畴联系起来并形成初步的故事线和主范畴。所谓主范畴就是"处于中心"的范畴，它们可以借由一定的分析策略将故事串联起来。本书采用"条件/行动/结果矩阵"作为分析策略将范畴联系起来以进一步挖掘范畴的含义（科宾和施特劳斯，2015）[①]。其中条件提供一种对"为什么""哪里""如何""发生了什么"这些问题的回答进行概念化分类的方法，行为是指主体对于事件所作出的反应，结果是行动的结果。如开放性编码形成"内部环境识别""外部环境识别""内部资源配置""外部资源配置""机会开发""创新策略"等初始范畴，并通过条件/行动/结果矩阵将它们统一在"技术创新动态能力"主范畴之中，具体叙述为技术创新动态能力在企业资源有限的前提下，影响着小米作为一个后发追赶的科技公司的技术追赶绩效，乃至整个公司的生死

---

① 科宾，施特劳斯.质性研究的基础：形成扎根理论的程序与方法[M].朱光明，译.重庆：重庆大学出版社，2015.

存亡，通过环境识别获得需求、技术以及政策方面的信息，基于公司定位充分利用信息进行资源配置与策略的调整，结果是技术追赶的效率提高。同样，"公司定位""技术创新绩效"等主范畴也基于类似方式方法生成，主轴编码共生成24个主范畴，示例如表4-8所示。

表 4-8 主轴编码示例

主范畴	副范畴		
	条件	行动	结果
技术创新动态能力	内部环境识别、外部环境识别	内部资源配置、外部资源配置、创新策略调整、机会开发	效率
公司定位	技术立业	研发边界、商业模式	公司战略
技术追赶	环境识别	研发投入	技术追赶绩效

（三）选择性编码

选择性编码是要在主范畴当中找出核心范畴，核心范畴是在主范畴之中居于逻辑与事实中心的范畴，它们与其他范畴有各种各样的联系。选择性编码主要就是通过系统地发现与验证主范畴之间的关系，并把尚未发展完备的范畴补充整齐的过程（科宾和施特劳斯，2015）[①]。通过选择性编码可以找出一个或少数几个可以简明扼要地说明全部现象的核心范畴，即故事线。在此次选择性编码通过对24个主范畴的持续的互动与比较中，发现"内部环境识别""外部环境识别""内部资源配置"都是在描述"技术创新动态能力"范畴，于是将这些概念统一在"技术创新动态能力"中，形成"小米善于识别内外部环境，根据内外部环境制定技术创新策略，同时借助于管理效率调整自身资源的配置"这一故事线。

类似地，将"激励技术创新""创新文化""研发投入""技术人才"等范畴进行反复的识别与对比，将这些范畴统一在"研发投入"之中，形成"小米重视对技术研发的投入，同时非常注重对人才的采用与培养，在对创新的充分激

[①] 科宾，安塞尔姆. 质性研究的基础：形成扎根理论的程序与方法 [M]. 朱光明，译. 重庆：重庆大学出版社，2015:97.

励与宽容条件下，小米形成了良好的创新文化"的故事线。"技术立业""企业战略""研发边界"都是在描述"公司定位"，小米定位为一家以智能手机、智能硬件和 IoT 平台为核心的消费电子及智能制造公司。科技公司须遵循技术立业的铁律，同时根据公司定位，小米确定了自身的研发边界与企业战略。此外，"市场份额""技术成果""口碑""技术体系""创新文化""技术追赶绩效"可以统一在"技术追赶绩效"范畴之中，"知识产权保护""创新文化""信用管理""运营情况良好"等可以归纳在"技术创新的良性循环"范畴当中。最后再对"研发投入""技术创新动态能力""技术追赶绩效""公司定位""技术创新的良性循环"几个范畴进行比较，发现"技术创新动态能力"居于核心位置。核心范畴提取过程示例如图 4-5 所示。

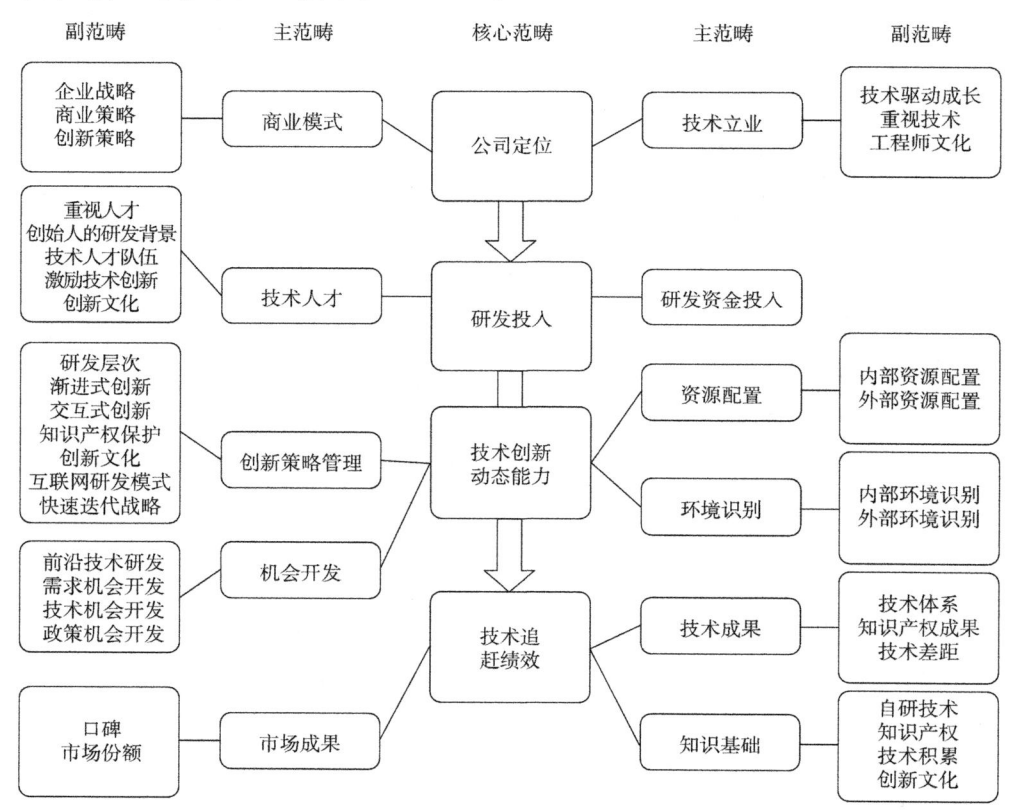

图 4-5 核心范畴提取过程示例

小米创业初期，是一个充满挑战和机遇的时期。2010 年 4 月 6 日，小米公司正式成立，创始人雷军带领着一群有梦想的年轻人，开始了他们的创业之路。在互联网时代，企业家雷军通过几段创业与投资经历，在40岁决定根据自己对互联网的判断创办小米公司，在小米公司定位为一家科技公司与企业战略明确的前提下，一开始由于商业模式的创新，小米获得了一定的市场成就，而后2015年的销量危机让小米更加重视自有技术，开始逐步增加自身的研发投入。随着研发投入的不断增加，小米不断获得发展，借助其技术创新动态能力，小米的技术追赶绩效不断增加。通过技术创新与商业模式的协同作用，小米实现了技术创新的良性循环。小米的发展历程，是一部科技史上的奇迹。它见证了中国科技产业的崛起和发展，也展现了中国创业者的智慧和勇气。

三、小结

（一）商业模式与技术协同创新

关于商业模式创新与技术创新关系的研究受到了很多学者的关注，只有商业模式创新与技术创新相互配合时，企业才能获得更多的利益（Teece，2010）[1]。刘建刚和钱玺娇（2016）通过对小米的案例分析发现了商业模式与技术的协同创新效应[2]，与本书通过三级编码得出的结论一致，小米准确地识别并抓住了机会。小米从商业模式创新起步，逐渐积累其技术优势并促进商业的进一步发展，形成技术创新的良性循环。这个过程中，商业模式创新与技术创新是协同的。雷军基于对互联网时代创业机会的识别以及他本人的工作与创业经历，通过清晰的"企业定位"，将小米定位为一家以智能手机业务为核心的科技公司，通过网罗软硬件的人才组建小米公司。利用"极致、专注、口碑、快"和跟用户形成"参与感、交互、反馈"的关系两点为代表的互联网思维可以实现颠覆式的创新。在有清晰的"公司定位"之后，小米前期通过MIUI等产品以及与用户的交互对市

---

[1] Teece D J.Business models,business strategy and innovation[J].Long Range Planning, 2010, 43(2-3):172-194.
[2] 刘建刚，钱玺娇."互联网+"战略下企业技术创新与商业模式创新协同发展路径研究——以小米科技有限责任公司为案例[J].科技进步与对策，2016, 33(1):88-94.

场需求进行了识别，而后通过"自有设计团队""研发团队"进行研发与设计，并通过整合供应链将生产进行外包的生产模式、B2C 电商和轻资产的运营模式、网络营销的销售方式，进行"效率革命"给手机的制造和营销效率带来了巨大的提升，制作出了具有"极致性价比"的智能手机，快速地吸引客户与建立口碑。在 2013 年年底，看到了智能硬件和 IoT 的发展趋势，将其视为盈利突破与未来商业模式基础，开始用"投资+孵化"的方式布局生态链，形成了庞大的小米生态链体系。

技术能力是开发出性价比产品的前提，也是进行开放式创新与用户或供应链企业进行交互的前提，小米的商业模式要想做出口碑，需要技术能力的支持，商业模式又为小米进行技术创新提供动力。在有了一定的商业与技术积累后，技术创新又开始促进商业模式的改进。在硬件领域，小米首发全面屏手机，引领了设计潮流；在软件领域小米的 MIUI 系统、相机算法等技术以及软硬结合的快速充电技术等都为小米的商业模式运转提供了动力基础。因此有如下路径：前期借助机会窗口以及利用式技术进行商业模式的创新，再利用技术创新为小米商业模式的运转与创新带来动力。小米重视口碑，积极进行品牌扩散与传播，制作出具有极致性价比的超预期产品，这需要足够的低价高质以及与众不同的独特设计。要做到这些，一方面小米需要与客户、供应链、政策进行交互，另一方面小米需要强化对现有技术的利用与自身技术的创造，这就对小米的技术能力提出了更高要求。另外，技术能力还为小米生态链的构建提供了基础。

由此提出命题 1：商业模式创新为后发企业顺利进入市场提供了可行路径，并给技术创新提供了动力与资本基础，技术创新反过来又给商业模式的平稳运行与创新提供了基础。商业模式与技术协同创新，为公司的正常运营与发展奠定了基础，形成了技术创新的良性循环。

（二）研发投入的基础作用及技术创新动态能力的调节作用

研发投入是企业开展研发活动必要的创新投入资源，是企业技术创新系统的基础要素。现代创新越来越复杂，所需要的知识密度、人才数量以及组织力量越来越大，研发投入成了技术创新的前提与关键、重要支撑力量。已有的大量研究已经证实，研发投入对高新技术企业经营绩效有正向相关关系（郭秀强和孙延明，2020；杜勇等，2014）[①]。研发投入的另外一个重要的研究方向是关于研发投入的影响研究。有研究发现，创始人的技术背景（彭红星和毛新述，2017；李四海和陈旋，2014）[②]、对高管的股权激励（王燕妮，2011）[③]与公司治理（陈丽霖和冯星昱，2015）[④]对研发投入都有正向相关关系。同时技术创新动态能力对研发投入资源的利用以及技术追赶绩效具有重要作用。这些在小米案例中都有充分的体现。技术创新动态能力被认为是一种使企业的资源、流程、惯例等基本单元与环境相匹配从而获得竞争优势的技术变革能力（熊胜绪等，2016）[⑤]。研发投入是企业资源配置的重要体现，技术创新动态能力是使得研发投入得到充分利用并产生更大技术追赶绩效的一种能力。前文已经讨论了小米定位为科技公司，其技术能力是其实现公司战略目标的必要条件，在利用商业模式实现一定的市场成果之后，技术能力的重要性就愈发凸显出来，小米在2015年遭遇的危机就是对这一点的一个例证。在2015年，一方面是由于小米的商业模式可复制性强，因此被其他厂商大量模仿，其性价比优势遭到巨大阻力，从而导致公司遭遇生存危机；另外一方面是由于公司初期发展迅猛，在业务扩大过程中疏忽了研发的投入（雷军和徐云洁，2022）[⑥]，从2015年开始小米的研发投入基本每年都在增长，但相对于华为、苹果等厂商差距依然显著。在手机市场当中，小米的市场

[①] 郭秀强，孙延明. 研发投入、技术积累与高新技术企业市场绩效 [J]. 科学学研究，2020, 38(09): 1630-1637.

[②] 彭红星，毛新述. 政府创新补贴、公司高管背景与研发投入——来自我国高科技行业的经验证据 [J]. 财贸经济，2017, 38(03):147-161.

[③] 王燕妮. 高管激励对研发投入的影响研究——基于我国制造业上市公司的实证检验 [J]. 科学学研究，2011, 29(07):1071-1078.

[④] 陈丽霖，冯星昱. 基于IT行业的治理结构、R&D投入与企业绩效关系研究 [J]. 研究与发展管理，2015, 27(03).

[⑤] 熊胜绪，崔海龙，杜俊义. 企业技术创新动态能力理论探索 [J]. 中南财经政法大学学报，2016(03):32-37.

[⑥] 雷军，徐云洁. 小米创业思考 [M]. 北京：中信出版社，2022.

份额以及知名度一直处在前列，一个重要原因就是小米的技术创新动态能力强。接下来将通过"扎根"出来的概念对小米的技术创新动态能力进行阐述，同时对其技术创新动态能力对研发投入到技术创新绩效与技术追赶绩效的路径进行尝试性的描述。

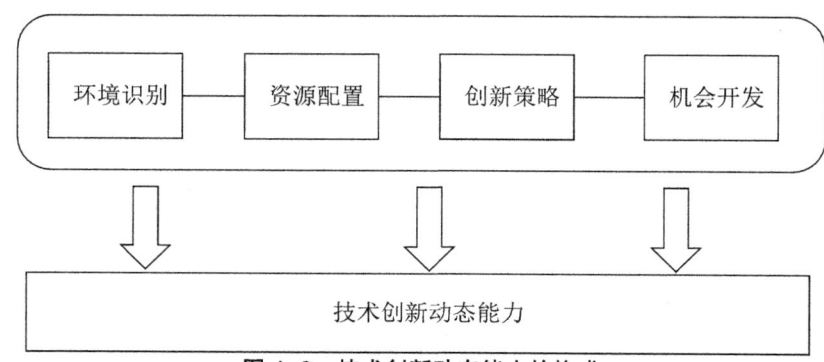

（三）小米技术创新动态能力的构成

理论的建构并不是凭空捏造，而是需要不断对已有的理论进行对比。扎根理论不前设理论，但是在分析过程中对资料与理论或者经验进行对比是得出新结论或发现理论不足的必要条件（科宾和安施特劳斯，2015；陈向明，1999）[①]。结合第一章梳理的关于动态能力以及技术创新动态能力的研究，结合扎根识别以及提炼出的概念，总结出小米的技术创新动态能力可分为：环境识别能力，资源配置能力，机会开发能力、创新策略的规划与执行能力，如图4-6所示。作为后发企业其知识水平、资金积累以及营销网络的水平一般都低于在位企业。后发企业通过后发优势以及独特的商业模式进入市场，利用技术的边际创新快速固定用户，但是商业模式的创新以及技术的边际创新容易被模仿，后发企业如何通过技术创新动态能力对以研发投入为主的技术资源进行高效的利用进而获得较高的技术产出绩效，并将技术绩效反映在其整个商业模式运行当中，是摆在我国智能手机行业后发企业面前最重要的问题之一。

图4-6 技术创新动态能力的构成

---

① 科宾，安塞尔姆.质性研究的基础：形成扎根理论的程序与方法[M].朱光明，译 重庆：重庆大学出版社，2015.

第四章　研发投入对企业技术追赶绩效影响的案例研究

环境识别能力是技术创新动态能力的重要组成部分。市场环境是企业外部环境的重要组成部分，通过对技术条件、需求条件和产业条件等市场环境的识别，进而通过技术创新与价值网络的重构，后发企业可以完成颠覆式创新基础的建构（王金凤等，2020）[①]。小米起步于中国智能手机行业发展的快速崛起时期，基于对移动互联网发展趋势的判断，以及对互联网时代消费企业与消费者交互性更强的特征，小米从商业模式对价值网络的重构入手，以手机为核心业务吸引用户，后基于对物联网发展趋势的判断，构建小米生态体系，进一步完善了商业模式，提升了品牌知名度和用户黏性。具体地，企业家的眼光、开放式创新的模式，以及互联网研发模式都是其外部环境识别能力的来源，小米对业务的选择、生态链企业的投资与合作以及业务的开发都显示出了其强大的外部环境识别能力。本研究还发现小米具有强大的内部环境识别能力，以小米2015年的销量危机为例，小米在销售业绩未达标彻底陷入"死亡螺旋"前，识别出公司内部的一系列管理问题，为之后危机化解节约了大量的时间与成本。

技术创新动态能力的第二个组成部分是资源配置能力。资源受限的后发企业在识别到内外环境后如何用最小成本（如配置成本、沟通成本等）进行资源配置，以及如何使资源的配置与使用所产生的绩效达到最大，都是对资源配置能力的考验。在小米案例中，其内部管理追求扁平化风格，这使得其组织中的人员管理与调整能力、信息的传递能力比较强，减少了进行资源配置的成本。加之小米与用户以及供应链企业、生态链企业的交互，需求以及技术相关信息的获取能力很强，信息获取成本大大降低。在环境识别能力的支持下，其资源配置的针对性更强，同时资源配置成功获利的可能性也更大。

技术创新动态能力的第三个组成部分是创新策略的规划、实施及调整能力。小米在对内外部环境充分识别与判断后做出的创新策略具有针对性，划分了技术的层次，根据技术对企业发展战略的重要性进行不同层次的研发，形成更适合自身的技术体系，根据已有技术水平制定了开放式创新与渐进式创新的策略。同时

[①] 王金凤，于飞，冯立杰，等. 市场环境影响下颠覆式创新实现路径研究——基于小米公司案例的扎根分析 [J]. 科技进步与对策，2020, 37(5):1-9.

小米还有浓烈的创新文化氛围以及创新资源调配的能力以便实施其创新策略，如"小米的股权激励计划""百万美金技术大奖""设立小米技术委员会"，以及知识产权成果等都在一定程度上代表了创新策略的实施能力，而随时根据现实情况对创新策略进行调整是其创新策略管理能力的又一重要体现。

技术创新动态能力的最后一个组成部分是机会开发能力，环境的精准识别与判断再加上高效率的资源配置能力，为加快机会开发的速度以及提高机会开发的成功率奠定了基础。在小米案例中，其产品开发部与研发部以及供应链高度连接，为快速开发创造了条件，互联网开发模式使得机会开发的成功率大大提高，同时快速迭代的战略使得其开发的产品顺利得到价值的实现或者得到修正。

（四）小米研发投入到技术追赶绩效的路径

研发投入在得到有效利用的前提下可以产生创新绩效，但仅有研发投入并不会带来技术的赶超（仝自强等，2022）[1]。不同企业相同的研发投入会产生不同的绩效，出现此类现象的一个重要原因是不同企业的技术创新动态能力不同。小米作为定位为科技公司的后发追赶企业，其各类资源均受限，同时由于在位者存在技术垄断，难以从技术上进行赶超。小米通过环境识别能力抓住机会窗口，从而借助商业模式实现价值重构创新入场，而后在技术上采用渐进式、开放式创新策略，充分吸收与利用外界的知识信息，在准确识别市场需求的前提下，以需求为导向实施快速迭代战略，同时充分利用本身已有以及后发优势，加强主导设计，稳固市场地位。在实现商业运转后，小米不断创新和变革，在强大的技术创新动态能力的支持下，研发投入利用效率屡创新高，赢得了市场和用户的认可。研发投入到技术追赶绩效的路径如图 4-7 所示。

---

[1] 仝自强，李鹏翔，杨磊，等.商业模式创新与技术创新匹配性对后发企业绩效的影响——来自年报文本分析的实证研究 [J].科技进步与对策，2022, 39(11):84-93.

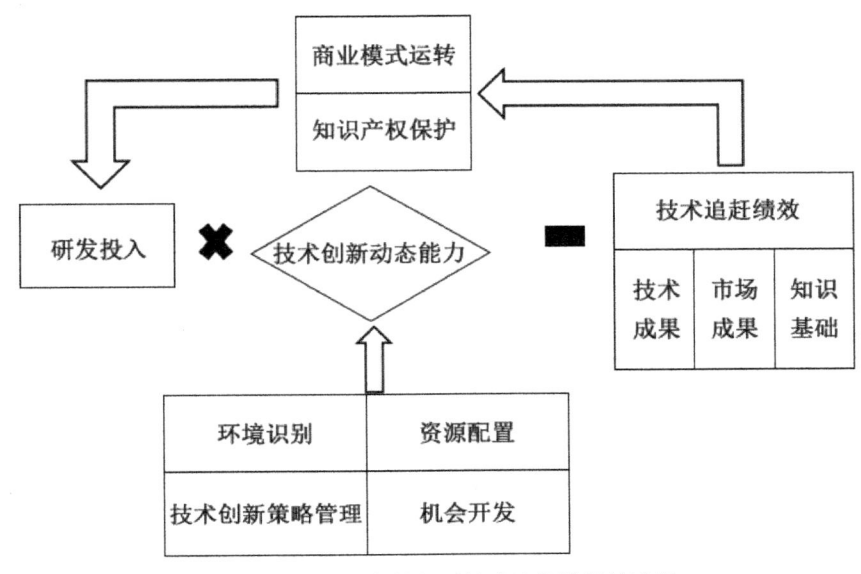

图 4-7　小米研发投入到技术追赶绩效的路径

(五) 小米技术追赶的高绩效与保持

小米的追赶绩效主要体现在市场成果、技术水平以及知识基础 3 个方面。在市场成果方面，小米自成立以来市场份额基本上持续增长，2021 年全球市场份额突破 10% 后一直保持在 10% 以上，全球手机出货量排名稳居前列[1]，小米的知名度较高以及口碑较好。2018 年 7 月 9 日，小米成功在香港主板上市，成了港交所首个同股不同权的上市公司，创造了香港史上最大规模科技股 IPO，以及当时历史上全球第三大科技股 IPO。在技术水平上，截至 2022 年年底，小米技术研发进入 12 个技术领域，包括 5G 技术、大数据、云计算及人工智能，同时基于智能制造，进入机器人、无人工厂、智能电动汽车等领域，总体细分领域达 98 项。在这些领域中，小米积累了丰硕的知识产权成果，依据第三方报告，截至 2021 年 9 月底，5G 标准专利声明份额全球排名第 13 位。截至 2022 年 9 月 30 日，小米在全球范围内拥有的专利超过 2.9 万项。在知识基础上，截至 2022 年 9 月，

---

[1] 小米. 小米官网公司简介 [EB/OL]. [2023-06-10].

小米的研发人员占比达到48%[①]，小米的专利数量达到一定规模，同时在企业内部代表着创新文化的工程师文化一直都受到极大的重视。

小米之所以可以实现持续的技术追赶，离不开研发投入、技术创新动态能力、对知识产权的保护以及商业模式创新与正常运转。商业盈利是企业创新的起点也是归宿，小米的技术追赶绩效就是产生在一个后发企业认清现实环境，进行策略式的逐利与逐梦的过程之中的。

由上述内容提出以下两个命题。

命题1：研发投入是企业实现技术追赶的基础资源。

命题2：技术创新动态能力对研发投入到追赶绩效具有正向的调节作用。

第四节　研发投入影响企业追赶绩效的路径与机制

一、研发投入与技术创新密不可分

研发投入是企业进行技术创新活动的基础资源，在高新技术领域，研发投入对技术积累的重要性不言而喻，已有研究表明，研发投入对于高新技术企业的市场绩效也有重要作用（郭秀强和孙延明，2020）[②]，研发投入与研发强度、高新技术企业的技术水平以及市场绩效呈正向相关关系。本书中的两个案例也得出了同样的结论，华为与小米都非常重视研发投入。对于小米来说，研发投入带来的技术能力是其实现商业模式的基础，在其年报、高管访谈等资料中都提及研发投入是非常重要的，并且加大了研发投入。对于华为来说，研发投入是企业技术追赶绩效提升的前提。华为每年坚持把10%的收入用于研发，持续将研发投入转化为企业发展的内在动力。

积极进行研发投入使企业在市场上能抓住发展先机，迅速占领市场并获得竞

[①] 小米集团．小米知识产权与创新白皮书[R].(2022-12)[2023-06-04].

[②] 郭秀强，孙延明．研发投入、技术积累与高新技术企业市场绩效[J/OL].科学学研究，2020,38(9):1630-1637.

争优势（陈收等，2015）[①]。时至今日，智能手机行业通过市场的竞争与筛选，在份额排行榜排名靠前的企业都重视研发投入并且重视自有技术。研发投入不足，一方面导致技术受制于人，对供应链企业的议价能力较弱，手机制造成本高；另一方面，导致对技术的选择权力小。

通过本书中两个案例的分析可知，研发投入是智能手机企业应对复杂多变的市场环境并进行技术赶超的前提。

二、技术创新动态能力与知识基础推动技术追赶绩效

21世纪以来，随着经济飞速发展，我国的市场环境也发生了剧烈变化，许多企业的发展甚至生存受到了严重威胁，市场竞争成为每家企业必须面临的挑战。在激烈的市场竞争中，企业为了保持可持续发展能力，跻身行业领先地位，就必须增加技术创新动态能力，实现技术创新，从而提升企业绩效。

仅有研发投入并不能实现技术追赶，尤其对于后发企业来说更是如此。从本书中两个案例的对比结果来看，研发投入的持续增加并不能显著产生技术创新，技术创新动态能力的有效利用是产生高技术追赶绩效的重要条件。技术创新动态能力有两类：一是企业的内部变革，包括组织变革、创新策略变革等；二是企业对于外部环境的识别与机会开发，包括对机会窗口以及基于"主导设计"变换的小窗口的识别与利用对于市场需求以及厂商竞争的快速回应等方面。华为与小米在技术追赶过程中体现出的技术创新动态能力有很大的相似性，两个企业都有适合自身的商业模式与创新战略，在对环境识别后可以对公司战略与技术创新策略进行调整。两者在技术创新动态能力上的相似性在一定程度上表明，技术创新动态能力的积累与运用是技术追赶绩效较高企业的共同特征。

技术知识基础是提高技术追赶绩效的重要条件，企业拥有的技术知识基础影响着企业的学习能力以及企业在市场中竞争的基础能力。从案例编码结果来看，在头部企业占据绝大部分市场份额的行业中，技术创新的目的是实现商业上的

[①] 陈收，邹增明，刘端.技术创新能力生命周期与研发投入对企业绩效的影响[J].科技进步与对策，2015, 32(12):72-78.

成功。要想实现商业上的成功,自然需要技术的领先。知识基础与技术创新动态能力同时影响着研发投入使用效率,研发投入使用效率在一定程度上又体现为技术追赶绩效。因此,技术创新动态能力与知识基础可以推动技术追赶绩效。

在华为经历了1989年断货危机、2001年IT寒冬以及2019年美国制裁危机3次危机,小米经历了2015年销售危机之后,两个企业都越来越将技术视为关系企业生死存亡的变量。两个企业都非常重视研发投入与研发活动,并且重视通过合理的组织运作与商业战略配合技术创新战略,从另一个角度来看,也就是通过技术创新动态能力与知识基础充分利用研发投入,最终的结果也如现实所见到的,华为在被美国打压后依然可以制造出新的5G通信设备,小米在手机业务保持的前提下,利用已有的技术与资金开始探索新的领域。

三、商业模式推动的技术赶超态势

合理的商业模式与技术创新相互促进,是技术追赶持续进行乃至于技术超越的重要条件。商业模式的正常运转是企业的研发投入活动可以充分运行的前提,华为与小米立足于本土市场构建商业模式并制定公司战略,这是这两个企业可以保持技术追赶并有技术超越态势的重要条件。

技术创新的本质是通过引入新的思想、方法、工具和技术来解决问题或改进现有的产品、服务或流程,最终实现其商业价值。可以说,商业模式的选择与实现是企业技术创新动态能力的集中体现,商业模式的选择包含着对公司内外环境的判断,包含着对企业知识基础的认知。商业模式的实现需要充分借助企业的动态能力,其中最重要的是技术创新动态能力,通过技术创新动态能力对各类机会窗口加以利用,最终实现技术的追赶。

苹果、三星等先发企业,非常重视研发投入,其研发投入并不少于我国后发追赶企业,技术创新的动态能力并不逊色(方晓波,2013;吴晓波等,2006)[①]。我国智能手机后发企业得以进行持续性的技术赶超的关键是什么呢?

[①] 方晓波.从动态能力视角分析企业创新管理能力——以苹果公司为例[J/OL].企业经济,2013, 32(8):76-79.

通过对华为、小米的案例分析，本研究认为，我国智能手机后发企业之所以可以在技术轨道形成之后进行技术赶超，根本原因是企业商业模式可以充分抓住机会窗口以及基于"主导设计"变换的小窗口，具体体现在华为以及小米的商业模式都充分利用我国的产业政策窗口、巨大的市场需求以及几次换机潮，加上我国较为成熟的供应链体系，在充分利用这些窗口以及利用式创新获得一定量的市场份额后，又利用本土品牌优势以及主导设计进行价值网络的重构，锁定用户群。这种商业模式使得企业盈利稳定，可以保证有充足的研发资金以及研发积极性进行持续性的技术创新与技术赶超。

第五章 研发投入与企业追赶绩效的影响机制研究

第一节 理论分析与假设提出

一、研发投入对企业追赶绩效的直接影响分析

熊彼特在 1912 年出版的《经济发展理论》中提出，创新是经济波动和商业循环的主要原因，创新带来了新的投资机会，创造了新的产品和服务，从而推动经济增长。创新包括新产品的开发、新市场的开辟、新的生产工艺与流程、新的组织形式的创立以及建立新的原材料或半成品供应的来源等[①]。这些创新不仅包括组织、流程创新，还包含技术创新。

研发投入的主要目标是创造新的知识、产品、技术或服务，或者对现有的进行改进，以提高企业的竞争力、效率和市场份额。新型研发机构根据依托单位和建设主体的不同，可分为政府主导型、大学主导型、科研院所主导型、企业主导型、共建型等。在我国，研发活动一般由政府、企业、大学和研究机构主导。对于企业而言，大量的研发投入一般是为了追逐长期回报和企业的可持续发展，而并非短期利润。当前有关研发投入与追赶绩效的文献大致分为两个方面：有学者认为企业的研发投入与企业的追赶绩效呈正相关关系，也有部分学者通过实证研究表明研发投入与追赶绩效呈负相关关系。Chen 等人（2012）通过研究中国台湾的

---

① 熊彼特. 经济发展理论 [M]. 北京：商务印书馆，1997.

电子信息企业，发现研发项目绩效与其决定因素之间的关系并不总是线性的，而是呈倒 U 型关系[①]。Mank 和 Nystrom（2001）研究了计算机行业企业研发支出与股东价值变化之间的关系，发现研发支出的回报率在递减，研发支出与实际股东回报之间存在着负相关关系[②]。吴霞（2015）认为企业的研发投入与企业的绩效呈显著的正相关关系[③]，即一个企业的研发投入越多，企业的市场价值或者说企业所占市场份额相对越大。反之，当一个企业的市场规模越大，企业为了稳固其市场领导者地位，往往也会增加研发投入。有学者通过对我国中小板上市公司的实证研究发现，无论是研发投入还是专利数量都与创新呈正相关关系（苟燕楠和董静，2014）[④]。

此外，由于企业的研发投入强度和研发溢出效应对企业的技术效率有积极影响，企业的市场份额与技术效率呈正相关关系，企业的市场份额越大，这些企业作为行业的领导者，为了维持其先发优势和长期利润，往往会越注重研发投入。而随着企业的研发投入越多，企业占市场份额越大，利润率越高，追赶绩效越显著。基于此，本研究提出如下假设。

假设 5-1：研发投入会对后发企业的追赶绩效产生影响，且后发企业的研发投入量越大，追赶绩效提升越高。

二、研发投入对企业追赶绩效的间接影响分析

（一）研发投入对企业技术创新动态能力的影响

在经济全球化背景下，随着科学技术的高速发展，外部环境日新月异，产业变革乃大势所趋。在此情境下，为了在变化莫测的外部环境中获得持续竞争优势，

[①] Chen Y S, Chang K C, Chang C H. Nonlinear influence on R&D project performance[J]. Technological Forecasting and Social Change, 2012, 79(8): 1537-1547.

[②] Mank D A, Nystrom H E. Decreasing returns to shareholders from R&D spending in the computer industry[J]. Engineering Management Journal, 2001, 13(3): 3-8.

[③] 吴霞. 创业板上市公司高管薪酬、研发支出与企业价值相关性研究[J]. 云南大学学报（社会科学版），2015, 14(4):68-71+112.

[④] 苟燕楠，董静. 风险投资背景对企业技术创新的影响研究[J]. 科研管理，2014, 35(2):35-42.

企业的技术创新动态能力是关键因素。徐宁和徐向艺（2012）把技术创新动态能力定义为企业持续性地增加创新投入，带来相应的技术创新产出，并具备将新技术进行创新转化的能力[①]。而作为企业的核心环节之一，研发投入对企业的技术创新、产品升级和竞争实力有着至关重要的影响。研发投入可以提供必要的研发设备和技术支持，从而激发企业内部的创新活力，较高的研发强度可以提供充足的资源和人才支持企业的技术创新，帮助企业建立系统化的创新流程和组织文化。

已有研究表明，研发投入的增加，通常会带来更多的创新产出，同时还能使企业吸引到更多专业人才、获取到珍贵的管理经验以及提升企业的创新文化氛围。这意味着，研发投入不仅能直接增强企业的技术创新能力，还通过提高企业的知识基础、组织能力和企业文化，间接增强企业的技术创新动态能力。因此，合理的研发投入对提升企业技术创新动态能力至关重要，企业应加大研发投入，并注重培养企业的知识、组织和文化，以实现持续的技术创新。同时，政府和相关机构也应为企业提供研发投入的支持和激励，促进技术创新和经济发展。

综上，本研究发现研发投入不仅能为企业的技术创新活动提供强大支持，还可以提升企业的技术创新动态能力。通过外部技术的吸收和消化能力，企业不仅可以模仿先进技术，还可以在此基础上进一步改进和创新，缩小与行业前沿企业的技术差距，甚至通过持续性的技术改进和产品创新，在某些领域获得技术领先地位，从"模仿别人"变成"被别人模仿"，从模仿者转变为创新者。基于此，本研究提出如下假设。

假设5-2：研发投入对后发企业的技术创新动态能力具有正向促进作用。

（二）研发投入对知识基础的影响

资源基础观认为，企业知识基础是显性知识、隐性知识、组织能力以及企业文化等方面的知识和能力的总和（Grant，1996）[②]。赵士英和洪晓楠（2001）按

[①] 徐宁，徐向艺. 控制权激励双重性与技术创新动态能力——基于高科技上市公司面板数据的实证分析 [J]. 中国工业经济，2012(10):109-121.

[②] Grant R M. Toward a knowledge-based theory of the firm[J]. Strategic management journal, 1996, 17(S2): 109-122.

照知识获取和传递的难易程度对知识进行了分类,他们将知识划分为显性知识和隐性知识[1]。在研发活动中,新的知识和技术会产生,这些知识经过验证后,就形成了企业的显性知识和技术。Pakes(1985)通过研究美国公司研发投入、专利和股票市场回报率这三者之间的关系,发现研发投入的增加会显著增加企业的专利申请数量[2],而这些专利又能为企业提供知识产权保护,形成企业特有的显性知识。

隐性知识是指研究人员在解决问题和探索新方法时积累的大量实践经验。这些实践经验,一方面可以提高研究人员的专业技能和解决复杂问题的能力;另一方面可以帮助企业建立和加强其学习和适应新技术或市场变化的能力,促使企业不断优化其创新流程,从而提高整体的创新效率和效果。

为了获取外部的知识和技术,企业会通过研发合作、技术引进或联盟等方式与外部组织合作(张利飞等,2021)[3]。而复杂的研发项目往往需要不同部门或领域的专家合作,在合作过程中,可能会导致知识溢出(赵勇和白永秀,2009)[4],同时也能够促进跨部门或跨学科的交流和合作,从合作者身上学到新技术和管理经验。

综上可知,首先,研发投入可以增加企业的知识存量,研发活动本身就是知识的创造和积累过程,较高的研发强度意味着企业可以获得更多的专利、科研成果等知识产出(孙金花和杜娇,2018)[5]。这些知识产出直接丰富了企业的技术基础,为后续的技术创新提供源头。其次,研发投入使企业获得更多高质量的科研人才,充足的研发资金支持能吸引更多顶尖人才加入,并且激励员工全身心投入创新活动,而优秀的人才往往是技术创新的关键所在。最后,研发投入的增加,

---

[1] 赵士英,洪晓楠. 显性知识与隐性知识的辩证关系 [J]. 自然辩证法研究,2001(10):20-23+33.
[2] Pakes A. On patents, R & D, and the stock market rate of return[J]. Journal of political economy, 1985, 93(2): 390-409.
[3] 张利飞,符优,虞红春. 技术引进还是合作研发?——两种研发国际化模式的比较研究 [J]. 科学学研究,2021,39(3):471-480.
[4] 赵勇,白永秀. 知识溢出:一个文献综述 [J]. 经济研究,2009,44(1):144-156.
[5] 孙金花,杜娇. 时滞效应视角下风险投资、R&D 投入与知识产出的动态均衡关系——基于协整与 VECM 模型的实证分析 [J]. 科技进步与对策,2018,35(15):9-15.

还能够加强企业与其他组织的合作交流,在这个过程中,由于存在着知识或技术溢出效应,企业的知识基础会进一步加深。基于此,本研究提出如下假设。

假设5-3:研发投入对企业的知识基础有着正向促进作用,企业的研发投入越多,企业知识基础越丰富。

(三)知识基础与企业追赶绩效

为了成功实现追赶,后发企业需要建立自己的创新能力。这意味着后发企业不仅要吸收外部技术,还要在此基础上进一步创新。而研发投入作为企业创新的核心驱动力,对于那些技术落后的企业,特别是在发展中国家,不仅是赶上技术领先企业的手段,也是实现自主创新和突破的关键。研发投入的增加还能促使企业拥有更完善的创新环境与流程,包括实验设备、信息系统等创新硬件,以及项目管理、知识管理等创新软件,这些都有助于提高企业的技术创新效率。

随着研发投入的增加,企业在研发过程中会积累大量的技术知识以及管理经验。同时研发投入也不是一个单向的过程,往往会涉及与其他企业的合作或多个部门的共同参与。在这个过程中,企业也会吸引更多优秀的人才和积累更丰富的合作经验。长此以往,随着企业的技术知识、人才、管理经验不断累积,最终形成一个良性循环,企业会逐步占据市场份额,获得更高的利润率。基于此,本研究提出如下假设。

假设5-4:企业知识基础越丰富,越能够提高自身追赶绩效,实现赶超的可能性越大。

(四)技术创新动态能力与企业追赶绩效

技术创新动态能力被定义为企业在面对外部环境变化时,对技术机会的感知和识别能力、整合创新资源的能力和环境适应性的组织变革能力(熊胜绪等,2016)[①]。它是指企业持续进行技术创新,把各种资源整合再配置并商业化的能力,它反映了一个企业在快速变化的市场中,持续通过技术创新获得竞争优势

[①] 熊胜绪,崔海龙,杜俊义.企业技术创新动态能力理论探析[J].中南财经政法大学学报,2016(3):32-37.

的能力。技术创新动态能力既包含企业在组织结构、过程、人员等方面的创新与重新配置能力，也包括识别新的市场机会、整合各种资源、商业化技术创新的能力。它是企业获得持续竞争优势的重要源泉，使企业能够持续推出新产品或服务，以满足客户不断变化的需求。同时，技术创新动态能力也能够帮助企业提高生产效率，降低生产成本。因此，拥有强大的技术创新动态能力被视为企业保持长期竞争力的关键。

已有研究表明，企业组织的技术创新动态能力能显著提高企业的技术追赶绩效。Cheng 和 Chen（2013）从吸收能力、组织惯例理论和开放式创新理论视角，论证了企业技术创新动态能力对企业的技术创新具有正向影响[1]。Nathaniel（2015）以钢铁行业为案例研究，将企业技术创新动态能力定义为促进和支持其创新战略的组织的综合特征，他发现企业技术创新动态能力与创新绩效呈正相关，创新性组织的建立不仅要牢牢把握技术与市场的匹配，还需要嵌入企业自身的吸收能力和创新能力[2]。马艳艳等人（2023）基于投入、产出和转化3个维度衡量了企业的技术创新动态能力，发现技术创新动态能力对企业绩效具有正向影响[3]。基于此，本研究提出如下假设：

假设5-5：企业技术创新动态能力对后发企业的追赶绩效有着正向促进作用，企业技术创新动态能力越强，追赶绩效提升越显著。

（五）研发投入、知识基础、技术创新动态能力与企业追赶绩效

通过前文的分析表明，研发投入对企业知识基础和企业技术创新动态能力都存在显著影响。企业知识基础越丰富，为技术创新提供的源头就越充足，推动技术进步的力量就越强大。企业知识基础主要来源于自主研发的专利、科研成果等，

---

[1] Cheng C J, Chen J S. Breakthrough innovation: the roles of dynamic innovation capabilities and open innovation activities[J]. Journal of Business & Industrial Marketing, 2013, 28(5): 444-454.

[2] Nathaniel C O. The dynamics of technological innovation capability on new product development and industry's performance: A study of Nigerian Iron and Steel Industry[J]. Journal of Business Management and Economics, 2015, 3:1-8.

[3] 马艳艳，刘洁，范佳颖．数字化转型、技术创新动态能力与企业绩效——来自中国装备制造上市企业的经验证据[J]．产业经济评论（山东大学），2023, 22(1):24-45.

这些知识储备为企业的持续技术创新提供支持。知识基础越丰富，企业创新效率越高，追赶绩效也会越好。

此外，尽管研发投入对技术创新绩效有着正面影响，但并不是所有的研发投入都会带来预期的回报，投入与产出之间的关系会受到多种因素的影响，如研发团队能力、市场动态、技术的成熟度和外部环境变化等。技术创新动态能力直接影响企业知识基础转化为技术创新的效率。技术创新动态能力越强，企业识别技术机会、整合创新资源、商业化技术创新的能力就越强。当知识基础相同时，动态能力强的企业更可能取得更好的技术追赶绩效。知识基础提供素材，动态能力驱动变革，两者共同提升了企业对前沿技术的吸收和应用能力，缩短了与竞争对手的技术差距，提升了技术追赶绩效。丰富的知识基础和强大的技术创新动态能力有助于企业提高技术追赶绩效，是企业实现技术进步的关键。基于此，本研究提出如下假设。

假设 5-6：研发投入通过企业技术创新动态能力间接作用于企业追赶绩效。

假设 5-7：研发投入通过知识基础间接作用于后发企业追赶绩效。

第二节 研究设计

一、样本选取与数据来源

本研究选取华为、小米、苹果等智能手机企业来研究我国智能手机行业的发展现状。这些智能手机企业中，既包含以苹果、华为为代表的研发投入量大的领先企业，也包括像 2014 年才创立的研发投入相对较少，但充满发展潜力的小米。因此研究不同智能手机企业的研发投入对其追赶绩效影响机制，对于后发企业的赶超具有深刻的借鉴意义。本研究主要以专利作为企业知识基础和企业技术创新动态能力的衡量指标，为了减少"僵尸"专利对指标测度的影响，本研究主要选用企业申请的发明专利来衡量企业知识基础和技术创新动态能力。

本研究数据来源于相关部门的官方网站、不同企业的年报和行业权威统计库。

具体来源如下：①企业利润率、企业规模等数据主要来源于各公司年报，并根据相关行业权威报告进行了补充，对于外国公司，从统计数据当天的汇率（1美元≈6.85元）为基准进行统一单位为元数据处理；②专利数据来源于Pat Snap智慧芽，检索时间截至2022年12月31日；③智能手机市场份额数据来源于IDC官网、前瞻数据库和智能手机数据权威统计机构Counterpoint。收集到的数据整理分布较均匀合理，初步符合预期假设。

二、指标构建、变量定义与模型设定

（一）追赶绩效指标的构建

科学的评价体系是衡量追赶绩效指标的基础，参考李京文等人（2019）的研究，本研究采用熵值法来构建追赶绩效指标[①]。在确定指标体系权重的方法中，最常用的是主观赋权法和客观赋权法。主观赋权法是评价者根据主观的重视程度来决定各指标权重的方法，这样给出的权重缺乏客观的科学依据，影响了指标的可靠性。因此，本研究采用客观赋权法中的熵值法对指标体系进行赋权，它的优点在于能根据每个指标的熵值及所包含的信息量来确定该指标所应赋予的权重，这样可以有效避免主观因素的影响，使建立的追赶绩效指标更加可靠。具体步骤如下。

（1）在运用熵值法计算指标权重时，为了消除量纲差异和数量级差异带来的影响，保证结果的可靠性以及数据间的可比性，根据本研究需要对数据进行正向化处理。

$$X'_{tij} = \frac{X_{tij} - X_{\min}}{X_{\max} - X_{\min}} \quad （5-1）$$

式中 X'_{tij} 为标准化后的指标值，X_{tij} 表示第 t 年第 i 个智能手机厂商第 j 项指标的原始数据，$X_{\max}$ 和 $X_{\min}$ 分别表示第 j 项指标的最大值和最小值。

[①] 李京文，杨正东，杜时雨. 技术进步对智能手机产业发展影响研究 [J]. 价格理论与实践，2019(04):21-24.

（2）计算标准化后第t年第i个智能手机厂商第j项指标X'_{tij}所占的比重p_{tij}。

$$p_{tij} = \frac{X'_{tij}}{\sum_{i=1}^{n} X'_{tij}} \qquad (5-2)$$

（3）计算第j项指标的信息熵e_j。

$$e_j = -\frac{1}{\ln nm} \sum_{t=1}^{r} \sum_{i=1}^{m} p_{tij} \ln p_{tij} \qquad (5-3)$$

并计算第j项指标差异系数d_j。

$$d_j = 1 - e_j \qquad (5-4)$$

（4）计算第j项指标的权重ω_j。

$$\omega_j = \frac{d_j}{\sum_{i=1}^{n} d_j} \qquad (5-5)$$

（5）计算各智能手机厂商追赶绩效指数的综合得分，将各个指标的标准化取值与对应的权重相乘后累加，计算过程如下。

$$S_{ti} = \sum_{j=1}^{m} (\omega_j X_{tij}) \qquad (5-6)$$

式中S_{ti}为智能手机厂商i第t年的追赶绩效指标，即本研究的被解释变量。

（二）变量定义

1. 被解释变量

本研究的被解释变量为追赶绩效。目前，学术界对追赶绩效的衡量指标大多从专利申请量、市场份额、利润率、新产品销售收入增长率等维度进行选择。本研究结合智能手机行业的特点以及数据的可获取性，参考高菲等人（2014）[①]的

[①] 高菲, 王玉荣, 刘晓辉. FDI双重溢出效应对创新追赶绩效的影响机制——基于高技术产业的实证分析[J]. 技术经济, 2014, 33(7):1-8.

研究，选择年度市场份额和期末净利润率来构建追赶绩效指标。

2. 解释变量

本研究的解释变量为研发投入，研发投入作为企业技术创新的核心驱动力，它是企业或组织为了研究、开发新技术、新产品或新过程而进行的投资，这种投资既可以包括研发资金投入，也可以包括人力和其他资源投入。本研究参考杨敏和陈泽明（2023）[①]的研究，把当年企业用于各项项目的研发费用进行加总，并取对数，数据来源于各公司年报和行业权威数据库。

3. 中介变量

（1）技术创新动态能力

本研究的中介变量为技术创新动态能力，参考马艳艳等人（2023）[②]的研究，本研究从企业的吸收能力和创新能力这两个维度来衡量企业的技术创新动态能力，并采用熵值法来构建技术创新动态能力这一指标，其中吸收能力用专利申请量来衡量，创新能力用高被引专利数来衡量。

（2）知识基础

本研究借鉴于茂荐和陈舒月（2023）的研究方法，选定知识基础作为中介变量[③]。由于各企业成立时间和发展规模不同，因此企业本身所拥有的知识基础也不同，而知识基础差异性又决定了它们未来创新的方向与方式，是决定其赶超效果是否显著的重要影响因素。因此，本研究在衡量知识基础多元度时，选取专利引证数大于等于30的专利。

4. 控制变量

本研究借鉴了孙笑明等人（2023）[④]、马文聪等人（2017）[⑤]的研究方法，将

[①] 杨敏，陈泽明. 企业研发投入、知识生态与价值创造[J]. 统计与决策，2023,39(15):172-177.
[②] 马艳艳，刘洁，范佳颖. 数字化转型、技术创新动态能力与企业绩效——来自中国装备制造上市企业的经验证据[J]. 产业经济评论，2023, 22(1):24-45.
[③] 于茂荐，陈舒月. 客户导向、技术知识基础多元化与企业创新绩效[J]. 科技与管理，2023, 25(2):70-79.
[④] 孙笑明，魏迎，王巍，等. 组织内合作网络与超越追赶阶段企业创新绩效——组织间合作网络的调节作用[J/OL]. 科技进步与对策，2023,40(24)：111-122.
[⑤] 马文聪，李小转，廖建聪，等. 不同政府科技资助方式对企业研发投入的影响[J]. 科学学研究，2017, 35(5):689-699.

企业年龄、企业规模作为控制变量。企业年龄会影响追赶绩效，一般来说，一个企业成立的时间越长，其技术与知识储备越多，追赶效果越显著；相反，一个企业成立的时间越短，人才、技术与知识储备不足，其实现赶超难度越大。所以本书选择企业年龄作为控制变量，用当年减去公司注册年+1，并取自然对数。同样，企业规模的大小也会在一定程度上影响追赶绩效，所以本研究用企业每年度末总资产的平均数来衡量企业规模。同时，还控制了年份虚拟变量。本研究具体的变量定义和描述如表5-1所示。

表5-1 相关变量的设计及说明

类型	变量名	符号	单位	定义（测量）
因变量	追赶绩效	Cat	/	选取每家企业年度市场份额和期末净利润率来构建追赶绩效指标
自变量	研发投入	ln RD	亿元	选择企业当年的研发投入总和，并取对数
中介变量	技术创新动态能力	DCT	/	利用吸收能力和创新能力来构建综合指标。吸收能力用专利申请量来衡量；创新能力用高被引专利数来衡量
中介变量	知识基础	ln or	个	or表示专利引证数大于等于30的专利，自变量为ln（or+1）
控制变量	企业规模	ln Cz	亿元	用企业每年度末总资产的平均数来衡量，并取对数
控制变量	企业年龄	ln Cyear	年	当年减去公司注册年+1，并取自然对数
控制变量	年份	Year	年	虚拟变量

（三）模型设定

1. 研发投入与企业追赶绩效

为了探究企业研发投入和追赶绩效之间的关系，本部分构建了如下模型。

第五章 研发投入与企业追赶绩效的影响机制研究

$$Cat_{it} = \alpha_0 + \alpha_1 \ln RD + \alpha_2 controls_i + u_{it} + \varepsilon_{it} \quad (5-7)$$

模型（5-7）中，Cat_{it}代表企业的追赶绩效，$\ln RD$为企业研发投入额的对数，$controls_i$为控制变量，α_0指代截距项，α_1和α_2是线性回归系数，u_{it}指不随时间变化的未观测到的个体效应，ε_{it}表示误差扰动项，i表示企业。其中，若研发投入前面的回归系数α_1显著为正，说明企业研发投入与追赶绩效呈显著正相关，即研发投入量越大，越能实现较高的追赶绩效；如果显著为负，说明企业研发投入与追赶绩效呈显著负相关，即研发投入额越小，企业反而越能够获取更高的利润率和市场份额，企业的追赶绩效越显著；如果未通过显著性检验，说明企业研发投入与追赶绩效之间的关系不显著，从统计的意义上来说，研发投入不影响后发企业的追赶绩效。

2. 基于技术创新动态能力的中介效应

为了验证企业研发投入与追赶绩效的作用机理，本部分把企业的技术创新动态能力纳入模型的构建中。

$$DCT = \beta_0 + \beta_1 \ln RD + \beta_2 controls_i + u_{it} + \varepsilon_{it} \quad (5-8)$$

$$Cat_{it} = \gamma_0 + \gamma_1 \ln RD + \gamma_2 DCT + \gamma_3 controls_i + u_{it} + \varepsilon_{it} \quad (5-9)$$

其中，DCT表示企业的技术创新动态能力。参考温忠麟等人（2004）[1]和江艇（2022）[2]的研究，由于原有的三段式中介检验机制存在明显的内生性偏误，这里参考曾国安等人（2023）[3]的研究，将中介效应检验的步骤变为以下几步。第一，如果模型（5-7）中的回归系数α_1显著，则说明研发投入的增加对后发企业的追赶绩效有促进作用。第二，利用模型（5-8）检验研发投入对企业技术创新动态能力的影响。若β_1显著为正，说明研发投入还能够促进企业技术创

---

[1] 温忠麟．张雷，侯杰泰，等．中介效应检验程序及其应用 [J]．心理学报，2004(5):614-620．
[2] 江艇．因果推断经验研究中的中介效应与调节效应 [J]．中国工业经济，2022(5):100-120．
[3] 曾国安，苏诗琴，彭爽．企业杠杆行为与技术创新 [J]．中国工业经济，2023(8):155-173．

新动态能力的培养。第三，将研发投入和技术创新动态能力同时引入模型（5-9），验证研发投入通过影响企业技术创新动态能力，进而影响企业追赶绩效的作用机制。

3. 基于知识基础的中介效应

本部分为验证研发投入通过影响企业知识基础，进而影响后发企业追赶绩效的作用机理，构建了以下模型。

$$\ln Or = \beta_0 + \beta_1 \ln RD + \beta_2 \text{controls}_i + u_{it} + \varepsilon_{it} \quad (5-10)$$

$$\text{Cat}_{it} = \gamma_0 + \gamma_1 \ln Or + \gamma_2 \text{DCT} + \gamma_3 \text{controls}_i + u_{it} + \varepsilon_{it} \quad (5-11)$$

其中，$\ln Or$ 表示企业知识基础。与上文类似，具体检验步骤如下。第一，如果模型（5-7）中的回归系数 α_1 显著，则说明研发投入的增加对后发企业的追赶绩效有促进作用。第二，利用模型（5-10）检验研发投入对企业知识基础的影响。若 β_1 显著为正，说明研发投入的增加使得企业知识基础更加丰富。第三，利用模型（5-11）验证研发投入通过影响企业知识基础，进而影响企业追赶绩效。

第三节 实证结果与分析

一、描述性统计

首先利用 Excel 等软件对收集到的数据进行初步整理和计算，随后利用统计分析软件 Stata17 对数据进行相关性分析和回归分析，从而验证相关假设。描述性统计包括各个变量的均值、标准差、最大值、最小值等。

从表 5-2 可以看出，追赶绩效指数（Cat）的均值为 0.410，最大值为 0.780，最小值为 0，标准差为 0.407。从整个研究样本来说，我国智能手机企业整体追赶绩效水平较高，但不同手机企业之间还是存在着很大差别，部分企业需要进一步提升其追赶水平。从企业的研发投入（ln RD）来看，研发投入的标准差高达 6.568，说明不同智能手机企业的研发投入量存在着非常大的差异，同样企业的知识基础（ln or）也是如此，标准差高达 6.140，说明企业的知识基础水平差异较大。从企业规模（ln Cz）来看，最小值为 7.257，最大值为 10.35，均值为 9.177，但标准差却高达 9.781，可以看出在这些样本企业中，既包括大型企业，也包括一些成立时间短、规模小的企业。

表 5-2　主要变量的描述性统计

变量	样本数	均值	标准差	中位数	最小值	最大值
Cat	27	0.410	0.407	0.267	0	0.780
ln RD	27	5.797	6.568	1.688	2.343	7.558
ln Or	27	5.435	6.140	1.629	0	7.100
DCT	27	0.231	0.177	0.204	0.0120	0.705
ln Cyear	27	3.117	3.466	0.729	1.609	3.829
ln Cz	27	9.177	9.781	0.991	7.257	10.35

二、研发投入与企业追赶绩效的回归结果分析

从表 5-3 可以看出，研发投入对企业的追赶绩效在 5% 水平上显著，回归系数为 0.078，说明企业的研发投入对企业的追赶绩效具有正向影响，企业的研发投入量越大，其追赶绩效提升越明显。当将研发投入滞后一期，如（2）结果所示，可以发现研发投入对企业追赶绩效在 1% 水平上显著，回归系数变为 0.098，研发投入量的增加对企业追赶绩效的影响增强，说明研发投入存在着滞后效应。今年的研发投入量的增加可能并不会使企业当期的市场份额或利润率显著提升，但会对未来的企业发展产生较大的影响。

表 5-3　研发投入与企业追赶绩效的基准回归结果

	（1）	（2）	（3）
	Cat	Cat	Cat
ln RD	0.079**		

续表

	(1)	(2)	(3)
	(0.031)		
L.ln RD		0.098***	
		(0.026)	
L2.ln RD			0.094***
			(0.027)
_cons	-0.048	-0.149	-0.114
	(0.191)	(0.153)	(0.160)
N	27.000	24.000	21.000
r2			
ar2			

注：（1）括号中是标准误差；（2）* 表示 $p<0.1$，** 表示 $p<0.05$，*** 表示 $p<0.01$

第六章　知识基础与企业追赶绩效的实证分析

前文已通过缜密的分析阐述了我国智能手机企业实施赶超的理论机制与路径，其突出贡献表现在我国智能手机企业在既定的技术轨道上依然可以实现成功追赶。根据历史比较分析可得，企业所拥有的知识基础是企业维持在产业领域中持续的竞争优势的根本原因。但是即使在智能手机这一行业之中，由于不同的智能手机企业的技术动态能力和知识基础存在差异，因此企业实施赶超的机制存在异质性。目前关于智能手机追赶绩效的分析主要集中在整个智能手机行业上，或者是针对某一家企业进行研究，对不同智能手机企业追赶绩效进行分类的研究还比较少见，所以本章主要对我国不同的智能手机企业技术追赶绩效的异质性进行分析，得出处于价值网络不同位置的企业有不同的追赶路径选择。这不仅对后发企业本身来说是一种反思和总结，同时也为其他后发企业实施追赶提供了思路和建议。

第一节　理论分析与研究假设

一、理论分析

企业是异质性资源的组合，有些企业拥有较多的资源和能力，能够有效地评估效益，而有些企业则不能，其原因就在于企业内部资源和能力发挥了不同的效用（Barney，1991）[1]。在过去的10年里，全球智能手机企业正经历着快速兴起和蓬勃发展，在这种商业环境中，其很大的特点是有关创新和制造的组织和地理来源大多是分散的、不集中的，企业要想维持其快速发展不仅仅要依靠自身通过研发创新得到的专利，更需要独特和难以复制的动态能力。Teece等人（1997）具体阐述了动态能力是"企业整合、建立以及重新配置企业内外部资源的能力，以便适应快速变化的环境的能力"[2]。彭新敏和姚丽婷（2019）在其基础上对动态能力进行了细化理解，"动态"可以理解成企业为适应不断变化的外部环境，而进行自我竞争优势能力的修正及重构，而"能力"则是强调了企业战略管理在正确处理和协调内外部资源以便企业更好地适应环境变化的关键作用[3]。Teece等人（1997）指出动态能力可以分解为企业感知机会窗口的能力、企业抓住时机的能力以及企业在配置资产方面的能力[4]。正是因为企业的动态能力存在差异，所以企业长期以来的技术积累是不同的，这也在一定程度上反映出，即使企业面对同一机会窗口，它们的追赶绩效也会有所不同。Barney（1991）认为恰恰是有价值的、稀缺的、不可模仿和由组织内部开发的技术资源是企业竞争优势的来源[5]。Prahalad（1993）设想假如企业在早期未能在核心资源上进行投资，那么企业未来投资所要用到的资源便会匮乏，其竞争优势将会受到阻碍[6]。

在复杂多变的市场环境下，企业所拥有的知识基础以及运用、整合知识的能力，是企业能够保持长期竞争力的关键因素。Kogut和Zander（1992）认为企

---

[1] Barney J. Firm Resources and Sustained Competitive Advantage[J]. Journal of Management, 1991, 17(1): 99-120.

[2] Teece D J, Pisano G, Shuen A. Dynamic capabilities and strategic management[J].Strategic management journal, 1997, 18(7): 509-533.

[3] 彭新敏，姚丽婷. 机会窗口、动态能力与后发企业的技术追赶 [J]. 科学学与科学技术管理，2019, 40(6):68-82.

[4] Teece D J, Pisano G, Shuen A. Dynamic capabilities and strategic management[J]. Strategic management journal, 1997, 18(7): 509-533.

[5] Barney J. Firm Resources and Sustained Competitive Advantage[J]. Journal of Management, 1991, 17(1): 99-120.

[6] Prahalad C K. The role of core competencies in the corporation[J]. Research-Technology Management, 1993, 36(6): 40-47.

业是异质性知识元素的集合体[1]。企业的知识元素不仅包括企业的人力、财力、技术等显性知识，还包括员工个人技能、组织的吸收转化能力等隐性知识。而企业原有的知识基础会对新知识探索的范围和方向产生影响（郭国庆和吴剑峰，2007）[2]，即企业的创新模式存在着路径依赖。Grant（1996）认为，创新本质上是企业在现有知识基础上的知识重组过程[3]。因此，企业在进行创新活动的过程中必须结合其自身知识基础才能最有效地创造新知识和新技术（刘岩和蔡虹，2012）[4]。

近年来，价值网络对追赶绩效的影响引起了许多学者的关注。波特（1985）认为企业在创造价值的过程中会产生许多的价值链条，他称之为企业的内部价值链条[5]，Hines（1993）则认为正是由于国际产业分工化现象的出现才促使企业内部价值链条向外延伸形成企业外部价值链条[6]，企业外部价值链条的网络化发展就形成了企业的价值网络。黄永春和胡晓娟（2015）通过对我国智能手机企业的分析，认为不同智能手机企业由于自身技术创新的动态能力存在差异，导致其处于价值网络的不同位置，进而导致我国智能手机企业技术追赶绩效存在异质性[7]。在整个价值网络中，由于企业所掌握的技术资源积累和营销模式等因素存在很大的差异，不同企业会处于价值网络中的不同位置，进而在很多方面都存在异质性，对这些异质性的来源及后果进行研究具有很大的现实意义。

---

[1] Kogut B, Zander U. Knowledge of the firm, combinative capabilities, and the replication of technology[J]. Organization science, 1992, 3(3): 383-397.

[2] 郭国庆，吴剑峰. 绩效管理企业知识库、技术探索与创新绩效关系研究：基于美国电子医疗设备行业的实证分析 [J]. 南开管理评论，2007, 54(3):87-93.

[3] Grant R M. Toward a knowledge-based theory of the firm[J]. Strategic management journal, 1996, 17(S2): 109-122.

[4] 刘岩，蔡虹. 企业知识基础网络结构与技术创新绩效的关系——基于中国电子信息行业的实证分析 [J]. 系统管理学报，2012, 21(5):655-661.

[5] 波特. 竞争优势 [M]. 陈丽芳，译. 北京：中信出版社，2014.

[6] Hines P. Integrated materials management: the value chain redefined[J]. The International Journal of Logistics Management, 1993, 4(1): 13-22.

[7] 黄永春，胡晓娟. 后发企业进入战略性新兴产业赶超的路径选择研究：以智能手机产业为例 [J]. 科学学与科学技术管理，2015, 36(11):69-78.

目前价值网络在经济赶超中的重要性越来越明显，越来越受到学者的关注。位于价值网络中心的企业掌握了众多核心技术和专利，已经构建了属于企业自身的价值网络。后发企业进行赶超时也应该评估自身在其价值网络中的位置，因为处于价值网络中心的企业容易获得异质性资源，进而采取主导技术型突破赶超；而处于价值网络边缘的企业获得核心异质性资源的渠道较少、难度较大，要想实现成功的赶超就必须实行"破坏性创新"来重构价值网络（Christensen，1997）[1]。位于价值网络不同位置的后发企业所拥有的知识基础不同，依赖其原有技术知识基础的技术创新模式也不同，所以其追赶绩效也存在很大的异质性。

综合以上研究成果，虽然学者们都认为动态能力是决定后发企业能否成功追赶的因素之一，但是大部分研究没有对企业的动态能力差异进行系统的分类和研究，在此基础上结合价值网络的位置差异分析其影响后发企业追赶绩效差异的研究更少。鉴于此，本书将知识基础、企业处于价值网络的位置差异与追赶绩效一同纳入框架，结合收集到的智能手机相关数据，后发企业研发投入与企业追赶绩效之间的关系，价值网络的位置差异和赶超路径选择，探究不同的企业追赶绩效差异性所在，以及这种现象的原因和后果，为中国智能手机行业的未来赶超之路提供了选择。

二、研究假设

（一）知识基础与追赶绩效

首先，对于智能手机这种短周期、技术密集型行业，研发出领先于竞争企业的新技术、开发出新产品以及在短期内对市场需求变化快速做出反应是企业实现赶超的关键因素（胡晓娟和黄永春，2016）[2]。而不同的智能手机企业的知识基础是不同的，这也注定了它们在研发新技术、开发新产品和应对市场需求变化的

---

[1] Christensen C M. The innovator's dilemma: when new technologies cause great firms to fail[M]. Boston: Harvard Business Review Press, 1997.
[2] 胡晓娟，黄永春. 后发企业进入战略性新兴产业的赶超路径与追赶绩效——价值网络中心性与赶超时机的调节作用 [J]. 科学学与科学技术管理，2016, 37(3):97-105.

反应速度上存在很大的异质性。企业知识基础论认为，企业是知识元素的集合，创新本质上是在现有知识元素基础上的知识重组过程（Grant，1996）[1]。企业只有不断吸纳新知识，并与原有知识相融合、重组，才能研发出新产品或新技术，以应对快速变化的市场环境，从而提高追赶绩效。

其次，企业的知识基础不同，其资源整合能力也存在很大的差异。对于那些知识基础丰富的企业，它们本身就拥有先进的技术、优秀的人才、高效的管理模式。这些异质性资源往往能够提供更具多样性的知识交互，也往往能更有效地对现有知识进行重组，提高企业追赶绩效，实现赶超（张晓月和刘莹莹，2020）[2]。

最后，企业所储备的知识基础越丰富，它在创新过程中所需要额外付出的成本也就越低。而更低的成本往往能够帮助企业在市场竞争中占据主导优势，从而抢占更大的市场份额和利润率，最终实现赶超。基于以上分析，本研究提出以下假设。

假设6-1：企业的知识基础越丰富，对后发企业追赶绩效的促进作用越明显。

（二）价值网络位置的调节作用

企业价值网络位置是指不同企业在价值网络中所处的位置。位于价值网络中心位置的企业更容易获得与创新相关的信息及资源，从而降低创新资源的获取成本和交易成本（胡晓娟和黄永春，2016）[3]。同时，这些企业往往能够快速响应市场需求变化，更快识别机会与威胁，做出战略调整。相比位于价值网络边缘位置的企业，中心企业凭借其雄厚的知识基础可以吸引到更优质的合作者，彼此互惠共赢，从而进一步巩固其中心企业的领导地位。此外，温科等人（2022）认为中心企业还可以通过与其他企业建立紧密的合作关系，形成网络规模经济

---

[1] Grant R M. Toward a knowledge-based theory of the firm[J]. Strategic management journal, 1996, 17(S2): 109-122.

[2] 张晓月，刘莹莹. 知识基础与企业技术创新绩效的关系研究——基于开放式创新的调节效应 [J]. 财会通讯，2020, 842(6):14-18.

[3] 胡晓娟，黄永春. 后发企业进入战略性新兴产业的赶超路径与追赶绩效——价值网络中心性与赶超时机的调节作用 [J]. 科学学与科学技术管理，2016, 37(3):97-105.

效应[1]。这种效应可以帮助企业以更低的成本获取更多的技术、知识等各种创新资源，从而提高企业的追赶绩效。此外，刘岩等人（2014）发现这种合作关系还可以促进企业之间的技术交流和知识共享，从而进一步提升企业的创新能力和竞争力[2]。总之，企业价值网络位置对企业的创新能力和竞争力有着重要的影响。位于价值网络中心位置的企业应充分利用自身优势，积极寻求合作伙伴，建立紧密的合作关系，形成网络规模经济效应，以提升自身的创新能力和竞争力，从而提高企业追赶绩效。

由于智能手机产业属于知识技术高密集型产业，先发国家抢先进入行业，已经积累了很多核心技术并且建立了很高的进入知识壁垒。对于采用中心赶超策略的企业，进入时机的先后对企业追赶绩效的影响较弱，因为其采用的是对核心技术的突破，属于对未知领域边缘的突破；而对于采用边缘赶超策略的企业来说，进入赶超时机的重要性较大（黄永春等，2017）[3]。因为采用边缘赶超策略的企业主要是对市场上现有的技术和知识进行整合，没有对核心知识和技术进行突破。如果进入时间过早，企业所掌握消费者有关潜在需求和设计导向的信息就较少，企业在生产产品上所花费的"沉没成本"就可能较多，这不利于企业更好地投入"真正的主导方向"上的设计；如果进入时机过晚，由于对现有知识组合数量存在上限，企业可能无法很好地利用现有的技术创造出新的产品来吸引消费者。基于以上分析，本研究提出以下假设。

假设6-2：处于价值网络不同位置的企业选择的赶超路径不同，具体分为中心赶超策略和边缘赶超策略，这两种赶超策略均会对企业追赶绩效产生正向影响。

---

[1] 温科, 李常洪, 徐晓肆. 互补性资产、企业价值网络与创新绩效: 基于知识冗余的调节作用 [J]. 科技管理研究, 2022, 42(4):105-115.

[2] 刘岩, 蔡虹, 张洁. 企业技术合作、知识基础与技术创新绩效关系研究——基于中国电子信息行业的实证分析 [J]. 科技进步与对策, 2014, 31(21):59-64.

[3] 黄永春, 王祖丽, 肖亚鹏. 新兴大国企业技术赶超的时机选择与追赶绩效——基于战略性新兴产业的理论与实证分析 [J]. 科研管理, 2017, 38(7):81-90.

第二节 研究设计

一、样本选择与数据来源

首先，华为、小米、OPPO 等作为我国智能手机行业的领导者，以这些代表性企业为研究对象，更能体现我国智能手机行业的发展态势。其次，在这些智能手机企业中，既包含以华为为代表的技术知识基础雄厚的企业，也包括像 2014 年才创立的知识基础相对薄弱的小米等企业，研究拥有不同知识基础的企业的行为选择，对于后发企业的赶超具有深刻的借鉴意义。最后，本研究主要以专利作为企业知识基础的衡量指标，为了减少"僵尸"专利对结果产生的影响，本研究主要选用企业申请的发明专利对其知识基础结构进行测量。

本研究数据来源于相关部门的官方网站、不同企业的年报和行业权威统计库。具体来源如下：①企业利润率、企业规模等数据主要来源于各公司年报，并根据相关行业权威报告进行了补充，对于外国公司，以统计数据当天的汇率（1 美元 ≈6.85 元）为基准进行统一单位为元进行数据处理；②专利数据来源于 Pat Snap 智慧芽，检索时间截至 2022 年 12 月 31 日；③智能手机市场份额数据来源于前瞻数据库和智能手机数据权威统计机构 Counterpoint。收集到的数据整理分布较均匀合理，初步符合预期假设。

二、变量定义与模型设计

（一）变量定义

1. 被解释变量

本研究的被解释变量为追赶绩效。目前，学术界对追赶绩效的衡量指标大多从专利申请量、市场份额、利润率、新产品销售收入增长率等维度进行选择。本研究结合智能手机行业的特点以及数据的可获取性，参考高菲等人（2014）的研究，选择年度市场份额和期末净利润率来构建追赶绩效指标[①]。

2. 解释变量

本研究借鉴于茂荐和陈舒月（2023）的研究方法，选定知识基础为解释变量[②]。企业的知识基础差异性决定了它们未来创新的方向与方式，是决定其赶超效果是否显著的重要影响因素。本研究在衡量知识基础多元度时，选取专利引证数大于等于 30 的专利。

3. 调节变量

本研究的调节变量是价值网络位置，主要体现价值网络位置的差异。突破行业核心技术的企业处于整个行业价值网络的中心位置，记为 0；而利用现有技术进行整合、以消费者需求为导向的企业处于价值网络位置的边缘位置，记为 1。

4. 控制变量

本研究书借鉴了孙笑明等人（2023）[③]、马文聪等人（2017）[④]的研究方法，将企业年龄、企业规模作为控制变量。企业年龄会影响追赶绩效，一般来说一个企业成立的时间越长，其技术、知识储备越多，追赶效果越显著。相反，一个企业成立的时间越短，人才、技术、知识储备不足，其实现赶超难度越大。所以本研究选择企业年龄作为控制变量，用当年减去公司注册年 +1，并取自然对数。同样，企业规模的大小也会在一定程度上影响追赶绩效，所以本研究将企业每年度末总资产的平均数来衡量企业规模。同时，本研究还控制了年份虚拟变量。本研究具体的变量定义和描述如表 6-1 所示。

[①] 高菲, 王玉荣, 刘晓辉. FDI 双重溢出效应对创新追赶绩效的影响机制——基于高技术产业的实证分析 [J]. 技术经济, 2014, 33(7):1-8.

[②] 于茂荐, 陈舒月. 客户导向、技术知识基础多元化与企业创新绩效 [J]. 科技与管理, 2023, 25(2): 70-79.

[③] 孙笑明, 魏迎, 王巍, 等. 组织内合作网络与超越追赶阶段企业创新绩效——组织间合作网络的调节作用 [J]. 科技进步与对策, 2023, 40(24):111-122.

[④] 马文聪, 李小转, 廖建聪, 等. 不同政府科技资助方式对企业研发投入的影响 [J]. 科学学研究, 2017, 35(5):689-699.

表 6-1　相关变量的设计及说明

类型	变量名	符号	单位	定义（测量）
因变量	追赶绩效	Cat	/	选取每家企业年度市场份额和期末净利润率来构建追赶绩效指标
自变量	知识基础	ln or	个	or 表示专利引证数大于等于 30 的专利，自变量为 ln(or+1)
调节变量	价值网络位置	Cen	/	企业在行业价值网络的位置差异，例如位于价值网络的中心位置定义为 1 和边缘位置定位为 0
调节变量	动态能力	DCT	/	利用吸收能力和创新能力来构建综合指标。吸收能力用专利申请量来衡量；创新能力用高被引专利数来衡量
控制变量	企业规模	ln Cz	亿元	用企业总资产的平均数来衡量，并取对数
控制变量	企业年龄	ln Cyear	年	当年减去公司注册年 +1，并取自然对数
控制变量	年份	Year	年	虚拟变量

（二）模型设计

1. 知识基础与追赶绩效

为了检验拥有不同知识基础的企业和追赶绩效之间的相关性，建立了如下模型。

$$\text{Cat}_{it} = \alpha + \beta_1 \ln Or + \beta_2 \text{controls}_i + u_{it} + \varepsilon_{it} \quad (6-1)$$

模型（6-1）中，Cat_{it} 代表企业的追赶绩效，$\ln Or$ 指企业的技术知识基础，并以对数形式呈现，controls_i 为控制变量，α 指代截距项，β_1 和 β_2 是线性回归系数，u_{it} 指不随时间变化的未观测到的个体效应，ε_{it} 表示误差扰动项，i 表示企业。

2. 动态能力异质性、价值网络中心性与追赶绩效

为了检验价值网络中心性对企业知识基础与追赶绩效的调节作用，建立了如

下模型。

$$\text{Cat}_i = \alpha + \beta_1 \ln Or + \beta_2 \text{Cen} + \beta_3 \ln Or \times \text{Cen} + \beta_4 \text{controls}_i + \varepsilon \quad (6-2)$$

第三节 实证检验

一、描述性统计

首先利用 Excel 等软件对收集到的数据进行初步整理和计算，随后利用统计分析软件 Stata17 对数据进行相关性分析和回归分析，从而验证相关假设。描述性统计包括各个变量的均值、标准差、最大值、最小值等。

从表 6-2 可以看出，追赶绩效指数（Cat）的均值为 0.346，最大值为 0.780，最小值为 0，标准差为 0.224，从整个研究样本来看，我国智能手机企业整体追赶绩效水平较高，但不同手机企业之间还是存在着很大差别，部分企业需要进一步提升其追赶水平。从企业技术知识基础（ln Or）来看，均值为 4.979，最小值为 0，最大值为 7.476，标准差为 2.003，说明不同智能手机企业所拥有的技术知识基础不一样，少数企业的技术知识储备非常薄弱。因此，与技术知识基础雄厚的企业相比，它们应该寻求新的赶超路径。

表 6-2 主要变量描述性统计

变量	样本数	均值	标准差	中位数	最小值	最大值
Cat	54	0.346	0.224	0.345	0	0.780
ln or	54	4.979	2.003	5.466	0	7.476
Dct	54	0.219	0.232	0.132	0.003	0.976
ln Cyear	54	3.117	0.842	3.138	1.609	4.443
ln Cz	54	8.456	1.920	8.490	4.718	11.23

二、模型设定

(一)模型选择

在进行实证分析前,需要选择合适的模型,以得到更有意义的结果。回归面板数据的常用回归模型包括固定效应模型、随机效应模型和混合效应模型。由于 LM 检验结果显示拒绝采用混合效应模型的原假设,因此采用固定效应模型,F 检验结果显著,表明回归模型选择固定效应模型;Hausman 检验结果也表明回归模型应选择固定效应模型。

(二)数据检验

此外,本研究基于模型设定中的检验步骤发现,每一个回归模型均选择固定效应模型,且方差膨胀因子(VIF)数值均小于 10,说明各个变量之间不存在多重共线性。

三、基准回归

模型的基准回归结果如表 6-3 所示,其中(1)表示回归的解释变量为当期的技术知识基础;(2)表示回归的解释变量滞后一期;(3)表示回归的解释变量滞后两期。从(1)的回归结果来看,企业技术知识基础的回归系数 β_1 为 0.059,并在 1% 的水平上显著。这说明,在控制了其他因素的情况下,企业的技术知识基础与追赶绩效之间呈显著的正相关关系,即企业原有的技术知识基础越丰富,其实现赶超的效果越显著,这支持了前文的假设 6-1。

从(2)(3)的回归结果来看,其回归系数的方向与当期的方向完全一致,这再一次有效论证了前文的假设 H1a,且企业技术知识基础对追赶绩效的影响具有滞后效应。从滞后一期的回归结果来看,与当期相比,其回归系数上升至 0.109,且在 1% 水平上显著,说明滞后一期的技术知识基础对赶超效果的影响更为明显。从滞后两期的回归结果来看,虽然回归系数有所上升,但显著性水平下降,变为在 5% 水平上显著。综上,本研究在后续研究中将把滞后一期的技术知识基础作为核心解释变量。

表6-3 技术知识基础与追赶绩效的固定效应回归结果

Variables	Cat 当期	Cat 滞后一期	Cat 滞后两期
ln Or	0.059***		
	(0.015)		
ln Cyear	0.100	−0.026	-0.345
	(0.188)	(0.232)	(0.313)
ln Cz	−0.016	−0.123	-0.156
	(0.081)	(0.114)	(0.168)
L.ln Or		0.109***	
		(0.034)	
L2.ln Or			0.115**
			(0.055)
_cons	−0.125	0.897*	2.175**
	(0.437)	(0.520)	(0.987)
N	54	48	42
r2	0.262	0.223	0.142

注：（1）括号中是标准误差；（2）* 表示 $p<0.1$，** 表示 $p<0.05$，*** 表示 $p<0.01$

四、价值网络中心性的调节作用

根据企业所处价值网络位置的不同，智能手机企业可分为处于价值网络中心位置的企业和处于价值网络边缘位置的企业。本研究为进一步探究价值网络中心性对两者关系的调节作用，在前面模型的基础上进行了分组回归，检验结果如表6-4所示。其中（1）为不加入交互项的回归结果，（2）是加入交互项的回归结果，通过对比分析，可以探究该调节变量的具体作用效果。为了方便结果解读，在加入交互项之前进行了中心化处理，若交互项显著，则说明存在调节效应，反之，则不存在调节效应。

从表6-4可以看出，企业技术知识基础对追赶绩效具有显著正向影响。企业技术知识基础与价值网络中心性的交互项系数为 0.109，通过了 1% 水平的显著性检验，说明价值网络中心性对技术知识基础与追赶绩效之间的关系具有显著的促进作用，即越是处于价值网络中心位置的企业，其雄厚的技术知识基础越能够帮助其提升追赶绩效水平，其越容易实现赶超，从而有效验证了假设 6-2。

表 6-4 价值网络中心性的调节作用

	（1）	（2）
	Cat	Cat
ln Or	0.059***	0.081***
	(0.015)	(0.015)
Cen	−0.001	0.219
	(0.163)	(0.155)
ln Cyear	0.100	−0.062
	(0.188)	(0.171)
ln Cz	−0.016	0.050
	(0.081)	(0.074)
interact		0.109***
		(0.030)
_cons	−0.125	−0.473
	(0.437)	(0.397)
N	54.000	54.000
r2	0.262	0.440

注：（1）括号中是标准误差；（2）* 表示 $p<0.1$，** 表示 $p<0.05$，*** 表示 $p<0.01$

为了进一步说明价值网络中心性对企业技术知识基础和追赶绩效之间的调节作用，本研究还绘制了调节作用图。具体来说，将价值网络中心性加上一个标准差作为高调节变量组，减去一个标准差作为低调节变量组，在这两种情况下分别计算技术知识基础与追赶绩效之间关系的斜率并绘制图形，如图 6-1 所示。在价值网络中心性的调节作用下，技术知识基础与追赶绩效的斜率变大，表示具有正向调节作用，说明越是处于价值网络中心位置，两者之间的关系越显著，进一步证明了假设 6-2。

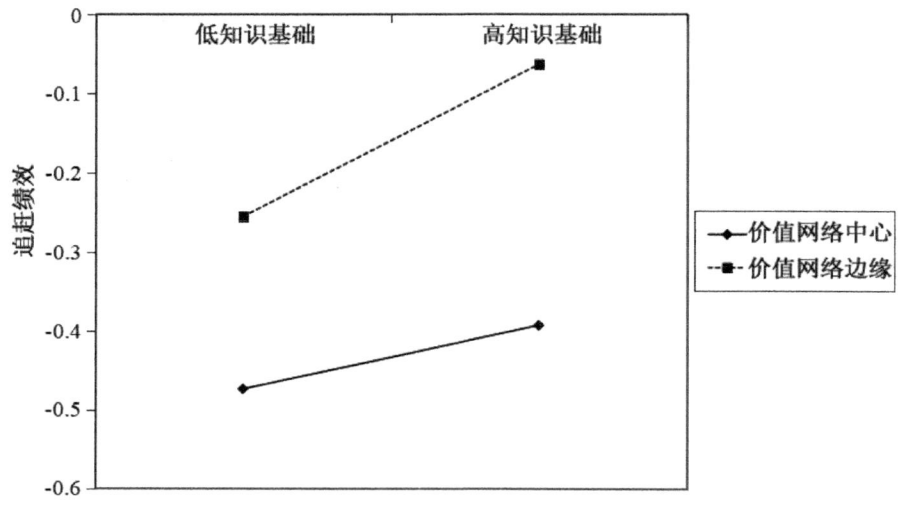

图 6-1 价值网络中心性的调节作用分析图

五、稳健性检验

（一）内生性检验

本研究存在一定程度上的内生性问题。一是对于企业技术知识基础和追赶绩效这两个指标来说，可能还存在着反向因果关系。具体来说就是技术知识基础越雄厚的企业，它们的追赶效果越显著，即越容易获得更高的市场份额和利润率。为了维持行业领先地位，它们会更加注重研发，技术知识基础会变得更加雄厚。二是测量误差，本研究所选取的数据来源于多个不同数据库，不同数据库之间对同一个指标可能存在数据统计偏差、数据处理失误等问题，这些都有可能造成测量误差。三是遗漏变量，本研究参考前人的研究，把企业规模、企业年龄等作为控制变量。但实际上影响企业追赶绩效的因素有很多，包括研发投入强度、市场需求饱和度、企业战略决策等，这些变量的缺失很可能造成回归结果有偏误。

内生性问题的解决办法有很多，如 IV 法、Heckman 两步法、DID 等。为了有效解决由模型的内生性问题所造成的偏误，本研究选取两阶段最小二乘法（2SLS）来识别技术知识基础与追赶绩效之间的因果关系。其基本思路是选择一个和解释变量高度相关、同时和随机扰动项不相关的变量作为工具变量。

本研究选取滞后一期的技术知识基础作为工具变量，其回归结果如表 6-5 所示。

研究发现，技术知识基础的一阶滞后项作为工具变量后，技术知识基础与追赶绩效的回归系数为 0.043，且在 10% 水平上显著，这一结果与前文的回归结果是一致的，表明了控制内生性问题后，模型的回归结果依然显著。

表 6-5　两阶段最小二乘法回归结果

	（1）	（2）
	first stage	second stage
VARIABLES	ln Or	Cat
L.ln Or	1.406***	
	(6.580)	
ln r		0.043*
		(1.868)
Constant	0.600	−0.135
	(0.753)	(−1.158)
Observations	48	48
R-squared	0.715	0.421

注：（1）括号中是标准误差；（2）*表示 $p<0.1$，**表示 $p<0.05$，***表示 $p<0.01$

（二）模型替换法

为检验模型的稳定性，本研究选取不同的模型方法来对技术知识基础和追赶绩效两者之间的关系进行解释。其中（1）是普通最小二乘法（OLS）的回归结果；（2）是横截面相关模型（XTSCC）的回归结果，它是一种考虑横截面相关性的面板数据模型，能够用于控制模型中横截面相关性对回归系数的影响；（3）是面板数据标准误差修正模型（XTPCSE）的回归结果，它可以纠正模型中异方差和序列相关性引起的标准误差低估问题；（4）是广义最小二乘法（XTGLS）的回归结果，它可以通过加权最小二乘法来纠正模型中的异方差和序列相关性引起的偏误。从表 6-6 可以看出，核心解释变量不管在哪个模型中均显著为正，说明技术知识基础确实能影响企业追赶绩效，再次验证了假设 6-1。

表 6-6　不同模型的回归结果

	（1）	（2）	（3）	（4）
	Cat	Cat	Cat	Cat
ln Or	0.050***	0.050***	0.036***	0.033***
	(0.0046)	(0.0000)	(0.0005)	(0.0000)
Cen	−0.014	−0.014	0.020	0.037*
	(0.9076)	(0.8367)	(0.7531)	(0.0971)
ln Cyear	0.119	0.119	0.085	0.062
	(0.4768)	(0.1520)	(0.4360)	(0.2019)
ln Cz	0.040	0.040	0.069	0.076**
	(0.6793)	(0.2718)	(0.3206)	(0.0166)
_cons	−0.554	−0.554***	−0.652**	−0.648***
	(0.2344)	(0.0098)	(0.0452)	(0.0001)
N	54	54	54	54
adj. R2	0.6447			

注：（1）括号中是标准误差；（2）*表示 $p<0.1$，**表示 $p<0.05$，***表示 $p<0.01$

在当今国际格局不断变化的趋势中，国家之间的竞争愈发激烈。由于资源的可得性门槛逐渐降低，科技创新已经成为当前国际竞争力的核心要素。企业竞争是国家竞争的微观表现，对于某个特定的企业来说，企业通过累积学习和研发投入可以掌握特定领域里领先的核心技术，进而更容易获得领先的竞争优势并且获得主导设计，然后能够更好地提高追赶绩效（郭秀强和孙延明，2020）[①]。

后发企业在技术范式发生转变的时候，很好地利用产生的机会窗口，在原有知识基础上，不断加大对新产品的研究与投入，将会促使其在由技术范式发生转变所产生的新的领域中占据优势，从而让其有机会实现赶超。同时，企业原有的丰富知识基础，会降低企业在市场竞争中的成本，从而给企业带来更多的利润和更大的市场份额。同时，随着企业市场规模的扩大，企业必定会增加创新投入，

---

① 郭秀强，孙延明. 研发投入、技术积累与高新技术企业市场绩效 [J]. 科学学研究，2020，38(9): 1630-1637.

从而有效提升专利的授权数量和新产品产值,降低对核心零部件供应商的依赖程度。企业自主性研发程度的提高,会减少对供应商的依赖,最终实现企业利润和份额的增加,形成良性循环。

  本章主要通过建立实证模型,检验理论的合理性,并对模型中的各个参数的经济学含义做出合理解释。通过剖析基础理论和相关政策的制定和数据变化趋势的内在原因,佐证数据回归的正确性和合理性,进而很好地从理论层面解释我国智能手机企业追赶的异质性所在,对我国后发企业进行赶超路径选择可提供借鉴。

第七章 研究结论与政策建议

第一节 研究结论

本书以智能手机企业作为研究对象,以技术范式理论、机会窗口理论、企业的动态能力理论和资源基础观等相关理论为基础,运用案例分析和实证相结合的方式,探究企业研发投入对企业追赶绩效的作用路径和影响机制。本书的主要研究结论如下所示。

一、我国智能手机企业的成功赶超原因在于牢牢抓住了机会窗口和基于"主导设计"变换的小窗口

研究表明,我国智能手机企业在既定的技术范式下,依旧能够实现赶超,其秘诀在于充分抓住了机会窗口和基于"主导设计"变换的小窗口。我国智能手机企业牢牢抓住了技术窗口,通过与上游供应链厂商的合作交互,不断吸收和改进智能手机核心部件的前沿技术知识。在这个过程中,我国智能手机企业不断进行自主创新、构建专利组合、升级技术能力,努力跟进前沿技术及工艺流程,由装配生产向研发设计等全球价值链的高端环节转移,取得技术窗口的主动权。同时,政府在企业创新过程中给予大力支持,智能手机企业通过与政府的交互往来,充分理解了政府的产业政策意图,紧紧抓住了制度窗口。此外,我国智能手机企业充分利用我国的超大市场规模优势,紧紧抓住需求窗口,在细分市场上,基于主导设计,如智能手机的摄像功能、存储功能、手机外观、快速充电功能等,在特定时期融合许多单个技术创新并通过技术与市场的相互作用创造出符合现代意

的产品，设计出更符合消费者需求的产品。

二、通过华为和小米这两个案例揭示了研发投入影响技术创新动态能力，从而提高企业追赶绩效的作用机制

本书通过对华为、小米的案例分析，阐述了研发投入如何提高企业的技术创新动态能力，而企业技术创新动态能力提升之后又如何影响企业的追赶绩效，揭示了企业知识基础和技术创新动态能力这两者的作用机理，拓展了关于研发投入、技术创新动态能力、追赶绩效这三者之间关系的研究。研究发现，华为凭借敏锐的市场洞察力和开拓进取的创新精神，通过持续加大研发投入，加强多种技术的协同创新，增强了自身技术感知能力、吸收能力和资源整合能力。同时，随着研发投入的增加，华为的研发资源不断丰富，进一步加强了华为在价值网络的中心地位，通过研发投入、技术创新动态能力、知识基础的三者交互，最终实现了企业追赶。而小米则是通过商业模式创新为后发企业的赶超提供了新思路，而商业模式的创新又为小米的技术创新提供了新动力。在这个过程中，小米强大的资源配置能力和环境识别能力起到了重要的调节作用，使得小米能够在智能手机市场长期保持较高的市场份额。

三、企业的技术创新动态能力和企业知识基础是研发投入影响企业追赶绩效的中介变量

本书立足于赶超理论的相关研究，发现了技术创新动态能力和知识基础的中介作用，有助于打开研发投入影响后发企业追赶绩效的机制黑箱，鲜有文献对两者的内在机理进行探讨。据此，本书通过构建中介效应模型，对研发投入影响企业追赶绩效的机制进行检验。研究发现，研发投入通过影响企业的技术创新动态能力从而影响企业的追赶绩效。后发企业通过增加研发投入，在研发过程中通过和多部门共同合作以及和其他组织的合作交流不断增强，自身技术创新动态能力。随着技术创新动态能力的不断增强，后发企业与具有先发优势的领导型企业的技术差距不断缩小。当后发企业不断创新，改进技术，使技术性能表现更加

优异或运用该技术生产出来的产品能以更低的市场价格销量，却和主流市场上的产品功能相同时，该产品就能在某一个细分领域或细分市场上吸引到足够多的用户，最终，该产品会逐步取代原先的产品，抢占到主流市场的份额。

对于不同智能手机企业而言，研发投入对企业追赶绩效的影响机制存在显著差异。对于具有先发优势的企业而言，其长期处于领导地位，为了维持其技术领先优势和市场优势，会不断增加研发投入，虽然也会使得自身知识基础不断丰富，但由于边际报酬递减规律，研发投入增加所带来的知识增加相比于后发企业并没有那么多。因此，对于后发企业而言，其研发投入所带来的知识基础的增加，进而带来的追赶绩效提高的比率会大于领导型企业。要想增强企业的技术创新动态能力，企业需要在具备一定的资源基础后，增加研发投入。而后发企业一般会由于历史、政治、经济等造成技术相对落后，或者由于企业自身建立的时间较短，自身的知识基础相对而言比较薄弱，因此对于后发企业而言，研发投入增加后使得企业的技术创新动态能力增强，再由技术创新动态能力增强所引起的追赶绩效的提高效应大于具有先发优势的企业。

四、企业价值网络中置在拥有不同知识基础的企业的追赶绩效的作用路径中起到正向调节作用

作为研发投入增加的回报，企业能获得以专利为代表的各类显性知识以及管理经验的增加、工人技术熟练度的提升等隐性知识，最终丰富自身知识基础。而拥有丰富知识基础的企业往往能够吸引到更优秀的技术人才和管理人才，也更容易赢得资本的青睐，吸引到更加优质的合作者，因此更容易处于价值网络的中心位置。位于价值网络中心位置的企业往往拥有更多的资源和渠道，这意味着它们可以充分利用自身优势，积极整合资源，提高运行效率，与其他组织开展合作，进一步提高顾客满意度。随着产品性能和知名度的提升，越来越多的消费者会购买产品，这进一步扩大了企业的市场份额和利润率，最终实现赶超。

实证结果表明，一个企业的知识基础越丰富，其追赶绩效越显著，其实现赶超的可能性就越大。越是位于价值网络中心位置的企业，越能够凭借自身优势充

分整合资源，减少运营成本，形成网络规模经济；而位于价值网络边缘位置的企业与其他组织的合作机会较少，而且与其他组织的联系往往要依附于中心企业，这在无形之中增加了自身成本。因此，当两个企业的知识基础相当时，位于价值网络中心位置的企业能获得更高的追赶绩效。

第二节 政策建议

一、对企业制定战略的建议

首先，根据本书的研究结果，企业的研发投入与企业的追赶绩效之间存在明显的正向相关关系。企业应加大研发投入，从而积累丰富的知识基础以提高追赶绩效。但一味地增加研发投入并不能直接带来追赶绩效的提升，企业应该结合自身情况，参考行业内领先企业的研发人员和研发资金配置，持续合理地增加企业研发投入和研发人员数量。此外，企业可以同时对多个研发项目进行投资，这样即使某些项目失败，其他成功的项目也可能会带来超出预期的回报。

其次，企业可以通过研发投入开发新产品或服务，改进生产过程，提高生产效率，降低生产成本，从而提高企业的市场份额，增强竞争力。在国际市场上，通过技术追赶，企业可能会开发出符合国际标准或满足国际客户需求的产品，从而进入国际市场。

最后，面对激烈的市场竞争和动荡的全球环境，企业要注重自身技术创新动态能力的培养。企业需制定自身的长期规划和发展战略，设定一个长期目标；了解自身与竞争对手的技术差距，制定针对性的追赶策略，并定期进行总结，发现自身的不足，对于做得好的方面给予肯定；要不断吸收其他组织先进的管理经验，优化自身组织结构，削减不必要的部门组织，降低管理成本，提高企业运行效率。同时，企业应构建一支富有创新能力、充满活力的创新团队，明确团队的中长期目标，明确团队每个成员的个人职责，做好分工。制定全面的沟通策略和计划可以帮助企业在不同阶段和不同情况下采取合适的沟通方式，确保信息的一致性和准确性。企业可以根据战略目标、业务发展状况和市场变化等因素制定相应的沟通策略和计划。同时，企业需要不断关注新的趋势和挑战，持续学习和改进沟通机制，确保其与企业的战略目标和业务发展保持一致。

二、对政府的政策建议

首先，政府应通过产业政策引导促进企业从简单模仿到自主创新的转变，不仅是在智能手机行业，其他行业也是如此。不同产业的周期不同，政府应根据行业特点，制定更具针对性的产业政策。例如，对于计算机、芯片等高新技术产业，由于该产业的技术周期短、利润大、资金需求量大，政府在制定产业政策时，就应该加大对这类企业的资金补助和政策支持，积极为这类企业提供贷款补贴，降低融资成本，引导市场资金流向这类企业，充分发挥金融对产业技术创新的促进作用。同时，政府可以积极搭建产学研合作平台，鼓励企业与高校合作，这样既有利于创新成果转化，也能有效解决部分就业问题。政府应采取多样化人才引进战略，瞄准世界科技前沿，整合科研平台资源，全力引进一流人才。

其次，政府在实行某项政策以推动特定产业发展时，需要尽量降低由此带来的资源效率配置低下的问题（高菲等，2014）[①]。例如，政府可以加大对企业研发的财政支持，制定更多的税收优惠政策。但是在长期的实践中我们发现，有些企业为了获取到政府的财政补助，常常会实行策略性创新，这种创新并不会使得企业的实质创新能力得到较大的提升，因为这种创新的产出结果通常是一些无关紧要的发明、外观新型专利，有时甚至是一些"僵尸"专利，这些创新产出常常会对企业的创新能力有着抑制作用。企业只有实行实质性创新才有利于自身的长远发展，使自身在激烈的市场竞争中立于不败之地。因此，政府有必要加强对创新质量的把控，对于申请创新补贴的企业进行严格的资格审查，为我国企业的自主创新提供完善的制度保障。

最后，政府应建立和完善知识产权保护制度，为企业的创新环境提供外部环

---

① 高菲，王玉荣，刘晓辉.FDI双重溢出效应对创新追赶绩效的影响机制——基于高技术产业的实证分析[J].技术经济，2014,33(7):1-8.

境支撑。保护知识产权就是保护创新、保护人才，完善知识产权保护制度，构建知识产权保护生态。知识产权的保护直接关系到国家的创新能力和经济发展水平，构建一个健康、稳定的知识产权保护生态至关重要。技术创新作为企业长期发展的核心驱动力，企业创新所生产出来的技术知识虽然以专利的形式被保护，但技术溢出效应和技术扩散的存在，会使得企业由于创新所带来的利润降低。如果这种情况不加以改善，会严重打击企业的创新积极性。因此，政府应该加大对知识产权的保护力度，对于不尊重知识产权的行为进行严厉打击，为我国企业的技术创新营造一个良好的氛围。同时，后发企业要通过加大研发投入，在发展过程中，不断丰富自身知识基础，拥有自己独有的知识产权，不断提升企业技术创新动态能力，提升追赶绩效。总之，只有政府、企业和社会共同构成知识产权保护生态体系，才能真正提升知识产权保护的效果，并有力地推动企业知识技术创新，全面提升知识产权综合实力和知识产权风险防控能力，以应对全球性挑战。

参考文献

[1] 阿特拜克.把握创新[M].高建,李明,译.北京:清华大学出版社,1999.

[2] 白长虹,刘春华.基于扎根理论的海尔、华为公司国际化战略案例相似性对比研究[J].科研管理,2014,35(3):99-107.

[3] 波特.竞争优势[M].陈丽芳,译.北京:中信出版社,2014.

[4] 布莱恩·阿瑟.技术的本质[M].曹东溟,王健,译.浙江:浙江人民出版社,2014.

[5] 曹平.东亚后发地区企业技术赶超战略与中国的角色[J].改革,2009,(12):106-112.

[6] 吴晓波.二次创新的进化过程[J].科研管理,1995,(2):27-35.

[7] 曹勇,苏凤娇.高技术产业技术创新投入对创新绩效影响的实证研究——基于全产业及其下属五大行业面板数据的比较分析[J].科研管理,2012,33(9):22-31.

[8] 曾德明,苏蕊蕊,文金艳.研发投入与企业创新绩效——企业研发团队网络结构调节作用研究[J].科技管理研究,2015,35(18):71-77.

[9] 曾国安,苏诗琴,彭爽.企业杠杆行为与技术创新[J].中国工业经济,2023,(8):155-173.

[10] 陈婕.政府支持、企业R&D投入与技术创新绩效关系研究[J].预测,2021,40(2):40-46.

[11] 陈劲,陈钰芬.企业技术创新绩效评价指标体系研究[J].科学学与科学技

术管理，2006, (3):86-91.

[12] 陈劲. 从技术引进到自主创新的学习模式[J]. 科研管理，1994,15(2):32-34.

[13] 陈丽霖，冯星昱. 基于IT行业的治理结构、R&D投入与企业绩效关系研究[J]. 研究与发展管理，2015, 27(3):45-56.

[14] 陈毛林，黄永春. 制度质量与企业技术创新追赶绩效——基于工业企业数据的实证分析[J]. 科技管理研究，2016, 36(20):11-16+21.

[15] 陈平. 代谢增长论：技术小波和文明兴衰[M]. 北京：北京大学出版社，2019.

[16] 陈收，邹增明，刘端. 技术创新能力生命周期与研发投入对企业绩效的影响[J]. 科技进步与对策，2015, 32(12):72-78.

[17] 陈向明. 扎根理论的思路和方法[J]. 教育研究与实验，1999,(4):58-63+73.

[18] 陈晓玲，郭斌，郭京京，等. 技术梯度、市场梯度与制造业产业追赶绩效[J]. 科学学研究，2017, 35(7):982-994.

[19] 陈钰芬，陈劲. 开放式创新促进创新绩效的机理研究[J]. 科研管理，2009, 30(4):1-9+28.

[20] 池仁勇，於珺，阮鸿鹏. 企业规模、研发投入对创新绩效的影响研究——基于信用环境与知识存量视角[J]. 华东经济管理，2020, 34(9):43-54.

[21] 党鹏，罗辑. 手机简史[M]. 北京：中国经济出版社，2020.

[22] 邓龙安. 企业技术联盟与主导设计技术的形成[J]. 科技进步与对策，2007, (8):89-92.

[23] 董保宝，葛宝山，王侃. 资源整合过程、动态能力与竞争优势：机理与路径[J]. 管理世界，2011, (3):92-101.

[24] 董俊武，黄江圳，陈震红. 基于知识的动态能力演化模型研究[J]. 中国工业经济，2004, (2):77-85.

[25] 董平，周小春. 技术并购、吸收能力与企业技术创新动态能力——来自创业板上市公司的证据[J]. 科技管理研究，2018, 38(7):34-40.

[26] 董艳蕊. 数字经济发展对商贸流通企业创新绩效的影响效应与作用机理[J].

商业经济研究，2023, (3):39-41.

[27] 杜丹丽, 赵丹, 简萧婕. 整合式创新范式下后发企业如何实现追赶性成长——基于华为纵向案例研究 [J]. 中国科技论坛, 2022, 310(2):115-124.

[28] 杜俊义, 崔海龙. 互补知识对技术创新动态能力的影响——以组织学习作为调节变量 [J]. 技术经济与管理研究, 2019, (9):45-52.

[29] 杜雯秦, 郭淑娟. 企业异质性、研发投入与创新绩效——基于 GPS 的实证研究 [J]. 科技管理研究, 2021, 41(23):124-132.

[30] 杜勇, 鄢波, 陈建英. 研发投入对高新技术企业经营绩效的影响研究 [J]. 科技进步与对策, 2014, 31(2):87-92.

[31] 段彩丽, 顾元勋. 无主导设计情境下产品架构成长机制研究 [J]. 管理评论, 2021, 33(7):92-106.

[32] 樊尚·迪克雷. 华为传 [M]. 张绚, 译. 北京: 民主与建设出版社, 2020.

[33] 方晓波. 从动态能力视角分析企业创新管理能力——以苹果公司为例 [J/OL]. 企业经济, 2013, 32(8):76-79.

[34] 封凯栋. 潮起: 中国创新型企业的诞生 [M]. 北京: 中国人民大学出版社, 2023.

[35] 冯军政, 魏江. 国外动态能力维度划分及测量研究综述与展望 [J]. 外国经济与管理, 2011, 33(07): 26-33+57.

[36] 弗朗科·马雷尔巴. 高科技产业创新与演化: 基于历史友好模型 [M]. 李东红, 马娜, 译. 北京: 机械工业出版社, 2019.

[37] 高菲, 王玉荣, 刘晓辉. FDI 双重溢出效应对创新追赶绩效的影响机制——基于高技术产业的实证分析 [J]. 技术经济, 2014, 33(7):1-8.

[38] 高建, 汪剑飞, 魏平. 企业技术创新绩效指标: 现状、问题和新概念模型 [J]. 科研管理, 2004, (S1):14-22.

[39] 格申克龙. 经济落后的历史透视 [M]. 张凤林, 译. 北京: 商务印书馆, 2011.

[40] 耿红军, 王昶. 赶超型创新政策影响企业技术能力的路径研究 [J]. 科学学

研究, 2024, 42(4):850-862.

[41] 苟劲松, 阮平南, 李金玉. 基于主导设计的新兴产业形成障碍跨越策略研究[J]. 科技进步与对策, 2015, 32(4):36-40.

[42] 苟燕楠, 董静. 风险投资背景对企业技术创新的影响研究[J]. 科研管理, 2014, 35(2):35-42.

[43] 郭国庆, 吴剑峰. 绩效管理企业知识库、技术探索与创新绩效关系研究：基于美国电子医疗设备行业的实证分析[J]. 南开管理评论, 2007, 54(3):87-93.

[44] 郭磊, 蔡虹, 徐露莹. 转型阶段后发企业的双元技术追赶绩效——专利的视角[J]. 科技管理研究, 2016, 36(11):139-144+155.

[45] 郭磊, 周燕芳, 蔡虹. 基于机会窗口的后发国家产业追赶研究——中国智能手机产业的案例[J]. 管理学报, 2016, 13(3):359-365.

[46] 郭晓丹, 宋维佳. 战略性新兴产业的进入时机选择：领军还是跟进[J]. 中国工业经济, 2011, (5):119-128.

[47] 郭秀强, 孙延明. 研发投入、技术积累与高新技术企业市场绩效[J]. 科学学研究, 2020, 38(9):1630-1637.

[48] 韩江波. 战略性新兴产业高质量发展的演化逻辑及治理生态——基于主导设计的视角[J]. 创新科技, 2022, 22(5):9-19.

[49] 胡双钰, 吴和成. 技术多元化、吸收能力与创新绩效[J]. 系统工程, 2023, 41(6):30-40.

[50] 胡晓娟, 黄永春. 后发企业进入战略性新兴产业的赶超路径与追赶绩效——价值网络中心性与赶超时机的调节作用[J]. 科学学与科学技术管理, 2016, 37(3):97-105.

[51] 黄晗, 张金隆, 熊杰. 赶超中机会窗口的研究动态与展望[J]. 管理评论, 2020, 32(5):151-164.

[52] 黄江圳, 谭力文. 从能力到动态能力：企业战略观的转变[J]. 经济管理, 2002(22):13-17.

[53] 黄永春，胡晓娟．后发企业进入战略性新兴产业赶超的路径选择研究：以智能手机产业为例 [J]．科学学与科学技术管理，2015, 36(11):69-78.

[54] 黄永春，王祖丽，肖亚鹏．新兴大国企业技术赶超的时机选择与追赶绩效——基于战略性新兴产业的理论与实证分析 [J]．科研管理，2017, 38(7):81-90.

[55] 贾旭东，衡量．基于"扎根精神"的中国本土管理理论构建范式初探 [J]．管理学报，2016, 13(3):336-346.

[56] 贾旭东，衡量．扎根理论的"丛林"、过往与进路 [J]．科研管理，2020, 41(5):151-163.

[57] 江艇．因果推断经验研究中的中介效应与调节效应 [J]．中国工业经济，2022, (5):100-120.

[58] 焦豪，魏江，崔瑜．企业动态能力构建路径分析：基于创业导向和组织学习的视角 [J]．管理世界，2008, (4):91-106.

[59] 焦豪．双元型组织竞争优势的构建路径：基于动态能力理论的实证研究 [J]．管理世界，2011, (11):76-91+188.

[60] 金成国，黄伟新，李燕清．研发投入强度与技术创新产出探析——基于高技术产业的经验证据 [J]．技术经济与管理研究，2021, (7):16-19.

[61] 康鑫，张鑫静．知识耦合对高新技术企业接力创新的影响 [J]．华东经济管理，2021, 35(11):45-53.

[62] 康志勇．技术选择、投入强度与企业创新绩效研究 [J]．科研管理，2013, 34(6):42-49.

[63] 科宾，施特劳斯．质性研究的基础：形成扎根理论的程序与方法 [M]．朱光明，译．重庆：重庆大学出版社，2015.

[64] 克雷顿·克里斯滕森．创新者的窘境 [M]．吴潜龙，译．南京：江苏人民出版社，2000.

[65] 雷军，徐云洁．小米创业思考 [M]．北京：中信出版社，2022.

[66] 雷小苗，李洋．高科技产业的技术追赶与跨越发展——文献综述和研究

展望 [J]. 工业技术经济，2019, 38(2):145-152.

[67] 李柏洲，夏文飞. 知识属性、技术创新能力与企业创新绩效关系的实证研究——基于环境动态性的调节效应 [J]. 预测，2019, 38(6):17-23.

[68] 李春利，高良谋. 第四次工业革命背景下技术 – 组织 – 管理范式研究 [J]. 当代经济管理，2023, 45(11):23-1.

[69] 李高勇，毛基业. 案例选择与研究策略——中国企业管理案例与质性研究论坛（2014）综述 [J]. 管理世界，2015, (2):133-136+169.

[70] 李根. 经济赶超的熊彼特分析——知识、路径创新和中等收入陷阱 [M]. 北京：清华大学出版社，2016.

[71] 李京文，杨正东，杜时雨. 技术进步对智能手机产业发展影响研究 [J]. 价格理论与实践，2019, (4):21-24.

[72] 李龙一，张炎生. 基于主导设计的技术标准形成研究 [J]. 科学学与科学技术管理，2009, 30(6):37-42.

[73] 李平，刘利利. 政府研发资助、企业研发投入与中国创新效率 [J]. 科研管理，2017, 38(1):21-29.

[74] 李强. 技术创新、行业特征与制造业追赶绩效 [J]. 科学学研究，2016, 34(2): 312-320.

[75] 李四海，陈旋. 企业家专业背景与研发投入及其绩效研究——来自中国高新技术上市公司的经验证据 [J]. 科学学研究，2014, 32(10):1498-1508.

[76] 李武威，李恩来. 商业模式创新、研发投入与创业企业成长绩效 [J]. 财会月刊，2021, (4):34-43.

[77] 李晓莉，于渤. 面向技术跨越的后发企业技术创新战略与技术创新能力动态演化仿真研究 [J]. 科学学与科学技术管理，2017, 38(11):83-100.

[78] 李志春，李海超. 中国高技术产业技术创新动态能力演化研究 [J]. 科技管理研究，2019, 39(9):186-191.

[79] 李志刚，李兴旺. 蒙牛公司快速成长模式及其影响因素研究——扎根理论研究方法的运用 [J]. 管理科学，2006, (3):2-7.

［80］李志远，冯玲.挑战者优势——技术创新理论的回顾与分析［J］.经济管理，2003, (4):14-21.

［81］刘海兵，杨磊，许庆瑞.后发企业技术创新能力路径如何演化？——基于华为公司1987—2018年的纵向案例研究［J］.科学学研究，2020, 38(6):1096-1107.

［82］刘建刚、钱玺娇."互联网+"战略下企业技术创新与商业模式创新协同发展路径研究——以小米科技有限责任公司为案例［J］.科技进步与对策，2016, 33(1):88-94.

［83］刘倩，陈峰，赵筱媛.产业技术追赶效果评价测度理论分析［J］.科技进步与对策，2015, 32(20):120-124.

［84］刘岩，蔡虹，张洁.企业技术合作、知识基础与技术创新绩效关系研究——基于中国电子信息行业的实证分析［J］.科技进步与对策，2014, 31(21):59-64.

［85］刘岩，蔡虹.企业知识基础网络结构与技术创新绩效的关系——基于中国电子信息行业的实证分析［J］.系统管理学报，2012, 21(5):655-661.

［86］刘洋，应瑛，魏江，等.研发网络边界拓展、知识基与创新追赶［J］.科学学研究，2015, 33(6):915-923.

［87］刘志强，卢崇煜.地区市场异质性、研发投入对企业创新绩效的影响［J］.科技进步与对策，2018, 35(12):99-106.

［88］柳卸林.技术轨道和自主创新［J］.中国科技论坛，1997, (2):32-35.

［89］伦德瓦尔.国家创新系统：构建创新和交互学习的理论［M］.李正风，高璐，唐少杰，译.北京：知识产权出版社，2016.

［90］罗伯特.案例研究：设计与方法［M］.周海涛，史少杰，译.重庆：重庆大学出版社，2017.

［91］罗珉，刘永俊.企业动态能力的理论架构与构成要素［J］.中国工业经济，2009, (1):75-86.

［92］罗珉，马柯航.后发企业的边缘赶超战略［J］.中国工业经济，2013,

(12):91-103.

[93] 内森·罗森伯格. 探索黑箱 [M]. 王文勇, 吕睿, 译. 北京: 商务印书馆, 2004.

[94] 罗仲伟, 任国良, 焦豪, 等. 动态能力、技术范式转变与创新战略——基于腾讯微信"整合"与"迭代"微创新的纵向案例分析 [J]. 管理世界, 2014, (8): 152-168.

[95] 吕世生, 张诚. 当地企业吸收能力与FDI溢出效应的实证分析——以天津为例 [J]. 南开经济研究, 2004, (6):72-77.

[96] 马文聪, 李小转, 廖建聪, 等. 不同政府科技资助方式对企业研发投入的影响 [J]. 科学学研究, 2017, 35(5):689-699.

[97] 马艳艳, 刘洁, 范佳颖. 数字化转型、技术创新动态能力与企业绩效——来自中国装备制造上市企业的经验证据 [J]. 产业经济评论 (山东大学), 2023, 22(1):24-45.

[98] 马岳红, 袁健红. 主导设计文献综述 [J]. 科技进步与对策, 2010, 27(15): 151-155.

[99] 迈尔斯, 休伯曼. 质性资料的分析: 方法与实践 [M]. 张芬芳, 译. 重庆: 重庆大学出版社, 2008.

[100] 庞长伟, 李垣, 段光. 整合能力与企业绩效: 商业模式创新的中介作用 [J]. 管理科学, 2015, 28(5):31-41.

[101] 佩蕾丝. 技术革命与金融资本: 泡沫与黄金时代的动力学 [M]. 田方萌, 译. 北京: 中国人民大学出版社, 2007.

[102] 彭红星, 毛新述. 政府创新补贴、公司高管背景与研发投入——来自我国高科技行业的经验证据 [J]. 财贸经济, 2017, 38(3):147-161.

[103] 彭新敏, 吴晓波, 吴东. 基于二次创新动态过程的企业网络与组织学习平衡模式演化——海天1971—2010年纵向案例研究 [J]. 管理世界, 2011, (4):138-149+166+188.

[104] 彭新敏, 姚丽婷. 机会窗口、动态能力与后发企业的技术追赶 [J]. 科学学

与科学技术管理，2019, 40(06):68-82.

[105] 钱锡红，杨永福，徐万里. 企业网络位置、吸收能力与创新绩效——一个交互效应模型 [J]. 管理世界，2010, (5):118-129.

[106] 沈达勇. 基于技术创新能力的中小企业内生性成长性研究 [J]. 当代经济科学，2017, 39(3):116-123+128.

[107] 沈锭荣，王琛. 企业动态能力与技术创新绩效关系研究 [J]. 科学管理研究，2012, 30(2):54-58.

[108] 石丽静. 研发强度与企业创新绩效——政府资源与知识产权保护的调节作用 [J]. 经济与管理评论，2017, 33(6):144-152.

[109] 史宝娟，索贵彬. 基于动态能力的中小企业技术创新战略选择 [J]. 工业技术经济，2007, 165(7):96-98.

[110] 宋丽敏，陈阳. 新兴技术商业化的制约因素分析及其发展对策 [J]. 经济研究导刊，2009, (18):33-34.

[111] 宋敏. 数字经济、知识流动与企业创新绩效 [J]. 技术经济与管理研究，2023, (8):39-44.

[112] 孙金花，杜姣. 时滞效应视角下风险投资、R&D 投入与知识产出的动态均衡关系——基于协整与 VECM 模型的实证分析 [J]. 科技进步与对策，2018, 35(15):9-15.

[113] 孙林杰，彭丽霞，孙万君. 研发成本粘性与技术创新绩效的关联性研究 [J]. 科学学研究，2022, 40(4):695-703.

[114] 孙笑明，魏迎，王巍，等. 组织内合作网络与超越追赶阶段企业创新绩效——组织间合作网络的调节作用 [J]. 科技进步与对策，2023, 40(24):111-122.

[115] 孙新波，孙浩博. 数字时代商业生态系统何以共创价值——基于动态能力与资源行动视角的单案例研究 [J]. 技术经济，2022, 41(11):152-164.

[116] 谭劲松，薛红志. 主导设计形成机理及其战略驱动因素研究 [J]. 中国软科学，2007, (7):41-53.

[117] 唐震, 蔡晶晶, 王嵩林. 大中型工程技术整合能力与技术追赶绩效影响机制研究 [J]. 科技管理研究, 2019, 39(8):97-102.

[118] 陶锋. 吸收能力、价值链类型与创新绩效——基于国际代工联盟知识溢出的视角 [J]. 中国工业经济, 2011, 274(1):140-150.

[119] 仝自强, 李鹏翔, 杨磊, 等. 商业模式创新与技术创新匹配性对后发企业绩效的影响——来自年报文本分析的实证研究 [J]. 科技进步与对策, 2022, 39(11):84-93.

[120] 托马斯·库恩. 科学革命的结构 [M]. 金吾伦, 胡新和, 译. 北京: 北京大学出版社, 2003.

[121] 王伯鲁. 技术究竟是什么: 广义技术世界的理论阐释 [M]. 北京: 科学出版社, 2006.

[122] 王昌林. 企业技术创新动态能力三要素 [J]. 企业管理, 2017, (5):121-123.

[123] 王方瑞. 基于技术变革分类的技术追赶过程研究 [J]. 管理工程学报, 2011, 25(4):235-242.

[124] 王芳, 赵兰香. 后发国家(地区)企业技术能力动态演进特征研究——基于潜在转换分析方法 [J]. 中国软科学, 2015, 291(3):105-116.

[125] 王华, 杨曦, 赵婷微, 等. 基于扎根理论的创新生态系统构建研究——以中国人工智能芯片为例 [J]. 科学学研究, 2023, 41(1):143-155.

[126] 王佳, 张林. 技术创新动态能力形成机制与影响因素研究 [J]. 技术经济与管理研究, 2017, (10):40-43.

[127] 王金凤, 于飞, 冯立杰, 等. 市场环境影响下颠覆式创新实现路径研究——基于小米公司案例的扎根分析 [J]. 科技进步与对策, 2020, 37(5):1-9.

[128] 王旭超, 胡香华, 凌畅. 高管团队创新注意力、技术并购与企业创新绩效——基于中国上市公司的经验证据 [J]. 科学学与科学技术管理, 2023, 44(11): 166-182.

[129] 王燕妮. 高管激励对研发投入的影响研究——基于我国制造业上市公司的实证检验 [J]. 科学学研究, 2011, 29(7):1071-1078.

[130] 王喆.创新生态系统构建视阈下创新型企业的技术决策、技术突围与竞争优势培育——基于华为的技术战略研究[J].科学管理研究,2021,39(3):91-99.

[131] 王志阁.企业研发投入如何影响创新策略选择——基于政府扶持与市场竞争视角[J].华东经济管理,2023,37(6):54-65.

[132] 韦影.企业社会资本与技术创新:基于吸收能力的实证研究[J].中国工业经济,2007,(9):119-127.

[133] 温科,李常洪,徐晓肆.互补性资产、企业价值网络与创新绩效:基于知识冗余的调节作用[J].科技管理研究,2022,42(4):105-115.

[134] 温忠麟,张雷,侯杰泰,等.中介效应检验程序及其应用[J].心理学报,2004,(5):614-620.

[135] 吴定玉,张治觉.主导设计:市场进入壁垒理论新范式[J].华东经济管理,2006,(4):126-129.

[136] 吴霞.创业板上市公司高管薪酬、研发支出与企业价值相关性研究[J].云南大学学报(社会科学版),2015,14(4):68-71+112.

[137] 吴先明,胡博文.对外直接投资与后发企业技术追赶[J].科学学研究,2017,35(10):1546-1556.

[138] 吴先明,胡博文.后发企业国际化与技术追赶绩效——基于2003—2013年省际面板数据的实证分析[J].商业研究,2018,(1):97-104.

[139] 吴晓波,窦伟,高钰,等.基于核心-辅助技术匹配的二次创新及其演化路径研究[J].管理工程学报,2011,25(4):8-16.

[140] 吴晓波,付亚男,吴东,等.后发企业如何从追赶到超越?——基于机会窗口视角的双案例纵向对比分析[J].管理世界,2019,35(2):151-167+200.

[141] 吴晓波,刘雪锋,许冠南.技术范式转换期的企业动态能力匹配研究——以三星公司为例[J].重庆大学学报(社会科学版),2006,(4):40-45.

[142] 吴晓波.二次创新的进化过程[J].科研管理,1995,(2):27-35.

［143］吴舟，夏管军. 企业技术创新的影响因素分析 [J]. 现代经济信息，2013，(6):108-125.

［144］夏保华. 行业主导设计标准及其捕捉 [J]. 科技进步与对策，2005，(10):105-107.

［145］肖利平，何景媛. 吸收能力、制度质量与技术追赶绩效——基于大中型工业企业数据的经验分析 [J]. 中国软科学，2015，(7):137-147.

［146］熊彼特. 经济发展理论 [M]. 北京：商务印书馆，1997.

［147］熊胜绪，崔海龙，杜俊义. 企业技术创新动态能力理论探析 [J]. 中南财经政法大学学报，2016，(3):32-37.

［148］徐娜娜，张雅辉，郑方. 资源、创新决策取向与后发企业创新追赶路径演化研究 [J]. 科技进步与对策，2020，7(18):80-89.

［149］徐宁，徐鹏，吴创. 技术创新动态能力建构及其价值创造效应——来自中小上市公司的经验证据 [J]. 科学学与科学技术管理，2014，35(8):125-134.

［150］徐宁，徐向艺. 控制权激励双重性与技术创新动态能力——基于高科技上市公司面板数据的实证分析 [J]. 中国工业经济，2012，(10):109-121.

［151］许秀梅. 技术、技术资本与价值驱动：基于华为的案例分析 [J]. 财会月刊，2017,789(5):68-73.

［152］杨德林，陈春宝. 沿技术轨道创新与高技术企业成长 [J]. 当代经济科学，1997，(5):4-9.

［153］杨虎涛. 演化经济学讲义：方法论与思想史 [M]. 北京：科学出版社，2011.

［154］杨瑾，李蕾. 数字经济时代装备制造企业颠覆式创新模式——基于扎根理论的探索 [J]. 中国科技论坛，2022，316(8):89-99.

［155］杨俊. 新时代创新研究的新方向 [J]. 南开管理评论，2018，21(1):4-5.

［156］杨敏，陈泽明. 企业研发投入、知识生态与价值创造 [J]. 统计与决策，2023，39(15):172-177.

[157] 杨武，杨大飞，雷家骕.R&D投入对技术创新绩效的影响研究[J].科学学研究，2019, 37(9):1712-1720.

[158] 姚明明，吴晓波，石涌江，等.技术追赶视角下商业模式设计与技术创新战略的匹配——一个多案例研究[J].管理世界，2014, (10):149-162+188.

[159] 姚艳虹，张翠平.知识域耦合、知识创新能力与企业创新绩效——环境不确定性和战略柔性的调节作用[J].科技进步与对策，2019, 36(23):76-84.

[160] 叶初升，孙薇.中国"科技创新困境"再审视：技术创新质量的新视角[J].世界经济，2023, 46(8):80-107.

[161] 尹西明，陈劲，海本禄.新竞争环境下企业如何加快颠覆性技术突破？——基于整合式创新的理论视角[J].天津社会科学，2019,228(5):112-118.

[162] 于茂荐，陈舒月.客户导向、技术知识基础多元化与企业创新绩效[J].科技与管理，2023, 25(2):70-79.

[163] 袁泽沛，陈金贤.技术跨越的可能性与机会窗口[J].中国软科学，2001, (8):50-53.

[164] 岳金桂，于叶.技术创新动态能力与技术商业化绩效关系研究——环境动态性的调节作用[J].科技进步与对策，2019, 36(10):91-98.

[165] 张红霞，曹凤彤，吴艾旻.自贸试验区建设、经济制度变迁与城市创新效率[J].工业技术经济，2023, 42(9):151-160.

[166] 张宏斌，周先波，王雅维.加入大数据产业联盟能促进企业的技术创新绩效吗——基于社会网络视角的分析[J].产经评论，2021, 12(3):5-21.

[167] 张洪石，陈劲.突破性创新的组织模式研究[J].科学学研究，2005，(8):566-571.

[168] 张洁.企业研发投入、资源特征与创新绩效关系研究——组织"行为—特征"匹配视角[J].科技进步与对策，2018, 35(2):82-89.

[169] 张利飞，符优，虞红春.技术引进还是合作研发？——两种研发国际化模式的比较研究[J].科学学研究，2021, 39(3):471-480.

[170] 张利飞，张运生.智能手机产业操作系统平台竞争战略研究[J].中国软

科学，2013, (4):148-158.

[171] 张林, 陆道芬, 韦庄禹. 中国技术市场发展促进了企业创新吗？——基于A股上市公司数据的实证研究[J]. 企业经济, 2023, 42(9):82-92.

[172] 张娜娜, 梅亮. 后发企业的管理滞后与改善：管理学习的视角[J]. 南开管理评论, 2021, 24(1):74-85+103-105.

[173] 张睿, 于力, 魏然. 进入存量竞争时代的智能手机产业[R]. 北京：社会科学文献出版社, 2018:197-212.

[174] 张晓月, 刘莹莹. 知识基础与企业技术创新绩效的关系研究——基于开放式创新的调节效应[J]. 财会通讯, 2020, 842(6):14-18.

[175] 张学文, 靳晴天, 陈劲. 科技领军企业助力科技自立自强的理论逻辑和实现路径：基于华为的案例研究[J]. 科学学与科学技术管理, 2023, 44(1):38-54.

[176] 张燕航. 技术轨道理论研究述评[J]. 技术与创新管理, 2013, 34(3):284-287.

[177] 赵明剑, 司春林. 基于突破性技术创新的技术跨越机会窗口研究[J]. 科学学与科学技术管理, 2004, (5):54-59.

[178] 赵士英, 洪晓楠. 显性知识与隐性知识的辩证关系[J]. 自然辩证法研究, 2001, (10):20-23+33.

[179] 赵勇, 白永秀. 知识溢出：一个文献综述[J]. 经济研究, 2009, 44(1):144-156.

[180] 郑方, 单文涛, 王永青. 连锁董事网络与企业动态创新能力——基于多重治理情境的调节作用[J]. 财经论丛, 2021, (11):77-88.

[181] Abernathy W J, Utterback J M. Patterns of industrial innovation[J]. Technology review, 1978, 80(7): 40-47.

[182] Alegre J, Chiva R. Linking entrepreneurial orientation and firm performance: The role of organizational learning capability and innovation performance[J]. Journal of Small Business Management, 2013, 51(4): 491-507.

［183］Anderson P, Tushman M L. Technological Discontinuities and Dominant Designs: A Cyclical Model of Technological Change[J]. Administrative Science Quarterly, 1990, 35(4): 604-633.

［184］Barney J. Firm Resources and Sustained Competitive Advantage[J]. Journal of Management, 1991, 17(1): 99-120.

［185］Bell M, Pavitt K. Technological accumulation and industrial growth: contrasts between developed and developing countries[J]. Industrial and corporate change, 1993, 2(2): 157-210.

［186］Chandy R K, Tellis G J. Organizing for Radical Product Innovation: The Overlooked Role of Willingness to Cannibalize[J]. Journal of Marketing Research, 1998, 35(4): 474-487.

［187］Chandy R K, Tellis G J. The incumbent's curse? Incumbency, size, and radical product innovation[J]. Journal of marketing, 2000, 64(3): 1-17.

［188］Chen Y S, Chang K C, Chang C H. Nonlinear influence on R&D project performance[J]. Technological Forecasting and Social Change, 2012, 79(8): 1537-1547.

［189］Cheng, C J Colin, J S Chen. Breakthrough innovation: the roles of dynamic innovation capabilities and open innovation activities[J]. Journal of Business & Industrial Marketing, 2013, 28(5): 444-454.

［190］Christensen C M, Bohmer R, Kenagy J. Will disruptive innovations cure health care?[J]. Harvard business review, 2000, 78(5): 102-112.

［191］Christensen C M. The innovator's dilemma: when new technologies cause great firms to fail[M]. Boston: Harvard Business Review Press, 1997.

［192］Chuang Y S, Hobday M. Technological upgrading in Taiwan's TFT-LCD industry: signs of a deeper absorptive capacity?[J]. Technology Analysis & Strategic Management, 2013, 25(9): 1045-1066.

［193］Collis D J. Research Note: How Valuable Are Organizational Capabilities? [J].

Strategic Management Journal, 1995(15): 143-152.

[194] Collm A, Schedler K. Strategies for introducing organizational innovation to public service organizations[J]. Public Management Review, 2014, 16(1): 140-161.

[195] De Luca, Luigi M, K Atuahene-Gima. Market knowledge dimensions and cross-functional collaboration:Examining the different routes to product innovation performance[J].Journal of marketing, 2007,71(1):95-112.

[196] Dosi G. Technological paradigms and technological trajectories: a suggested interpretation of the determinants and directions of technical change[J]. Research policy, 1982, 11(3): 147-162.

[197] Eisenhardt K M, Martin J A. Dynamic Capabilities: What Are They?[J]. Strategic management journal, 2000, 21(10-11): 1105-1121.

[198] Fuentelsaz L, Maicas J P, Polo Y. The evolution of mobile communications in Europe: The transition from the second to the third generation[J]. Telecommunications Policy, 2008, 32(6): 436-449.

[199] Funk J L, Methe D T. Market and committee-based mechanisms in the creation and diffusion of global industry standards: the case of mobile communication[J]. Research Policy, 2001, 30(4): 589-610.

[200] Giachetti C. Competitive dynamics in the mobile phone industry[M]. Palgrave Macmillan UK, 2013.

[201] Giachetti C, Lanzolla G. Product Technology Imitation Over the Product Diffusion Cycle: Which Companies and Product Innovations do Competitors Imitate More Quickly?[J]. Long Range Planning, 2016, 49(2): 250-264.

[202] Giachetti C, Marchi G. Successive changes in leadership in the worldwide mobile phone industry: The role of windows of opportunity and firms' competitive action[J]. Research Policy, 2017, 46(2): 352-364.

[203] Giachetti C, Gianluca M. Evolution of firms' product strategy over the life

cycle of technology-based industries: A case study of the global mobile phone industry, 1980–2009[J]. Business History, 2010, 52(7): 1123-1150.

[204] Grant R M. Toward a knowledge-based theory of the firm[J]. Strategic management journal, 1996, 17(S2): 109-122.

[205] Guennif S, Ramani S V. Explaining divergence in catching-up in pharma between India and Brazil using the NSI framework[J]. Research Policy, 2012, 41(2):430-441.

[206] Gupta A K, Smith K G, Shalley C E. The interplay between exploration and exploitation[J]. Academy of management journal, 2006, 49(4): 693-706.

[207] Helfat C E. Know-how and asset complementarity and dynamic capability accumulation: the case of R&D[J]. Strategic management journal, 1997, 18(5): 339-360.

[208] Henderson R M, Clark K B. Architectural innovation: The reconfiguration of existing product technologies and the failure of established firms[J]. Administrative science quarterly, 1990, 35(1): 9-30.

[209] Hines P. Integrated materials management: the value chain redefined[J]. The International Journal of Logistics Management, 1993, 4(1): 13-22.

[210] Jantunen A. Knowledge-processing capabilities and innovative performance:an empirical study[J]. European Journal of Innovation Management, 2005, 8(3): 336-349.

[211] Jho W. Global political economy of technology standardization: A case of the Korean mobile telecommunications market[J]. Telecommunications Policy, 2007, 31(2): 124-138.

[212] Kim D B, Park M J. Latecomers' path-creating catch-up strategy in ICT industry: The effect of market disparity and government dependence[J]. Journal of Entrepreneurship in Emerging Economies, 2019,11(2):234-257.

[213] Kim L. Stages of development of industrial technology in a developing

country: a model[J]. Research policy, 1980, 9(3): 254-277.

[214] Kim, Y-Z., Lee, et al. Sectoral innovation system and a technological catch-up: the case of the capital goods industry in korea[J]. Global Economic Review, 2008, 37(2):135-155.

[215] Kogut B, Zander U. Knowledge of the firm, combinative capabilities, and the replication of technology[J]. Organization science, 1992, 3(3): 383-397.

[216] Landini F, Lee K, Malerba F. A history-friendly model of the successive changes in industrial leadership and the catch-up by latecomers[J]. Research Policy, 2017, 46(2): 431-446.

[217] Lee K. The Art of Economic Catch-Up: Barriers, Detours, and Leapfrogging in Innovation Systems[J]. Cambridge Books, 2019,64(2):1-3.

[218] Lee K, Lim C. Technological regimes, catching-up and leapfrogging: findings from the Korean industries[J]. Research policy, 2001, 30(3): 459-483.

[219] Lee K, Malerba F. Catch-up cycles and changes in industrial leadership: Windows of opportunity and responses of firms and countries in the evolution of sectoral systems[J]. Research Policy, 2017, 46(2): 338-351.

[220] Lee K. Technological regimes, catching-up and leapfrogging: findings from the Korean industries[J]. Research Policy, 2001(30): 459-483.

[221] Lee K. The art of economic catch-up: barriers, detours and leapfrogging in innovation systems[M]. Cambridge: Cambridge University Press, 2019.

[222] Lee K, Ki J. Rise of latecomers and catch-up cycles in the world steel Industry[J].Research Policy, 2017,46(2): 365-375.

[223] Lee K. Schumpeterian analysis of economic catch-up: Knowledge, path-creation, and the middle-income trap[M]. Cambridge: Cambridge University Press, 2013.

[224] Lee K, Lim C, Song W. Emerging digital technology as a window of opportunity and technological leapfrogging: catch-up in digital TV by the

korean firms[J]. International Journal of Technology Management, 2005,(29): 40-63.

［225］Lee K, Malerba F. Catch-up cycles and changes in industrial leadership: Windows of opportunity and responses of firms and countries in the evolution of sectoral systems[J]. Research Policy, 2017, 46(2): 338-351.

［226］Lee K, Mathews J A. Innovative Firms in Emerging Market Economies[M]. Oxford: Oxford University Press, 2012.

［227］Lplytics.Who is leading the 5G patent race?[R/OL].Berlin: Lplytics, 2021: 3 [2023-5-10].

［228］Malerba F, Nelson R, Orsenigo L, Winter S. Vertical Integration and Disintegration of Computer Firms: A History-Friendly Model of the Coevolution of the Computer and Semiconductor Industries[J]. Industrial and Corporate Change, 2008, 17(2): 197-231.

［229］Malerba F, Orsenigo L. Schumpeterian patterns of innovation are technology-specific[J]. Research Policy, 1996, 25(3): 451-478.

［230］Malerba F, Orsenigo L. Technological Regimes and Firm Bebavior[J]. Industrial and Corporate Change, 1993, 2(1): 45-71.

［231］Malerba F, Nelson R R. Economic development as a learning process: Variation across sectoral systems[M]. English: Edward Elgar Publishing, 2012.

［232］Malerba F, Nelson R. Learning and catching up in different sectoral systems: evidence from six industries[J]. Industrial and Corporate Change, 2011, 20(6): 1645-1675.

［233］Mank D A, Nystrom H E. Decreasing returns to shareholders from R&D spending in the computer industry[J]. Engineering Management Journal, 2001, 13(3): 3-8.

［234］Mardani A, Nikoosokhan S, Moradi M, et al. The relationship between knowledge management and innovation performance[J]. The Journal of High

Technology Management Research, 2018, 29(1): 12-26.

［235］Mathews J A. Competitive advantages of the latecomer firm: A resource-based account of industrial catch-up strategies[J]. Asia Pacific Journal of Management, 2002, 19(6): 467-488.

［236］Mathews J A. Strategy and the crystal cycle[J]. California Management Review, 2005, 47(2): 6-32.

［237］Nathaniel C O. The dynamics of technological innovation capability on new product development and industry's performance: A study of Nigerian Iron and Steel Industry[J]. Journal of Business Management and Economics, 2015, 3: 1-8.

［238］Nelson R R, Pack H. The Asian miracle and modern growth theory[J]. The Economic Journal, 1999, 109(457): 416-436.

［239］Ning L, Guo R. Technological Diversification to Green Domains: Technological Relatedness, Invention Impact and Knowledge Integration Capabilities[J]. Research Policy, 2022, 51(1):285-299.

［240］Oakey R P. Technical entreprenenurship in high technology small firms: some observations on the implications for management[J]. Technovation, 2003, 23(8): 679-688.

［241］Pakes A. On patents, R & D, and the stock market rate of return[J]. Journal of political economy, 1985, 93(2): 390-409.

［242］Pavitt K. Sectoral Patterns of Technical Change：Towards a Taxomony and a Theory[J]. Research Policy, 1984, 13(6): 343-373.

［243］Perez C, Soete L. Catching up in technology: entry barriers and windows of opportunity[J]. Technical change and economic theory, 1988: 458-479.

［244］Prahalad C K. The role of core competencies in the corporation[J]. Research-Technology Management, 1993, 36(6): 40-47.

［245］Roper S, Du J, Love J H. Modelling the innovation value chain[J]. Research policy, 2008, 37(6-7): 961-977.

[246] Shin J S. Dynamic catch-up strategy, capability expansion and changing windows of opportunity in the memory industry[J]. Research Policy, 2017, 46(2): 404-416.

[247] Shin J S. Dynamic catch-up strategy, capability expansion and changing windows of opportunity in the memory industry[J]. Research Policy, 2017, 46(2): 404-416.

[248] Shinkle G A, Hodgkinson G P, Gary M S. Government policy changes and organizational goal setting: Extensions to the behavioral theory of the firm [J]. Journal of Business Research, 2021, 129(4):06-17.

[249] Steinbock D. Wireless horizon: strategy and competition in the worldwide mobile marketplace[J]. Telecommunications Policy, 2003, 27(5): 477-478.

[250] Strauss A L.Qualitative analysis for social scientists[M].United Kingdom: Cambridge University Press, 1987.

[251] Suarez F F, Utterback J M. Dominant designs and the survival of firms[J]. Strategic management journal, 1995, 16(6): 415-430.

[252] Suarez F F, Kirtley J. Dethroning an Established Platform[J]. Social Science Electronic Publishing, 2012, 53(4): 35-41.

[253] Suarez F F. Battles for technological dominance: an integrative framework[J]. Research Policy, 2004, 33(2): 271-286.

[254] SubbaNarasimha P N. Strategy in turbulent environments: the role of dynamic competence[J]. Managerial and Decision Economics, 2001, 22(4-5): 201-212.

[255] Teece D J, Pisano G, Shuen A. Dynamic capabilities and strategic management[J]. Strategic management journal, 1997, 18(7): 509-533.

[256] Teece D J. Explicating dynamic capabilities: the nature and microfoundations of (sustainable) enterprise performance[J]. Strategic management journal, 2007, 28(13): 1319-1350.

［257］Teece D J. Towards a capability theory of (innovating) firms: implications for management and policy[J]. Cambridge journal of economics, 2017, 41(3): 693-720.

［258］Teece D J. Business models, business strategy and innovation[J]. Long Range Planning, 2010, 43(2-3): 172-194.

［259］Teece D J. Dynamic capabilities and entrepreneurial management in large organizations: Toward a theory of the (entrepreneurial) firm[J]. European Economic Review, 2016, 86: 202-216.

［260］Ulrich K. The role of product architecture in the manufacturing firm[J]. Research Policy, 1995, 24(3): 419-440.

［261］Utterback J M, Abernathy W J. A dynamic model of process and product innovation[J]. Omega, 1975, 3(6): 639-656.

［262］Vértesy D. Preconditions, windows of opportunity and innovation strategies: Successive leadership changes in the regional jet industry[J]. Research Policy, 2017, 46(2): 388-403.

［263］Winter S G. The Logic of Appropriability: From Schumpeter to Arrow to Teece[J]. Research Policy, 2006, 35(8): 1100-1106.

［264］Zahra S A, George G. Absorptive capacity: A review, reconceptualization, and extension[J]. Academy of management review, 2002, 27(2): 185-203.

［265］Zollo M, Winter S G. Deliberate learning and the evolution of dynamic capabilities[J]. Organization science, 2002, 13(3): 339-351.

［266］Zott C. Dynamic capabilities and the emergence of intraindustry differential firm performance: insights from a simulation study[J]. Strategic management journal, 2003, 24(2): 97-125.